한국어 쉽게 가르치기

이 책 한 권이면 당신도 일급교사!

오승은 지음

한글파크

머리말 Preface

『한국어 쉽게 가르치기』는 한국어 교사가 수업을 준비하는 과정에서 어떤 것을 가르쳐야 하고 이를 수업에서 어떻게 도입, 제시, 연습시킬지 보여주는 책입니다. 특히 한국어를 가르치는 초보 교사가 이 책과 함께 실제로 수업을 준비하고 운영해 보면서 자신의 경험을 쌓아 나가도록 구성했습니다. 이 책은 한국어를 쉽게 가르치기 위해 교사가 준비하고 유의해야 할 문법적인 사항과 수업 진행을 단계별로 정리하고 수업에서 필요한 실제적인 조언을 덧붙여 놓은, 실용적인 지침서입니다.

한국어 문법을 잘 아는 것과 잘 가르치는 것은 다릅니다. 한국어를 가르치는 교사라면 누구나 능숙하게 한국어를 구사할 수 있겠지만, 언어구사능력이 좋은 수업을 보장하는 것은 아닙니다. 한국어를 잘 가르치는 교사가 되려면, 한국어 문법이나 단어에 대해서 잘 알기도 해야 하지만, 학습자의 입장에 서서 학습자가 이해하고 사용하기 쉽도록 한국어를 가르치는 방법을 익혀야 합니다. 교사의 역할은 한국어 학습자에게 한국어의 문법이나 단어에 대한 지식을 알리는 것에 그치지 않고 학습자가 수업에서 배운 한국어를 이용하여 다른 사람과의 의사소통을 성공적으로 이뤄낼 수 있도록 학습자를 이끄는 것이기 때문입니다.

이 책을 쓰면서 좋은 한국어 교사가 되려는 의욕과 정열은 앞섰으나 경험이 부족하여 시행착오를 겪을 수밖에 없었던 저의 초보 교사 시절을 자연스레 떠올리게 되었습니다. 초보 교사 시절 이와 같은 책이 있었더라면 실질적인 도움이 되었을 것이라고 생각했던 부분들, 예를 들자면 수업을 준비하면서 확인하고 싶었던 문법이나 학습자 오류, 또는 수업을 할 때 어떻게 도입하고 제시하여 연습·활동시킬지 고민되었던 사항들을 묶어내어 정리해 두었습니다. 또한 부록에는 각 문형마다 대표적인 제시 자료와 활동지를 넣어, 교사가 실제 수업에서 바로 적용해 볼 수 있도록 하였습니다.

『한국어 쉽게 가르치기』는 한국어 교사가 되고자 하는 분이나 초보 교사가 자신 있게 수업에 임하는 데 실질적인 도움을 줄 수 있을 것입니다. 또한 이론적으로 공부했으나 실전 경험이 부족한 한국어 교육 전공 대학원생들과 학부생, 해외에서 한국어를 가르치는 교사도 이 책을 통해 한국어 수업에 대해 고민해 볼 기회를 갖게 되기를 바랍니다. 한국어를 가르치는 자원봉사자 및 외국인 친구에게 가르칠 기회가 있는 분들도 이 책을 통해 한국어를 가르치는 재미를 느낄 수 있게 되었으면 합니다.

이 책이 나오기까지 많은 분의 관심과 도움이 있었습니다. 특히 바쁜 가운데에도 원고를 꼼꼼하게 읽고 조언해 준 오승민 선생님과 김정경 선생님에게 고마운 마음을 전하고 싶습니다. 그분들의 조언으로 책의 짜임새가 더 좋아졌습니다. 또한 한국어 교육에 큰 뜻을 품고 적극적으로 지원을 아끼지 않는, 랭기지플러스의 엄호열 회장님과 김조웅 전무님 이하 한국어 출판부 편집진께도 감사의 마음을 표현하고 싶습니다. 그 밖에도 지난 11년 동안 제가 교실에서 만났던 수많은 한국어 학습자에게도 마음 속으로 감사의 말을 전하고 싶습니다. 좋은 학생이 좋은 선생님을 만든다는 말이 있듯이, 제 수업에 적극적으로 호응해 주면서 참여해 준 그분들 덕분에 저는 학습자의 시선에서 교사가 어떻게 수업에 대해 생각하고 임해야 하는지 배울 수 있었습니다.

마지막으로, 늦게까지 일한다고 걱정하시면서 딸을 위해 매일 기도하시는 어머니와, 제가 하는 일을 늘 자랑스럽게 생각해 주셨던 고인이 되신 아버지께 이 책을 바칩니다.

2009년 10월 오 승 은

차례 Contents

머리말 _ 3

차례 _ 4

일러두기 _ 6

1과	저는 영국 사람이에요 -예요/이에요 ('-이다'의 활용형)	_ 9
2과	동생이 두 명 있어요 소유문 '있어요' ('있다'의 활용형)	_ 19
3과	한국 친구가 있어요 존재문 '있어요' ('있다'의 활용형)	_ 29
4과	저녁 7시에 명동에서 친구를 만나요 동사의 현재 시제 활용형 '-아/어요'	_ 39
5과	김치가 매워요 형용사의 현재 시제 활용형 '-아/어요'	_ 51
6과	지난주에 영화를 봤어요 동사·형용사의 과거 시제 활용형 '-았/었어요'	_ 61
7과	1년 후에 고향에 돌아갈 거예요 -(으)ㄹ 거예요	_ 69
8과	혼자 할 수 있어요 -(으)ㄹ 수 있다	_ 77
9과	휴가 때 여행 가고 싶어요 -고 싶다	_ 85
10과	같이 점심 식사할까요? -(으)ㄹ까요?	_ 93
11과	좀 천천히 말해 주세요 -아/어 주세요	_ 101
12과	오른쪽으로 가세요 -(으)세요	_ 109
13과	지금 집에 가고 있어요 -고 있다 (진행 및 상태)	_ 119
14과	머리가 아프고 열이 나요 -고	_ 129

15과	요즘 일이 바쁘지만 오늘은 안 바빠요 -지만	_ 141
16과	잠을 못 자서 피곤해요 -아/어서, -(으)니까	_ 151
17과	운동을 한 다음에 샤워를 해요 -기 전에, -(으)ㄴ 다음에/후에	_ 163
18과	사진을 찍을 때 김치라고 말해요 -(으)ㄹ 때	_ 171
19과	돈이 있으면 세계 여행을 가고 싶어요 -(으)면	_ 183
20과	한국에 공부하러 왔어요 -(으)러, -(으)려고	_ 191
21과	이번 주말에 여행 가려고 해요 -(으)려고 하다	_ 199
22과	아파도 회사에 갔어요 -아/어도	_ 207
23과	방에 들어가도 돼요? -아/어도 되다	_ 215
24과	한국에서는 어른에게 존댓말을 사용해야 해요 -아/어야 하다/되다	_ 223
25과	유럽에 여행 간 적이 있어요 -(으)ㄴ 적이 있다, -아/어 봤다	_ 231
26과	지금 식사하고 있는데 조금 이따가 전화해도 돼요? -(으)ㄴ/는데	_ 241
27과	손을 깨끗하게 씻는 습관이 중요해요 관형절 -(으)ㄴ/는/(으)ㄹ	_ 251
28과	아기가 지금 자는 것 같아요 -(으)ㄴ/는 것 같다	_ 265
29과	할아버지께서 신문을 읽으세요 높임법	_ 273
30과	영화가 2시에 시작합니다 격식체 -(스)ㅂ니다	_ 283

참고문헌 _ 294

일러두기 How to Use This Book

『한국어 쉽게 가르치기』는 교육적 목적 하에 문법적 의미와 기능을 중심으로 묶은 문형이란 개념을 바탕으로 수업을 구성한 것입니다. 이 책에서 말하는 문형(文型, sentence pattern)은, 문법적 형태소와 그 의미를 밝혀 언어의 구조와 생성 원리를 파악하려는 언어학적 의미에서의 문법(linguistic grammar)이 아니라, 학습자가 쉽게 사용하여 말할 수 있도록 의미나 기능을 중심으로 하나로 묶어 낸 교육적 의미에서의 문법(pedagogical grammar)을 뜻합니다. 그러므로 문형을 중심으로 구성한 이 책에서의 수업에서는 학습자가 목표 문형을 이해하는 데 그치지 않고 학습한 문형을 이용하여 다른 사람과 의사소통 하는 데 궁극적인 목표가 있습니다.

이 책에서는 총 30개의 문형을 다루고 있는데, 이는 시중에서 판매되고 있는 한국어 학습 초급 교재(학습시간 약 400시간 미만의 학습자를 대상으로 한 교재) 약 10여종에서 공통적으로 다루고 있는 문형을 대상으로 한 것입니다. 이 책은 특정 교재를 바탕으로 수업을 구성한 것이 아니므로, 어떤 초급 교재를 가르칠 때에도 누구나 참고해서 수업할 수 있도록 구성하였습니다.

또한 이 책의 차례에서 제시한 문형 순서는 반드시 따르도록 정해진 문법 교수 순서를 의미하는 것이 아니므로, 1과부터 차례대로 가르칠 필요는 없습니다. 다만, 이 책의 문형 순서는 많은 초급 교재에서 보여주는 순서에 입각한 것으로, 이 책에서는 다음 과의 수업을 구성할 때 이전 과를 이미 학습한 것으로 전제하고 기술하였습니다.

『한국어 쉽게 가르치기』의 구성은 크게 수업 전 교사가 준비해야 할 사항을 정리한 〈수업 전 단계〉와 실제 수업의 흐름을 반영한 세 가지 〈수업 단계〉로 나뉘어집니다.

수업 전 단계

〈수업 전 단계〉에서 **문형정리** 는 목표 문형을 대표적인 예문과 함께 정리한 것입니다. 해당 목표 문형에서 문형의 의미와 활용 형태, 학습자가 자주 혼동하는 부분으로 나눠 설명하였습니다.

〈수업 전 단계〉의 **Tips** 은 실제 수업에서 목표 문형을 가르칠 때 교사가 알아두면 좋을 만한 실제적인 조언을 담고 있습니다.

〈수업 전 단계〉의 **학습자 오류** 는 해당 문형을 학습할 때 학습자가 많이 범하는 음운적, 형태적, 문법적, 담화적 오류를 총망라하여 제시한 것입니다. 그 밑에는 오류에 대한 설명과 오류 수정 방안에 대한 조언이 덧붙어 있습니다.

수업 단계

〈수업 단계〉는 목표 문형을 학습하고 사용하여 말할 수 있도록 구성한 실제 수업의 모형을 제시한 것입니다. 물론 이 수업 모형은 해당 문형으로 구성할 수 있는 수업의 한 예이므로, 실제 수업을 꼭 이대로 진행해야 하는 것은 아닙니다. 〈수업 단계〉는 독자에게 〈수업 전 단계〉에서 정리된 목표 문형을 어떻게 일관되게 수업으로 전개시킬 수 있는지 보여주는 동시에, 독자 스스로 〈수업 전 단계〉에서 정리한 목표 문형을 바탕으로 수업 교안을 짜 본 후 〈수업 단계〉에서 제시한 수업 모형과 비교·대조하면서 연습할 수 있는 기회를 제공할 것입니다.

수업 단계는 다음과 같이 3단계로 구성되어 있습니다.

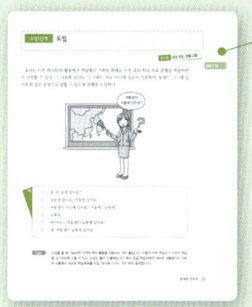

수업 1 단계 - 도입 목표 문형을 학습자에게 도입하는 단계입니다. 이 단계에서는 적절한 상황에서 목표 문형의 쓰임을 학습자가 접할 수 있습니다. 이때 가능한 한 목표 문형을 문자가 아닌 음성의 상태로 학습자에게 제시하여, 학습자가 상황과 문형의 쓰임, 문형이 활용되는 소리에 주목하게 합니다. 이 단계에서 교사는 학습자가 충분히 이해할 만한 좋은 상황과 예문을 예로 제시할 수 있어야 하며, 학습자가 문형의 의미를 이해하는 데 초점을 두고 있으므로 교사는 학습자에게 목표 문형을 사용하는 단계까지 요구하지 않습니다.

수업 2 단계 - 제시 및 연습 수업 2단계는 목표 문형을 제시하고 연습하는 단계입니다. 이 단계에서는 학습자가 언어를 학습하는 과정을 최대한 수업에 반영하여, 새로 학습하는 것이 어떻게 구조화되고 발음되며 이전에 배웠던 것과 어떤 방식으로 연결되는지 보여줍니다. 수업 단계로 보자면, 목표 문형이 반영된 문장을 듣고 기억한 음성적 이미지를 학습자가 교사를 따라 하면서 익히다가, 문자로 목표 문형이 제시된 후에는 그것을 읽고 쓸 수 있을 때까지 충분한 반복 연습을 통해 학습하는 단계입니다. 학습자는 목표 문형의 형태에 의식적으로 주의집중 하게 됩니다. 교사는 학습자의 주의집중이 학습으로 연결될 수 있도록 목표 문형을 다양하게 제시하고 연습시킵니다.

수업 3 단계 - 활동 수업 3단계는 학습한 목표 문형을 활용하여 의미에 중점을 둔 의사소통을 위한 활동을 하는 단계입니다. 이 단계에서는 학습자가 현 목표 문형을 사용할 뿐만 아니라 기존에 알고 있던 지식을 활성화시켜, 목표 언어인 한국어를 통해 자신이 말하고자 하는 바를 성공적으로 표현해 낼 수 있도록 하는 데 중점을 둡니다. 교사는 학습자가 더 이상 문형의 형태적 측면에 신경 쓰지 않고 문형을 사용하여 다른 사람과 상호작용 할 수 있도록 합니다.

용어 정리

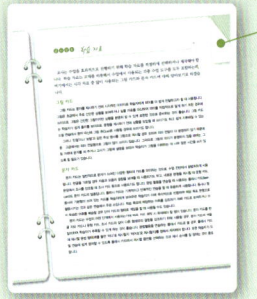

용어 정리 는 실제 언어 수업을 구성할 때 많이 논의되는 개념이나 용어, 또는 교사가 알고 있으면 도움이 될 만한 점을 모아 정리한 것입니다. 총 10개의 부분으로 구성되어 있습니다.

별책 부록

『한국어 쉽게 가르치기』의 별책 부록에는 매 과마다 수업의 각 단계에서 활용 가능한 제시 자료와 활동지가 들어 있어, 교사가 이 부분을 복사해서 바로 수업에서 사용할 수 있도록 하였습니다.

제시 자료 는 수업의 도입 단계나 제시 단계에서 필요한 그림이나 표와 같은 시각 자료로 구성되어 있습니다.

활동지 는 의사소통을 위한 활동에서 학습자에게 배부할 활동지입니다.

UNIT 01
저는 영국 사람이에요

문형 -예요/이에요 ('-이다'의 활용형)
용법 명사 뒤에 붙여 주어의 내용 및 속성을 지정하거나 서술할 때

예문

01_ 저는 김진수예요.
　　 저는 한국 사람이에요.

02_ 저는 제임스예요.
　　 (저는) 영국 사람이에요.
　　 선생님은 한국 사람이에요.

03_ 일본 사람이에요?
　　 일본 사람이에요.

04_ A : 영국 사람이에요?
　　 B : ① 네, 영국 사람이에요.
　　　　 ② 아니요, 영국 사람이 아니에요.
　　　　　　호주 사람이에요.

05_ 이름이 뭐예요?
　　 저분이 누구예요?

> **수업 전 단계** 문형 정리 및 지도 Tips

01

> 저는 김진수**예요**.
> 저는 한국 사람**이에요**.

'-예요/이에요'는 'A은/는 B예요/이에요'와 같은 문장에서 'A=B'와 같이 A와 B를 '='로 연결시켜 주는 기능을 한다. 항상 명사 뒤에 붙여 쓴다. '-예요/이에요'는 친근한 사람과의 비공식적 상황에서 '-이다'가 활용된 형태로, 격식을 차려 대해야 할 사람과의 대화에서는 '-입니다'로 활용된다. '-예요/이에요' 앞의 명사가 모음으로 끝나면 '-예요', 자음으로 끝나면 '-이에요'가 붙는다.

> **Tips** '-예요/이에요'는 앞에 붙는 명사에 따라 '-예요'와 '-이에요'로 다르게 표기되지만 실제 발음에서는 이를 구별하지 않고 비슷하게 발음되므로 발음을 지도할 때에는 '-예요'와 '-이에요'의 차이를 크게 강조하지 않는 것이 좋습니다. 그보다는 '사람' 뒤에 '-이에요'가 붙었을 때 '람'의 받침 'ㅁ'이 뒤의 모음과 연결되어 [사라미에요]와 같이 연음법칙이 적용되어 발음되는 것을 더 중요하게 가르쳐야 합니다.

02

> 저**는** 제임스예요. (저는) 영국 사람이에요.
> 선생님**은** 한국 사람이에요.

보조사 '-은/는'은 여러 기능을 갖고 있는데, 여기에서는 그 문장에서 다루고 있는 대상이나 화제(위의 예문에서는 '저'나 '선생님') 뒤에 '-은/는'을 붙여 그 대상 혹은 화제에 주목하게 하는 것으로 쓰인다. 마치 현재 다루고 있는 화제를 손으로 짚어 사람들의 이목을 집중시키는 것과 비슷한 기능을 한다. '-은/는' 앞에 쓰이는 명사가 모음으로 끝나면 '-는', 자음으로 끝나면 '-은'을 붙여 쓴다. 하나의 대상이나 화제에 대한 서술이 이어질 경우, 또는 문맥상 언급하고 있는 대상이나 화제가 분명할 때, 두 번째로 언급되는 대상이나 화제는 생략될 수 있다.

> **Tips** 초급 초반의 영어권이나 중국어권 학습자는 '-은/는'을 이해하는 것도, 이를 적절하게 사용하는 것도 매우 어려워합니다. 그러므로 교사는 교실 수업에서 간단한 몸짓을 반복적으로 보여줌으로써 학습자가 '-은/는'의 의미와 용법을 직관적으로 이해할 수 있도록 도울 필요가 있습니다. 예를 들어 자기 소개에서 '저는'을 말할 때 가슴에 손을 얹어 자신을 가리키거나 '○○씨는' 처럼 다른 사람에 대해 말할 때 그 사람을 손으로 가리키면서 말하는 것이 문법 설명을 여러 번 하는 것보다 효과적입니다.

03

일본 사람이에요? ↗
일본 사람이에요. ↘

한국어의 '-아/어요'형에서는 위의 예문과 같이 평서문과 의문문의 문장 어순이 같다. 다만, 의문문을 만들 때 문장 끝의 억양을 올리면 된다. 그러므로 구어에서는 문장 끝의 억양으로 의문문과 평서문을 구별할 수 있다.

> **Tips** 한국어에서 의문문을 만들 때, 특히 상대방에게 질문할 때에는 영어의 'you'에 해당하는 말을 직접적으로 사용하지 않는 것을 지도해야 합니다. 학습자가 영어의 'you'에 해당하는 말을 사전에서 찾아 '당신' 혹은 '너'라고 말하지 않도록 주의시킬 필요가 있습니다. 반말이 아니라면 상대방에게 질문할 때에는 'you' 대신에 상대방의 이름을 다시 한번 부르거나 상대방을 바라보면서 질문한다는 것을 알려줘야 합니다.

04

A : 영국 사람이에요?
B : ① **네**, 영국 사람이에요.
　　② **아니요**, 영국 사람**이 아니에요**. 호주 사람이에요.

질문에 대한 긍정의 대답으로는 '네', 부정의 대답으로는 '아니요'를 사용한다. 반면, '○○예요/이에요'와 같은 문장에서 명사를 부정할 경우에는 명사 뒤에 '-이/가 아니에요'를 붙인다. 이때 부정된 명사가 모음으로 끝나면 '가 아니에요', 자음으로 끝나면 '이 아니에요'를 붙인다.

> **Tips** 긍정의 대답으로 '예'를 쓸 때도 있는데, '예'가 '네'보다 정중하고 예의 바르고 고어적인 느낌이 강합니다. 현재 대부분의 한국어 교재에서는 긍정의 대답으로 '예'보다는 '네'를 가르칩니다. 또한 학습자들은 '아니요'와 '아니에요'를 구별하지 못하는 경우가 많습니다. 학습 초기에 너무 많은 것을 한꺼번에 제시할 경우 혼돈을 초래할 수 있고, 실제 대화 사용에서도 위의 예문과 같이 '미국 사람이 아니에요'라고 반복하는 대답은 불필요하므로, 초급 초반에는 '네/아니요'만으로 대답하는 활동부터 시작하는 것이 좋습니다.

문형 정리 및 지도 Tips

05 이름이 뭐예요?
저분이 누구예요?

묻는 대상이 사물이나 추상명사(이름, 직업, 취미 등)일 때에는 의문사 '뭐' 뒤에 '예요?'를 붙여 "뭐예요?"라고 질문하고, 물어보는 대상이 사람일 때에는 의문사 '누구' 뒤에 '예요?'를 붙여 "누구예요?"라고 질문한다.

Tips 영어권 학습자는 의문사가 문장의 앞에 오는 모국어 습관 때문에, '뭐예요?'나 '누구예요?'와 같이 의문사가 문장의 끝에 오는 의문문을 짚어 연습시키지 않으면 어려워합니다. 그러므로 수업에서 문법적인 형태를 설명 하기보다는 쓰이는 맥락을 함께 제시하여 '뭐예요?' 와 '누구예요?'를 연습시키는 것이 필요합니다. 초급에서는 이름이나 국적을 묻는 맥락에서 '뭐예요?'를 사용하거나, 사진 속의 인물을 가리키며 '누구예요?'를 사용하는 것이 좋습니다. 특히 '누구예요?'는 사진을 이용해서 사진 속 인물을 묻는 활동에서 말하는 사람으로부터 지시 대상이 가까이 있을 때 '이(이 사람/이분)'를 사용하고 멀리 있을 때 '저(저 사람/저분)'를 사용한다는 것도 제시해 줄 필요가 있습니다.

학습자 오류

1. 친구이에요. → 친구예요.
   ☞ 말하기나 듣기에서는 '-예요'와 '-이에요'의 구별을 분명하게 하지 않기 때문에 쓰기에서 위와 같은 실수를 하는 경향이 있습니다. 쓰기를 지도할 때에는 학습자가 형태를 변별하는 것에 주의할 수 있도록 교사가 강조해야 합니다.

2. 제가 미국 사람이에요. → 저는 미국 사람이에요.
   ☞ '제가 미국 사람이에요.'라는 누가 미국 사람이냐고 묻는 맥락에서 사용될 수 있지만, 자신을 다른 사람에게 소개하면서 '저'라는 대상을 초점화시키는 맥락에서는 '저는'을 사용해야 합니다. 초급 학습자가 '제가'와 '저는'의 차이를 이해하기 어려울 수도 있으므로 '저는'을 처음 도입할 때에 자기 소개하는 경우로 한정시켜 제시하는 것이 좋습니다.

3. 나는 미국 사람이에요. → 저는 미국 사람이에요.
   ☞ 자기 자신을 '나는'이라고 말하는 것이 틀린 것은 아니지만, 학습자가 한국인에게 예의를 지켜 말하도록 지도하기 위해서는 '저는'이라고 제시하는 것이 좋습니다. 초급 후반 이후에도 대화 상대방과의 관계에 따라

문체가 달라질 수 있다는 것을 알게 되었을 때, 예를 들어 반말을 배울 때 '나는'을 제시하는 것이 좋습니다. 물론 초급 초반 학습자라면 '나는'이라고 말하는 학습자에게 '저는'으로 수정해 주어야 합니다.

4 저는 폴 씨예요. → 저는 폴이에요.
☞ '씨'의 의미를 정확히 알지 못하는 학습자가 자신을 가리키면서 '씨'를 붙이는 실수를 합니다. '씨'가 존칭의 의미라는 것을 학습자가 인지하면, 이것은 다른 사람을 가리킬 때 사용한다는 것을 쉽게 이해합니다.

5 당신은 일본 사람이에요? → (상대방을 보면서) 일본 사람이에요?
☞ 상대방에게 직접 질문할 때 2인칭에 해당하는 '당신'이나 '너'와 같은 단어를 사용하지 않도록 하기 위해 초급 초반에 상대방의 이름을 부르거나 상대방을 보고 상대방에 대한 질문이라는 것을 분명히 보이면서 질문하도록 지도해야 합니다. 중급이나 고급이 되었을 때 한국어에서는 호칭 문제가 매우 복잡하므로 상황에 따라 미묘하게 쓰임이 달라지는 경향이 있다는 것을 알려줍니다.

6 안 미국 사람이에요. → 미국 사람이 아니에요.
☞ 초급 초반에 동사나 형용사의 부정을 '안'으로 배우기 때문에 부정을 말하는 모든 표현에 '안'을 붙이는 경향이 있습니다. 특히 한국에서 제2언어로 한국어를 배우는 환경에서는 학습자가 한국어에 많이 노출되어 있기 때문에 자신이 알고 있는 한국어 규칙을 적극적으로 적용시켜 이와 같은 오류를 만들어 냅니다. 이때 교사가 할 수 있는 선택은, 오류 수정된 형태를 직접 고쳐 주거나 이런 오류를 만들어내지 않도록 명사의 부정 앞에 '안'을 쓸 수 없다는 것을 분명히 알려주는 것입니다.

7 이름은 뭐예요? → (첫질문으로 물어볼 때) 이름이 뭐예요?
☞ '이름은 뭐예요?'라는 질문은 직업이나 국적은 관계 없지만 이름만은 알고 싶다는 의미로 '이름'만을 강조해서 물을 때 쓸 수도 있겠지만, 상대방과 소개하는 자리에서 첫 질문으로 이름을 묻는 경우라면 '-은/는'이 아니라 '-이/가'를 붙여 질문해야 합니다. 특히 일본어권 학습자는 자신의 모국어 영향 때문에 위와 같은 오류를 많이 범하기도 합니다.

| 수업1단계 | 도입 |

준비물 | 큰 종이

　학습자들이 서로 얼굴을 볼 수 있도록 의자를 큰 원 형태로 배치한다. 학습자들이 자신을 소개할 때 사용할 수 있을 만한 정보(이름, 국적, 취미, 직업, 전화번호 등)로 도입한다. 가능한 한 이런 정보를 도입할 때에는 학습자의 이해가 쉽도록 시각 자료를 이용한다.

　먼저, 교사는 학습자에게 '안녕하세요?'라고 인사를 한 후, 자신의 이름을 소개하는 것으로 시작한다. 교사가 매개어 없이 '저는 ○○○예요/이에요'의 문장 구조를 지도하기 위해서는 학습자가 쉽게 문장 어순을 이해할 수 있도록 문장을 말하면서 시각적인 자료나 제스처를 적절하게 이용하는 것이 필요하다. 교사의 시연을 따라 학습자도 구두로 자신의 이름을 소개하도록 한다.

예

T　(머리를 숙이면서) 안녕하세요?

S　안녕하세요? (만약 학습자가 인사를 따라 하지 않으면 따라 할 때까지 반복한다.)

T　(오른손으로 자신을 가리키면서 말한다.) 저는

　　(이름이 쓰여 있는 카드의 글자 하나씩 가리키면서) 오 승 은

　　(카드를 내리고) 이에요.

S　(교사가 외국인에게 자기 소개하라는 듯한 몸짓을 하면) 저는 폴이에요.

> **수업2단계** 제시 및 연습

준비물 종이와 펜, 문형 카드

교사는 학습자에게 종이를 나눠주고 거기에 학습자 자신의 이름을 한글로 쓰게 한다. 자신의 이름을 쓴 종이를 들고 도입에서 했던 자기 소개를 반복해서 한다. 이 단계에서는 도입에서 소리(음성)로 접했던 것을 문자로 제시하여 학습 문형을 눈으로 확인하는 단계이다.

학습자가 자신의 이름을 쓴 종이를 들고 자기 소개를 할 때 교사는 '-예요'와 '-이에요'라고 쓰여 있는 문형 카드를 학습자 이름을 쓴 종이 뒤에 붙여준다. 학습자 이름의 마지막이 모음으로 끝나면 교사는 '-예요'가 쓰여진 문형 카드를, 자음으로 끝나면 '-이에요'가 쓰여진 문형 카드를 학습자 이름을 쓴 종이 옆에 붙여 보여줌으로써 조건에 따라 형태가 달라진다는 것을 제시한다. 이때 '스미스, 유키'와 같이 마지막이 모음으로 끝나는 이름부터 먼저 소개하도록 한다. 학습자는 '저는 ○○○예요'의 문장을 눈으로 확인하여 익힐 수 있다.

몇몇 학습자의 이름을 소개하면서 '-예요' 패턴에 익숙해지면, 그 다음에는 '폴, 왕첸'과 같이 이름의 마지막이 자음으로 끝나는, 즉 마지막 글자에 받침이 있는 이름을 소개한다. 이때 '-이에요' 카드는 '-예요' 카드와는 다른 색으로 만들어 다른 형태임을 학습자가 쉽게 알 수 있도록 한다.

교사는 '폴'이나 '왕첸'의 이름에 있는 받침 'ㄹ'이나 'ㄴ'이 뒤에 연이어 나오는 '-이에요'에 연결되어 발음이 [포리에요] 또는 [왕체니에요]로 발음되는 것을 확인시켜 준다. 간단하게 받침 'ㄹ'과 'ㄴ'이 옆의 '이에요'로 이동되는 것을 손가락을 이용하여 시각적으로 보여준다. 앞에 붙는 명사에 따라 '-예요'와 '-이에요'가 다르게 붙는다는 것을 학습자가 확실하게 인지할 때까지 이 연습을 반복한다.

[포리에요]

> **Tips** 일본인 학습자로만 구성된 반을 지도할 때에는 일본인의 이름 중에서 '준'과 같은 이름을 제외하고는 대부분 받침이 없는 이름이기 때문에 학습자의 이름을 말하는 활동으로 '-예요'와 '-이에요'를 구분할 수 없습니다. 이럴 때에는 이름 대신에 직업이나 취미와 같은 소재를 선택하여 앞에 붙는 명사에 따라 '-예요'와 '-이에요'를 구별해서 사용하는 활동을 하는 것이 필요합니다.

> **문형 제시**
>
> 1 유키 ➡ 유키예요.
> 2 폴 ➡ 폴이에요.

| 수업3단계 | **활동** |

| 준비물 | 사진, 그림 (국적, 직업, 취미) 역할 카드 (부록) |

활동1 반갑습니다!

전체 학습자를 대상으로 자신의 이름을 소개하는 것이 끝나면, 이름을 묻는 질문인 "이름이 뭐예요?"를 지도하고 학습자끼리 서로 만나 자유롭게 질문과 대답을 할 수 있도록 한다.

질문과 대답으로 쌍을 이뤄 이름을 묻고 답할 수 있다면 위와 같은 방식으로 국적이나 직업, 취미를 묻고 답하는 것을 제시, 연습한다. 학습 목표 문형을 사용하여 '미국 사람이에요'와 같이 국적을 말하거나 '회사원이에요'와 같이 직업을 말하는 연습을 위해, 국적을 알려주는 그림(그 나라를 대표하는 상징이나 지도)이나 직업을 나타내는 사진을 이용한다. 만약 학습자가 다양한 국적을 갖고 있지 않은 경우라면 취미 부록p.4 로 대체하여 연습한다. 이때 중요한 것은 평서문(대답하는 것)을 먼저 배워 연습한 후에 의문문(질문하는 것)을 익혀 질문과 대답을 쌍으로 연습할 수 있도록 하는 것이다.

또한 의문문을 제시할 때 국적, 직업, 취미 등과 같은 것은 '뭐예요?'라고 묻는 것을 지도한다. 만약 현재 살고 있는 지역(집의 위치)을 묻는 것을 지도하려면 '어디예요?' 라는 질문도 알려줘야 한다. 만약 학습자의 국적이나 취미, 직업이 다양하지 않을 경우에는 역할 카드 부록p.5 를 활용해서 학습자 자신의 정보로 삼아 대화에 참여하도록 한다.

> **Tips** 초급에서는 질문과 대답 형식을 묶어 연습시키는 것이 효과적입니다. 그러나 초급 초반에는 질문과 대답을 한꺼번에 제시하면 학습자가 어려워할 수 있습니다. 먼저 대답으로 말할 수 있는 문장 구조를 배운 다음에 질문의 문장 구조를 배우는 것이 좋습니다. 그래야 학습자가 쉬운 것(대답만을 먼저 연습)을 연습한 후 점점 복잡한 것(질문과 대답을 같이 연습)으로 확장하는 데 부담을 줄여줄 수 있습니다. 학습량이 부담스럽지 않아야 좀 더 여유를 가지고 자연스럽게 말할 수 있게 됩니다.

활동2 네! 아니요!

준비물: '___ 씨' 카드, 물음표 카드

학습자가 자신의 이름을 소개하는 것이 끝난 후에 반 친구의 이름을 확인하는 활동을 할 수 있다. 먼저 교사는 한국어에서 예의를 갖춰 말할 때 다른 사람의 이름 뒤에 '씨'를 붙여 말한다는 것을 제시한다. 예를 들어 폴을 가리키면서 "폴 씨예요."라고 말하는 것을 제시한다. '씨'를 제시할 때 '씨'가 쓰여 있는 카드를 이용할 수 있는데, 그 카드에는 '씨'라고 한국어로 쓴 아래에 영어로 'Mr./Miss./Mrs.'라고 써 주면 학습자가 좀 더 쉽게 이해할 수 있다. 다만, 여기에서 다른 사람에게 '씨'를 붙여 말하지만 자신에게는 '씨'를 붙여 말할 수 없다는 것을 지도해야 한다. 학습자가 자신을 가리키면서 "저는 폴 씨예요."라고 실수하지 않도록 주의시킨다.

그 다음에는 반 친구를 다시 만나서 제3자인 다른 사람을 가리키면서 "폴 씨예요?"라고 이름을 확인하는 활동을 한다. 이때 학습자가 고개를 끄덕이면서 맞는 것을 표현할 때 "네"라는 표현을 제시한다. 몇몇 학습자가 "네"라고 대답할 수 있도록 교사가 질문한다. 그 다음에 교사는 다른 학습자에게 일부러 틀린 이름이나 국적으로 질문하여 학습자가 고개를 저으며 부정 표현을 할 때 "아니요"라는 표현을 제시한다. '네/아니요'를 학습자가 인지하면, 교사는 질문할 때 문장의 끝이 올라가는 것을 시각적으로 보여주면서 억양을 확인시킨다. 이때 질문임을 잘 드러내기 위해 물음표가 그려져 있는 카드를 이용할 수 있다. 반 전체 학습자가 서로 만나서 상대방 학습자에 대해 알고 있는 정보(이름, 국적 등)로 질문하고 질문 받은 학습자가 대답하도록 한다.

예

T	(학습자에게 물음표가 있는 카드를 보여주면서) 폴 씨예요?
S	(고개를 끄덕거린다)
T	네.
S	(교사를 따라 하면서) 네.
T	영국 사람이에요?
S	(고개를 좌우로 젓는다)
T	아니요.
S	(교사를 따라 하면서) 아니요. 미국 사람이에요.

Tips 교사가 수업을 진행하기 전에, 가능하면 이전에 사용했던 정보(여기에서는 이름이나 직업 등)를 이용해서 다음 단계에 연습을 진행시킬 수 있도록 수업 흐름을 구성하는 것이 필요합니다. 새로운 문형을 학습해야 할 부담을 갖고 있는 학습자에게 모든 정보가 새롭게 제시된 것이라면 수업을 따라 가기 어려울 것입니다. 이전에 사용했던 정보를 이용하여 학습 문형을 도입하거나 제시한다면, 학습자가 수업 흐름을 자연스럽게 따라 갈 수 있을 뿐만 아니라 여기에 새로운 문형이나 표현을 더해서 연습하더라도 학습자가 부담을 느끼지 않고 집중해서 연습할 수 있습니다.

| 활동 |

준비물: 한류 스타 사진

활동3 저분이 누구예요?

학습자가 서로 이름과 직업, 취미를 물어보고 답하는 활동이 끝나면, 제3자를 가리키며 "누구예요?"라고 질문하는 것을 제시한다. 교사는 한 학습자를 그 자리에서 일어서게 한 다음에 그 학습자를 가리키면서 반의 다른 학습자들에게 "누구예요?"라고 묻는다. (학습자가 높임의 의미를 알고 있는 일본인 학습자라면 "누구세요?"라고 제시할 수도 있다.) 이때 다른 학습자가 이름을 정확하게 맞추면 이름을 맞춘 학습자가 다른 학습자를 일으켜 세우고 교사가 했던 것과 같은 방식으로 질문을 할 수 있게 한다. 만약 다른 학습자 전체가 학습자의 이름을 기억하지 못해서 질문에 답을 못할 경우 "잘 모르겠어요."라고 대답하도록 제시한다.

> **Tips** 학습자가 한류의 영향을 받고 있는 일본인이나 중국인, 동남아인 학습자로 구성된 반이라면 "누구예요?"를 연습할 때 한류 스타 사진을 이용할 수 있습니다. 필자가 일본인 학습자만을 대상으로 한 수업에서 여러 한류 스타 사진을 놓고 학습자 두 사람이 "누구예요?"라고 질문하고 그에 답하는 연습을 했는데 학습자들이 매우 흥미를 보이며 집중해서 활동에 임했습니다. 학습자가 관심을 갖고 있는 것을 이용하면 연습이 더 효과적으로 될 수 있습니다.

"누구예요?"로 묻고 답하는 연습이 끝나면, 다른 사람의 이름뿐만 아니라 국적, 직업도 묻고 답하는 활동을 한다. 만약 다른 사람의 정보를 기억하지 못하면 그 학습자에게 직접 질문하도록 한다.

> **예**
> S1 (손으로 다른 학습자를 가리키며) 저분이 누구예요?
> S2 유키 씨예요.
> S1 일본 사람이에요?
> S2 네, 일본 사람이에요.
> S1 직업이 뭐예요?
> S2 (잘 모른다는 듯이) 잘 모르겠어요.
> S1 (유키 씨한테 찾아가서) 안녕하세요? 저는 폴이에요.
> 유키 씨, 직업이 뭐예요?
> S3 회사원이에요.
> S1 아, 그래요? 반갑습니다.

> **Tips** '-예요/이에요'는 '이름, 직업, 취미'와 같은 명사 뒤에 붙어 사용되기도 하지만, 한자어 수사(일, 이, 삼, …) 뒤에 붙어 사용되기도 합니다. 이 과를 배우기 전에 한자어 수사를 익혔다면, 전화번호("전화번호가 몇 번이에요?")를 묻고 답하는 연습으로 확장해서 연습해도 좋습니다.

UNIT 02
동생이 두 명 있어요

문형 소유문 '있어요' ('있다'의 활용형)
용법 사물이나 사람의 소유 여부를 표현할 때

예문

01_ 시계가 있어요.
   지금 돈이 없어요.

02_ 저는 안경이 있어요.
   선생님은 안경이 없어요.

03_ 저는 동생이 있어요.
   저는 이모가 없어요.

04_ 의자가 한 개 있어요.
   폴은 동생이 두 명 있어요.

05_ 시계가 몇 개 있어요?
   동생이 몇 명 있어요?

수업 전 단계 | 문형 정리 및 지도 Tips

01

시계가 **있어요**.
지금 돈이 **없어요**.

위의 예문과 같이 어떤 사물을 현재 소유하고 있음을 나타낼 때에는 '있어요'를, 반대로 소유하고 있지 않음을 나타낼 때에는 '없어요'를 쓴다. 소유하고 있는 대상 뒤에는 '-이/가'를 붙여 써서 '○○이/가 있어요'와 같은 문장 구조를 이룬다. 위의 첫 번째 예문은 시계를 갖고 있다는 것을, 두 번째 예문은 돈을 갖고 있지 않다는 것을 나타낸 것이다. 소유 대상을 나타내는 명사가 모음으로 끝나면 명사 뒤에 '-가', 자음으로 끝나면 '-이'가 붙는다.

> **Tips** 소유하고 있음을 제시할 때에는 보통 현재 갖고 있는 시계나 돈과 같은 소지품을 이용하여 제시하면 보다 쉽게 이해시킬 수 있습니다. 다만, 이때 컴퓨터와 같이 원래 갖고 있으나 현재 소지하고 있지 않은 경우, 예를 들면 집에 놓고 온 것을 표현하기 위해서는 두 번째 예문과 같이 현 시점을 나타내는 '지금'이라는 부사를 덧붙여 제시하기도 합니다.

02

저**는** 안경이 있어요.
선생님**은** 안경이 없어요.

'있어요'와 '없어요'로 소유 여부를 나타낼 때 소유주를 표시하려면 문장의 맨 앞에 소유주를 나타내는 명사를 쓰고 그 뒤에 '-이/가' 혹은 '-은/는'을 사용하는데, 소유주에 초점을 두어 말하는 경우에 '△△은/는 ○○이/가 있어요'로 쓴다. 소유주를 나타내는 명사가 모음으로 끝나면 '-는', 자음으로 끝나면 '-은'을 붙인다. 자신의 소유를 나타낼 때 '저는'을 생략하기도 한다.

> **Tips** 보통 소유를 나타낼 때 자신의 소유 여부를 간단하게 말하기 때문에, 초급 초반에는 소유주를 말하는 연습을 많이 하지 않아도 됩니다. 그러나 모국어에 조사가 없는 영어권이나 중국어권 학습자에게 매우 생소한 문장 구조인 '△△은/는 ○○이/가 있어요'를 이런 기회에 접해볼 수 있도록 활동 후 확인 단계에서 간단하게 제시하는 것도 좋습니다.

03
동생이 있어요.
이모가 없어요.

소유 대상은 '지갑, 시계'와 같은 사물뿐만 아니라 '가족이나 친구'와 같은 사람 혹은 '개나 고양이'와 같은 동물도 포함된다. 이때에도 유정물을 소유하고 있다면 '있어요', 소유하고 있지 않다면 '없어요'로 쓴다. '있어요/없어요' 앞에 소유 대상을 쓰고 '-이/가'를 붙여 '○○이/가 있어요' 구조로 쓴다.

> **Tips** 보통 사람이나 동물의 소유 여부를 연습할 때에는 가족 구성원에 대한 질문을 많이 하게 됩니다. 누구에게나 쉽게 접근될 수 있는 주제이고, 가족에 관한 명칭을 배우면서 가족 중심의 한국 문화를 접할 수도 있기 때문입니다. 그러나 한국의 가족 명칭은 부르는 사람의 성별에 따라서도 달라지기 때문에 매우 복잡한 편입니다. 그러므로 한꺼번에 모두 제시하는 것보다 직계가족을 먼저 연습하고, 학습자가 이것에 익숙해지면 이모나 고모, 삼촌, 사촌까지 확장해서 연습하는 것이 좋습니다.

04
의자가 한 개 있어요.
폴은 동생이 두 명 있어요.

소유 대상의 개수를 표현할 때 '하나, 둘, 셋, …'과 같은 고유어 수사로 나타낸다. 고유어 수사 뒤에는 '개, 명, 장, 잔'과 같은 단위 명사를 붙여 쓰는데, 이런 단위 명사는 현재 다루고 있는 대상의 종류에 따라 달라진다. 소유 대상을 먼저 밝히고 수사, 단위 명사 순으로 사용하여 '○○이/가 한 개 있어요'와 같은 문장 구조를 이룬다. 여기에 소유주를 표시하면 위의 두 번째 예문처럼 '△△은/는 ○○이/가 한 개 있어요'로 쓸 수 있다.

> **Tips** 개수를 표현하는 문장은 학습자가 어려워하는 부분입니다. 고유어 수사를 세기도 어렵고, 사물에 따라 달라지는 '개, 명, 잔, 장'과 같은 단위명사를 적절하게 대응시키기도 어려울 뿐더러 문장 구조도 새롭게 느껴지기 때문입니다. 그러므로 초급 초반에서는 단위 명사를 모두 제시하는 것보다 '개'나 '명'과 같이 많이 쓰이는 단위명사만 연습할 수 있도록 교사가 제시할 단어를 제한하여 준비하는 것이 좋습니다.

문형 정리 및 지도 Tips

> **05**
> 시계가 **몇** 개 있어요?
> 동생이 **몇** 명 있어요?

개수를 물을 때에는 단위 명사 앞에 수사를 넣을 위치('시계가 한 개 있어요'에서 '한'의 자리)에 '몇'을 붙여 질문한다. 개수를 표현할 때 쓰는 평서문의 문장 구조에서 수사를 넣는 대신에 '몇'을 넣으면 의문문을 만들 수 있다. 묻고 있는 대상의 종류에 따라 단위 명사가 다르게 붙기 때문에, 질문은 '몇 개', '몇 명', 혹은 '몇 잔' 등 다양하게 만들어질 수 있다.

> **Tips** 의문사 '몇'은 뒤따라오는 단위 명사와 같이 발음할 때 발음이 많이 달라집니다. 단위 명사가 '개'나 '장'과 같이 무성 자음으로 시작할 경우 '몇 개'[면깨], '몇 장'[면짱]과 같이 경음화되어 발음되지만, 단위명사가 '명'이나 '마리'와 같이 유성 자음('ㅁ'이나 'ㄴ')으로 시작할 경우 '몇 명'[면명], '몇 마리'[면마리]와 같이 발음됩니다. 의문사 '몇'이 뒤따라오는 자음에 따라 발음이 달라지는 것에 학습자가 익숙해지도록 많이 연습시켜야 합니다.

학습자 오류

1 지금 사전을 있어요. → 지금 사전이 있어요.
☞ 소유의 의미로 '있어요'를 사용하는 경우, 학습자가 자신의 모국어 때문에 소유 대상을 목적어로 생각하여 '-이/가' 대신에 '-을/를'로 잘못 쓸 때가 많습니다. 소유 대상을 밝힐 때 문장구조가 '○○이/가 있어요'로 되는 것을 강조하고 소유주를 밝힐 때에도 '△△은/는 ○○이/가 있어요'로 쓰도록, 처음에 제시할 때부터 문장 구조를 명확하게 연습시켜야 합니다.

2 돈이 안 있어요. → 돈이 없어요.
☞ 한국어에서 부정을 '안'으로 나타내는 것을 알고 있는 학습자가 '있어요'의 부정은 항상 '없어요'로 쓴다는 것을 확실하게 인지하도록, '있어요'와 '없어요'를 이용하여 말할 수 있는 연습을 집중적으로 시킬 필요가 있습니다. '있어요'의 부정을 '안 있어요'라고 적용시키는 경우가 있습니다.

3 모자가 일 개 있어요. → 모자가 한 개 있어요.
☞ 개수를 세어 말할 때 단위 명사 앞에 고유어 수사를 써야 하는데 한자어 수사를 쓰는 오류가 있습니다. 고유어 수사는 수를 셀 때, 한자어 수사는 번호를 읽을 때 사용한다는 것을 명확히 구별해 주어야 합니다.

4 두 가방이 있어요. → 가방이 두 개 있어요.
☞ 영어권 학습자 중에서 '두 가방' 혹은 '세 가방'과 같이 말하는 학습자가 많습니다. 세고 있는 대상이 사람이라면 '한 사람' 혹은 '두 사람'으로 쓰일 수 있지만, 사물이라면 '한 가방' 혹은 '두 가방'은 쓰일 수 없습니다. 교사는 이런 오류가 나올 때마다 오류를 수정해 주는 것뿐만 아니라 문장 구조를 다시 한 번 상기시켜 주는 것이 좋습니다.

5 우산들이 두 개 있어요. → 우산이 두 개 있어요.
☞ 한국어에서 복수 접미사 '들'을 사물의 개수와 꼭 일치시켜 쓰지 않으므로, 위의 예문과 같이 '우산들'이라고 쓰면 어색합니다. 초급 초반에는 복수 접미사 '들'을 제시하지 않는 것이 좋으며, 혹시 학습자가 '들'을 사용한다면 한국어에서는 복수일 때마다 복수 접미사 '들'이 대응되어 사용되지 않음을 알려줄 필요가 있습니다.

> **수업1단계** **도입**

준비물 교사가 준비한 소지품

　학습자가 실제 갖고 있는 소지품(예: 핸드폰이나 지갑, 사진, 휴지)을 이용하여 도입한다. 먼저 교사는 교실의 책상 위에 있는 학습자의 소지품을 가리키며 "뭐예요?"라고 물어, 학습자로 하여금 사물의 이름을 '-예요/이에요'를 이용하여 대답하게 한다.

　학습자가 사물의 이름을 알고 있는지 확인하는 것이 끝나면, 교사는 교실에 들고 들어간 교사의 소지품을 교탁 위에 꺼내어 학습자에게 보여주면서 "저는 핸드폰이 있어요."라고 말한다. 자신의 가방 안에 있는 것을 보여주면서 '있어요'를 사용해서 말한다. 자신에게 없는 사물을 말하면서 '없어요'도 도입한다. '있어요'와 '없어요'가 도입된 후, 한 학습자에게 어떤 사물이 있는지 "○○ 있어요?"라고 물어 대답을 유도한다. 반 전체 학습자에게 이와 같은 질문을 하여 학습자 각자가 어떤 것을 소유하고 있는지 거수로 확인한다.

예

T　(자신을 가리키면서) 저는 (핸드폰을 보여 주면서) 핸드폰 있어요.
　　(학습자에게) 핸드폰 있어요?
S1　네.
T　(대답을 교정해 준다) 네, 있어요.
S1　네, 있어요.
T　저는 (가방 안에 휴지가 없는 것을 보여 주면서) 휴지 없어요.
　　(다른 학습자에게) 휴지 있어요?
S2　아니요, 없어요.
T　(다른 반 학습자들을 둘러 보면서) 누가 휴지 있어요?
S3　(한 학습자가 손을 든다)

Tips　'있어요'를 도입할 때 '-이/가 있어요'를 묶어 도입할 수도 있지만, 위와 같이 조사를 생략하고 '있어요' 혹은 '없어요'만 말하게 할 수도 있습니다. 학습 초기부터 조사 사용을 강조하여 정확성을 기르자는 의견이 있기도 하지만, 한편으로는 초급 초반에 조사 사용을 강조하기보다 문장 구조, 즉 문장 어순을 익히는 데 초점을 두어 자연스럽게 언어를 습득하게 하자는 의견도 있습니다. 해당 수업을 담당하고 있는 교사가 현재 담당하고 있는 학습자들에게 무엇이 중요한지 판단을 내려 수업 방향을 설정하는 것이 중요합니다.

| 수업2단계 | 제시 및 연습 |

준비물 실물이나 사물 그림 (부록)

학습자가 '있어요'와 '없어요'의 개념을 이해한 것을 확인한 다음에, 교사는 몇 가지 사물을 한정하여 학습자끼리 서로 묻고 답하게 한다. 학습자가 소지품을 이용하여 옆의 학습자에게 "○○ 있어요?"라고 질문하면 상대방 학습자는 자신의 소유 여부를 대답하도록 한다. 이때 '있어요'나 '없어요' 앞에 학습자에게 유용한 사물 단어를 선택해서 이를 바꿔가면서 문형 연습을 할 수 있도록 교사가 미리 소지품을 실물로 준비해서 제시한다. 실물을 준비하기 어려운 환경에서는 사물 그림 부록p.6 을 이용할 수도 있다.

Tips 소지품과 같은 실물을 이용해서 도입하면 학습자의 학습 동기를 높일 수 있고 학습 결과도 좋습니다. 그러나 이렇게 연습할 때에는 학습자의 소지품을 교사가 미리 한정 지을 수 없다는 단점이 있습니다. 이때에는 교사가 학습자의 소지품을 이용하더라도 사물 단어를 한정시켜 제시하는 것이 좋습니다. 그리고 이런 연습이 끝난 후에는 연습했던 사물과 사물명이 함께 쓰여진 연습지를 나눠주어 이런 연습이 교사의 계획된 연습이며 그것을 효과적으로 학습했음을 학습자에게도 알려주는 것이 필요합니다.

학습자가 서로의 소지품에 대해 묻고 답하는 것이 끝나면, '있어요'와 '없어요'를 문자로 제시한다. 이때 '있어요' 앞에는 조사 '이/가'가 필요하다는 것을 강조한다. 이때에도 '있어요'가 [이써요]로, '없어요'가 [업써요]로 발음되는 것을 확인시킨다.

문형 제시

1. 있어요 ➡ 시계가 있어요.
2. 없어요 ➡ 지갑이 없어요.

학습자끼리 서로의 소지품에 대해 묻고 답하는 활동이 끝나면, 학습자에게 자신이 갖고 있는 것과 갖고 있지 않은 것을 발표시킨다. 이때 교사는 "저는 ○○이/가 있어요."와 같은 문장 구조로 말하도록 한다. 학습자가 이런 문장 구조를 쉽게 이해하면, '하고'를 제시하여 "저는 □□하고 △△하고 ○○이/가 있어요."의 형태로 확장해서 말할 수 있도록 할 수도 있다. 반대로 갖고 있지 않은 것을 발표할 때에도 "저는 □□하고 ○○이/가 없어요"와 같이 말하도록 지도한다.

| 수업3단계 | **활동** |

준비물 활동지 (부록)

활동1 있어요! 없어요!

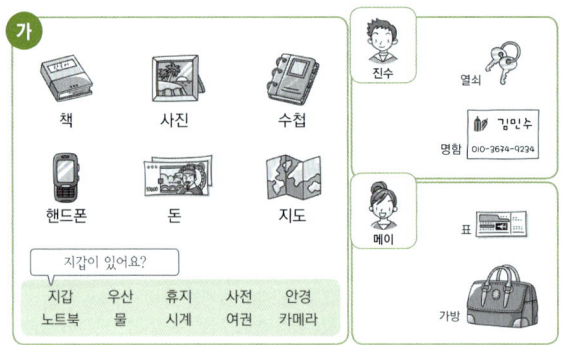

학습자 두 명씩 짝을 지은 후 각각 다른 정보가 적혀 있는 활동지 부록 p.7 를 나눠 준다. 이 활동은 누가 어떤 사물을 갖고 있는지 알아보는 활동이다. 한 학습자가 "?"으로 표시된 것에 대해 상대방 학습자에게 갖고 있는지 물으면, 질문 받은 학습자는 자신이 갖고 있는 연습지에 실려 있는 정보를 알려준다. 교사는 학습자가 이 활동을 무리 없이 할 수 있도록 시연을 보여 주고, 학습자끼리 그림을 서로 보지 못하게 한다.

예

T 폴 씨, 자동차가 있어요?
S 네, 있어요.
T 그럼, 가방이 있어요?
S 아니요, 없어요.
T 그럼, 누가 가방이 있어요?
S 마크 씨가 가방이 있어요.

Tips 소유주에 대해 '누가'를 이용해서 물으면, 대답하는 문장의 구조가 '□□이/가 ○○이/가 있어요'로 대답해야 자연스럽습니다. 초급 초반 학습자에게 매개어 없이 주격조사 '-이/가'와 보조사 '-은/는'이 구별되어 사용된다는 것을 지도하기는 어렵습니다. 그래도 소유주를 물을 때 '누가'로 질문하는 것과, 이에 대한 대답으로 '□□이/가'('누가'의 '가'와 같음을 강조하며)를 사용하는 것은 확장 연습 시 지도하는 것이 좋습니다. 다만, 문장 구조가 너무 복잡하다고 판단되면, 소유주를 묻는 질문에 대한 답으로 소유 대상인 '가방이'를 빼고 '마크 씨가 있어요'로 대답할 수 있도록 할 수도 있습니다.

준비물 가족 사진, 가계도 그림

활동2 개수 세기

학습자가 자신이 갖고 있는 것을 말할 수 있으면 그 다음 단계에는 소지품이나 교실에 있는 물건을 이용하여 그것의 개수를 말할 수 있도록 지도한다. 질문할 때에는 '몇 개'로 묻고 대답할 때에는 '한 개, 두 개'와 같이 말하도록 연습시킨다. 이때 '개, 명, 장, 잔, 권'과 같은 여러 단위 명사를 한꺼번에 제시하는 것은 학습자에게 학습 부담을 높이고 활동이 너무 어렵다는 부정적인 인상을 줄 수 있으므로 단위 명사는 제한적으로 제시한다.

물건을 이용해서 사물의 개수를 세는 연습이 끝나면, 사람을 세는 단위 명사 '명'을 제시하고 연습시킨다. 교사가 자신의 가족 사진을 가져와서 할아버지, 할머니, 언니와 같은 가족 명칭을 알려 주면서 '저는 ○○이/가 있어요.'의 문장 구조를 제시한다. 이때 한국어의 다양한 가족 명칭을 학습자가 구별할 수 있도록 예를 들어 제시한다. 가족 명칭을 익힌 다음에 몇 명 있는지 학습자끼리 서로 묻고 답하는 연습을 시킨다.

예

T (가족 사진이나 그림을 가리키면서) 저는 오빠하고 언니가 있어요.
   (학습자를 가르키며) 유키 씨, 오빠 있어요?

S 아니요, 없어요.

T 그럼, 언니 있어요?

S 네, 있어요.

T 그럼, ('도'를 강조하면서) 여동생도 있어요?

S (교사를 따라 하면서) 여동생도 있어요.

T 동생이 몇 명 있어요?

S 두 명 있어요.

Tips 언어권에 따라서 가족에 대한 얘기를 꺼려하는 학습자도 있습니다. 특히 학습자 중에서 입양인 학습자가 있을 경우에는 더욱 그렇습니다. 이런 경우에는 아버지나 어머니보다는 형제 자매로 연습하고 그 후에 삼촌이나 이모, 고모로 확장하여 연습하는 것이 좋습니다. 친구로 연습할 수도 있습니다.

활동

가계도

UNIT 03
한국 친구가 있어요

문형 존재문 '있어요' ('있다'의 활용형)
용법 어떤 대상이 특정 공간에 존재하거나 위치해 있음을 말할 때

예문

01_ 지갑이 가방에 있어요.
　　 지도가 가방에 없어요.

02_ A : 동생이 어디에 있어요?
　　 B : (동생이) 집에 있어요.

03_ 가방에 뭐가 있어요?
　　 집에 누가 있어요?

04_ 가방이 책상 위에 있어요.
　　 식당이 사무실 아래에 있어요.

수업 전 단계 | 문형 정리 및 지도 Tips

01

지갑이 가방**에** 있어요.
지도가 가방**에** 없어요.

'지갑, 지도'와 같은 사물이 특정 장소에 위치해 있음을 나타낼 때 '있어요'를, 위치해 있지 않음을 나타낼 때 '없어요'를 사용한다. 존재주를 문장의 주어로 쓸 때에는 존재주를 나타내는 명사 뒤에 주격 조사 '-이/가'를 붙여 나타낸다. 그 명사가 모음으로 끝나면 '-가'를, 자음으로 끝나면 '-이'를 붙인다. 위의 예문과 같이 지갑이 '가방'이라는 특정 공간에 위치해 있음을 나타낼 때에는 특정 공간 뒤에 부사격 조사 '-에'를 붙여 '○○이/가 △△에 있어요'와 같은 구조로 쓴다.

> **Tips** 영어에서는 문장 어순이 문법적으로 중요하기 때문에 영어권 학습자는 한국어에서 '가방에'와 같은 부사어의 위치가 유동적인 것을 어려워합니다. 말하기와 쓰기와 같은 표현 영역에서는 부사어를 주어 뒤에 놓고 사용하는 방법만을 제시하는 것이 좋습니다. 이것이 익숙해지면, 듣기나 읽기와 같이 이해 영역에서 부사어의 위치를 바꿔 가면서 부사어가 이동된다는 것을 자연스럽게 노출시켜 주는 것이 좋습니다.

02

A : 동생이 **어디에** 있어요?
B : (동생이) 집에 있어요.

'지갑, 지도'와 같은 무정물뿐만 아니라 사람(가족이나 친구)이나 동물(개나 고양이)과 같은 유정물이 어떤 특정 공간에 존재하고 있음을 나타낼 때에도 '있어요'를, 존재하고 있지 않음을 나타낼 때에도 '없어요'를 사용한다. 존재주의 위치에 대해 물을 때에는 "○○이/가 어디에 있어요?"라고 질문한다.

> **Tips** 어떤 국적의 학습자든지 한국어의 조사 사용을 어려워하기 때문에 조사를 자주 생략하려는 경향이 있는데, 부사격 조사 '-에'는 생략할 수 없으므로 학습자가 처음부터 생략하지 않도록 지도해야 합니다. 다만, 교사가 조사를 지도할 때, 조사를 너무 강조한 나머지 '에'를 강조하면서 높여 말하는 것은 지양해야 합니다. 학습자가 잘못된 억양을 교사로부터 접하지 않도록 교사가 세심하게 주의하는 것이 필요합니다.

03 가방에 **뭐가** 있어요?
집에 **누가** 있어요?

특정 장소에 위치해 있는 사물에 대해 물을 때에는 '뭐가'를, 특정 장소에 존재하고 있는 사람에 대해 물을 때에는 '누가'를 이용해서 묻는다. 쓰기에서는 공식적인 느낌을 살려 '뭐가' 대신에 '무엇이'로 바꿔 쓸 수 있다.

Tips 초급 단계에서 의문사를 적절하게 사용하는 것은 언어 사용을 촉진시키기 위해 매우 중요한데, 의문사 '누구'와 '누가'는 학습자가 자주 혼동하는 의문사 중의 하나입니다. '-예요/이에요' 앞에서는 '누구'를 사용하고, '있어요' 또는 '가요, 먹어요'와 같은 동사의 주체를 묻는 질문에서는 '누가'를 사용합니다. 특히 '누가'에서 '가'가 주격 조사 '가'라는 것을 학습자에게 알려주면 학습자가 쉽게 이해하고 사용하는 데 도움이 될 것입니다.

04 가방이 책상 **위**에 있어요.
식당이 사무실 **아래**에 있어요.

어떤 대상이 특정 공간의 구체적인 위치에 있음을 나타낼 때 특정 공간 뒤에 '위, 아래, 앞, 뒤'와 같은 것을 사용한다. 위의 첫 번째 예문은 가방이 책상을 기준으로 위쪽에 위치해 있음을 나타내는 것이다. 문장 구조는 기준이 되는 특정 공간 뒤에 '위, 아래'와 같은 구체적인 위치를 나타내는 것을 쓰고 부사격 조사 '-에'를 써서 나타낸다.

Tips 위치를 나타내는 명사에서 '앞/옆', '오른쪽/왼쪽'과 같이 마지막 글자에 받침이 있는 경우 그 뒤에 조사 '에'가 쓰이면 받침 발음이 뒷음절로 옮겨져서, '앞에'가 [아페]로, '오른쪽에'가 [오른쪼게]로 발음됩니다. 따라서 교사는 수업 시간에 '앞/옆'과 같은 위치를 나타내는 것만을 따로 연습시키지 말고, 그 뒤에 조사 '에'를 붙인 형태로 연습시켜야 학습자가 발음변화를 익힐 수 있습니다. 그래야 학습자 또한 한국어가 표기와 발음이 달라지는 것을 자연스럽게 받아들일 수 있게 됩니다.

문형 정리 및 지도 **Tips**

학습자 오류

1 존은 제 동생 있어요. → 존은 제 동생이에요.
> ☞ 영어권 학습자의 경우 '-예요/이에요'를 'am/is'로 직역해서 외우는 경향이 있기 때문에, '-예요/이에요'와 '있어요'를 혼돈할 때가 많습니다. 그러므로 교사는 처음에 제시하고 연습할 때부터 '-예요/이에요'와 '있어요'의 용법을 분명히 구별시켜 가르칠 필요가 있습니다. 특히 존재의 의미로 '있어요'를 쓸 때에는 조사 '-에'를 붙여 써서 존재하거나 위치해 있음을 강조하면 학습자의 혼란을 줄일 수 있습니다.

2 가방에서 지갑이 있어요. → 가방에 지갑이 있어요.
> ☞ 장소를 나타내는 명사 뒤에 붙는 부사격 조사는 '-에'와 '-에서'가 있습니다. '-에'는 '있어요/없어요'와 같은 존재사 앞에 쓰여 존재해 있는 공간이라는 의미를 나타내거나 '가요/와요/도착해요'와 같은 이동 동사 앞에 써서 '도달점'의 의미를 나타냅니다. 반면에 '-에서'는 이동 동사를 제외한 동작 동사 앞에 쓰여 행위 공간의 의미를 나타냅니다. 학습자에게 이 차이를 분명하게 구별시켜 줘야 합니다.

3 집에 누구 있어요? → 집에 누가 있어요?
> ☞ 서술어의 주어가 사람일 때 '누가'를 씁니다. 반면에 '-예요/이에요' 앞에 쓰이거나 소유격(예: 누구 자동차)을 물을 때, '누구예요?', '누구 자동차'와 같이 '누구'를 사용한다는 점도 같이 정리해서 알려주면 좋습니다.

4 방에 무엇가 있어요? → 방에 무엇이 있어요? / 방에 뭐가 있어요?
> ☞ 초급 초반의 학습자는 격식과 비격식에서 어휘가 달리 사용될 수 있다는 것을 모르므로 교사가 처음부터 제시 어휘를 한 가지로 통일 시켜 쓰는 것이 좋습니다. 그렇지 않으면 학습자가 사전에서 어휘를 찾아 써서 어휘 사용의 적절성이 떨어지고 위와 같이 조사를 잘못 사용하는 경우도 생깁니다.

5 (보이지 않는 곳을 가리키며) 가방이 저기에 있어요. → 가방이 거기에 있어요.
> ☞ 특정 공간을 대명사로 지칭하여 '여기에, 거기에, 저기에'를 묶어 가르치는 경우가 많습니다. 그러나 초급 초반에는 말하는 사람에게서 가까이 있는 곳을 '여기에'로, 말하는 사람과 듣는 사람 모두에게서 멀리 떨어져 있는 곳을 '저기에'로 한정시켜 제시하는 것이 좋습니다. 초급에서는 시각적으로 분명하게 구별 지을 수 있는 것 위주로 제시하는 것이 더 효과적이기 때문입니다. 말하는 사람에게서 멀고 듣는 사람에게서 가까운 지점을 가리킬 때 쓰는 '거기에'는 실제 많이 사용하지 않고, 오히려 담화 내 보이지 않는 지점을 가리킬 때 더 많이 사용됩니다.

6 식당이 은행 아페 있어요. → 식당이 은행 앞에 있어요.
> ☞ 학습자가 소리 나는 대로 적는 오류는 매우 많습니다. 그러므로 자연스러운 발음을 익힌 다음에는 반드시 문자를 확인하여 소리와 문자가 일치하지 않는 것을 확인하는 단계를 거쳐야 합니다.

7 버스 정류장이 학교 전에 있어요. → 버스 정류장이 학교 앞에 있어요.
> ☞ 일본인 학습자는 일본어에서 시간의 전후를 나타내는 '전(前)'과 공간의 앞뒤를 나타내는 '앞'이 같은 단어이기 때문에 위와 같은 오류를 만들 때가 있습니다. 시간과 공간을 구분해서 정리해 줄 필요가 있습니다.

| 수업1단계 | **도입** |

준비물 | 세계 지도, 인물 그림

UNIT 03

　교사는 이전 과(2과)의 활동에서 연습했던 가족을 화제로 이전 과의 학습 목표 문형을 복습하면서 시작할 수 있다. 그 다음에 교사는 그 가족이 지금 어디에 있는지 질문하여 '동생이 ○○에 있어요'와 같은 문장으로 답할 수 있도록 문형을 도입한다.

예

T 폴 씨, 동생 있어요?

S 남동생 없어요. 여동생 있어요.

T 여동생이 어디에 있어요? 서울에? 뉴욕에?

S 뉴욕에…

T (확인하듯이) 여동생이 뉴욕에 있어요?

S 네, 여동생이 뉴욕에 있어요.

Tips　도입을 할 때 가능하면 이전에 했던 활동을 이용하는 것이 좋습니다. 이렇게 하면 학습자가 이전의 학습을 상기하도록 도울 수 있고, 도입도 훨씬 수월해집니다. 특히 초급 학습자에게 새로운 상황보다는 익숙한 상황에서 새로운 학습목표를 도입, 제시해 나가는 것이 매우 중요합니다.

존재문 '있어요' 33

| 수업2단계 | **제시 및 연습** |

준비물: 장소 그림 (부록), 인물 그림

제시1

T : 진수 씨가 어디에 있어요?
S : 진수 씨가 식당에 있어요.

교사는 칠판에 병원, 은행, 식당과 같은 장소 그림 〔부록 p.8〕 을 붙인다. 먼저 교사는 장소 그림을 짚으면서 '어디예요?'라고 물어, 학습자가 장소의 이름을 알고 있는지 확인한다. 장소 명을 확인한 다음에, 교사는 인물 그림을 장소 그림 위에 놓으면서 '진수 씨가 어디에 있어요?'라고 묻는다. 학습자가 장소 명만 말한다면, 교사는 '진수 씨가 ○○에 있어요'라고 말하도록 문장 구조를 제시한다. 학습자가 이 문장 구조에 익숙해질 때까지 인물 그림을 장소 그림 위에 옮겨 놓으면서 학습자에게 질문한다.

다음 단계에는 교사가 병원 그림 위에 인물 그림을 놓으면서 '진수 씨가 병원에 있어요?'라고 묻는다. 교사의 제시에 따라 학습자는 '네, 병원에 있어요.' 혹은 '아니요, 병원에 없어요.'라고 대답한다.

문형 제시

1. 진수 씨가 식당에 있어요.
2. 진수 씨가 병원에 없어요.

준비물 시계, 상자

제시2

학습자가 '○○이/가 △△에 있어요'라는 문장 구조를 이해하면, 보다 구체적인 위치를 표현할 수 있도록 '위, 아래, 앞, 뒤, 옆'과 같은 위치를 나타내는 명사를 제시한다.

학습자가 위, 아래, 앞, 뒤와 같은 위치를 나타내는 표현을 정확하게 말할 수 있을 때까지 반복적으로 제시, 강조한다. 이때 '앞'이나 '옆'과 같은 단어는 단독으로 읽힐 때 [압]이나 [엽]으로 발음되지만, '은행이 식당 앞에 있어요.'와 같이 뒤에 조사 '-에'가 붙을 때에는 [아페] 또는 [여페]로 발음되는 것을 주의시켜야 한다.

T : 시계가 어디에 있어요?
S : 시계가 상자 왼쪽에 있어요.

> **Tips** 위치를 나타내는 명사를 제시할 때 교사와 학습자가 마주보고 있는 상황에서는 오른쪽, 왼쪽과 같은 위치가 다르게 말할 수 있다는 점에 유의해야 합니다. 그러므로 오른쪽과 왼쪽을 제시할 때에는 교사는 학습자 쪽으로 와서 학습자와 같은 대상을 바라보며 오른쪽, 왼쪽을 제시해야 혼돈을 줄일 수 있습니다.

학습자가 위, 아래, 앞, 뒤와 같은 명사를 익힌 다음에 교사는 실제 학습자의 책상 위에 있는 실물을 학습자가 직접 배치하고 상대방 학습자와 실물의 위치를 묻고 답하게 한다. 이때 가능한 질문과 대답은 다음과 같다.

A : 펜이 어디에 있어요?
B : 책 위에 있어요.

A : 컵 옆에 뭐가 있어요?
B : 핸드폰이 있어요.

| 수업3단계 | **활동** |

준비물 장소 그림 (부록), 인물 그림

활동1 진수 씨가 어디에 있어요?

　　학습자가 장소 명칭을 익힐 수 있도록 장소 그림으로 연습시킨다. 학습자를 두 명씩 짝을 짓고 장소 그림 **부록 p.8** 과 진수의 얼굴 그림을 나눠 준다. 한 학습자가 진수의 얼굴 그림을 장소 카드 중 하나 위에 올려 놓으면서 "진수 씨가 어디에 있어요?"라고 상대방에게 질문한다. 상대방 학습자는 장소 그림을 보고 "진수 씨가 ○○에 있어요"와 같은 구조로 대답하게 한다.

A : 진수 씨가 어디에 있어요?
B : 진수 씨가 식당에 있어요.

　　학습자가 위의 활동을 쉽게 마치면 다음과 같은 활동으로 확장시킬 수 있다. 장소 그림 뒷면에 인물의 이름을 써 놓고 장소 그림이 위로 올라오게 카드를 책상 위에 놓는다. 한 학습자가 장소 그림 하나(예: 은행)를 집어서 "식당에 누가 있어요?"라고 질문하면, 상대방 학습자는 그 장소 그림 뒤에 쓰여 있는 이름을 보고 "식당에 유키 씨가 있어요."라고 대답한다. 이 활동은 한 학습자는 장소 명칭을, 다른 학습자는 목표 문형이 들어간 문장 구조를 익히기 위한 것으로, 활동에 참여하는 모든 학습자가 각자에게 부여된 과제에 집중해서 질문과 대답을 이어 가게 한다.

A : 은행에 누가 있어요?
B : 은행에 진수가 있어요.

Tips 장소 그림을 이용하는 것은 이 활동을 통해 학습자가 최소한의 장소 명칭을 익힐 수 있게 하기 위한 것입니다. 그러므로 이런 활동을 간단하게 끝내고 학습자가 익히 알 만한 실제 정보를 이용해서 연습하는 것도 좋습니다. 예를 들어 서울에 살고 있는 학습자라면 서울 지도를 가지고 서울의 유명한 장소 위치(예: 남산, 인사동, 명동 등)를 묻는 활동을 할 수 있습니다. 실제 정보를 이용하면 학습자가 더 흥미를 보이면서 학습에 임하게 되는데, 교사도 가능한 한 교실 내 활동에 실제 정보를 결합하여 학습자가 교실 안에서 학습한 것을 교실 밖으로 나가 사용할 수 있도록 도와주어야 합니다.

활동2 가방이 어디에 있어요?

준비물: 활동지 (부록)

학습자 두 명씩 짝을 짓고 활동지 `부록 p.9` ㉮와 ㉯를 한 장씩 나눠준다. 활동지 ㉮를 갖고 있는 학습자는 ㉯를 가진 학습자에게 그림의 하단에 위치해 있는 사물의 구체적인 위치를 묻는다. ㉯를 가진 학습자는 자신이 갖고 있는 그림을 보면서 사물의 구체적인 위치를 대답하면, 대답을 들은 학습자는 자신의 활동지에 해당 사물을 그려 넣도록 한다. 활동 중에는 서로 활동지를 보여주지 못하게 주의를 준다. 활동이 끝나면 서로의 활동지를 대조하면서 정보가 정확했는지 시각적으로 확인할 수 있는 기회를 준다.

UNIT 03

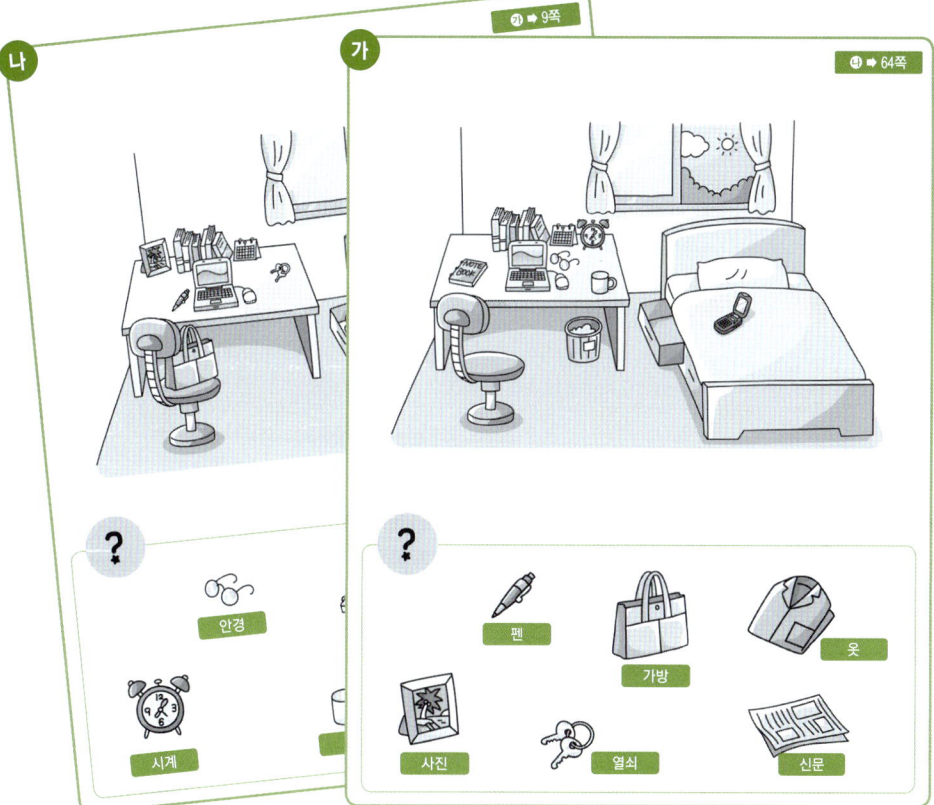

Tips 위와 같은 정보 채우기(information-gap) 활동을 하면서 의사소통 하는 데 필요한 전략을 지도할 수 있습니다. 의사소통 전략에는 자신이 들은 정보를 확인할 때 "의자 위요?"와 같이 말하는 것도 포함되고, 잘 못 알아들었을 때 "잘 못 들었어요. 다시 한번 말해 주세요."라고 말하는 것도 포함됩니다. 이런 전략은 초급 초반부터 적극적으로 지도하는 것이 필요합니다.

존재문 '있어요' 37

용어정리 학습 자료

교사는 수업을 효과적으로 진행하기 위해 학습 자료를 적절하게 선택하거나 제작해야 합니다. 학습 자료는 교재를 비롯해서 수업에서 사용되는 각종 수업 도구를 모두 포함하는데, 여기에서는 시각 자료 중 많이 사용되는 그림 카드와 문자 카드에 대해 알아보기로 하겠습니다.

그림 카드

그림 카드는 문자를 제시하기 전에 시각적인 이미지로 학습자에게 의미를 더 쉽게 전달하고자 할 때 사용됩니다. 그림 카드는 문자를 제시하기 전에 시각적인 이미지로 학습자에게 의미를 직접적으로 알게 하기 위한 경우에 쓰이므로, 간단한 상황을 보여주거나 실물 자료를 대신하여 의미를 직접적으로 알게 하기 위한 경우에 쉽게 흥미를 보이므로, 문형을 제시하기 전에 상황을 도입할 때 쓰이기도 하고 쉽게 지루해질 수 있는 드릴 연습에서 문자 대신에 그림 큐(Que)로 사용할 때 쓰이기도 합니다.

그러나 '친절'이나 '보람'과 같은 추상 명사를 그림으로 제시할 경우 오히려 의미 전달이 더 분명하지 않기 때문에 중·고급에서는 의미 전달용으로 그림이 많이 쓰이지 않습니다. 그러므로 그림의 의미가 분명하지 않을 때에는, 그림 아래에 문자를 써 주거나 교사가 그림에 설명을 보태어 학습자가 그림을 이해하는 데 너무 많은 시간을 쓰지 않도록 할 필요가 있습니다.

문자 카드

문자 카드는 일반적으로 문자가 쓰여진 다양한 형태의 카드를 의미하는 것으로, 수업 전반에서 광범위하게 사용됩니다. 한글을 가르칠 경우 자음과 모음의 결합을 보여줄 때 사용되기도 하고, 새로운 문형을 제시할 때 문형 카드, 문장에서 조사를 강조할 때 조사 카드 등으로 사용되기도 합니다. 문법 활용을 연습할 때 사용되는 플래시 카드(flash card)도 문자 카드의 일종입니다. 플래시 카드는 기계적이고 반복적인 연습을 할 때 유용하게 사용됩니다. 동사나 형용사의 기본형이 쓰여 있는 카드를 학습자에게 보여주면 학습자가 이에 즉각적으로 반응하여 해당 목표 문형으로 활용시키는 연습에서 주로 쓰입니다. 학습 목표에 해당하는 어휘를 강조하기 위해 카드로 보여주거나 이미 학습한 어휘를 복습할 경우 단어 카드 게임에서 사용될 수도 있습니다.

문자 카드는 수업의 어떤 단계에서 사용되는가에 따라, 카드 제작 시 유의해야 할 점이 있습니다. 문자 카드를 한글 자모 카드나 문형 카드, 조사 카드와 같이 다른 형태와의 결합을 강조하기 위해 사용할 경우, 문자 카드의 색을 달리하여 학습자가 주목할 수 있게 하는 것이 좋습니다. 문법활용을 연습하는 플래시 카드로 쓸 경우, 플래시 카드에 제시할 문법 형태(예를 들면 '먹다'로 제시할지 '먹어요'로 제시할지)를 정해서 제작해야 합니다. 또한 학습자가 드릴 연습에 쉽게 참여할 수 있도록 플래시 카드에서 제시할 용언을 선택하는 것과 제시 순서를 잘 정하는 것이 중요합니다.

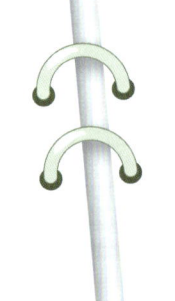

UNIT 04
저녁 7시에 명동에서 친구를 만나요

문형 동사의 현재 시제 활용형 '-아/어요'
용법 어떤 대상이나 일의 현재 동작, 상태를 나타낼 때

예문

01_ 수업이 **시작해요**.
　　 아이가 **웃어요**.

02_ 제가 옷을 사요.
　　 선생님이 커피**를** 마셔요.

03_ **뭐** 해요?
　　 무슨 음악을 좋아해요?

04_ 저는 아침을 **안** 먹어요.
　　 친구한테 전화 **안** 해요.

05_ 제가 **가끔** 운동해요.
　　 선생님이 커피를 **많이** 마셔요.

06_ 폴 씨가 7시에 운동해요.
　　 제가 명동**에서** 친구를 만나요.

> **수업 전 단계** 문형 정리 및 지도 **Tips**

01
> 수업이 **시작해요.**
> 아이가 **웃어요.**

어떤 대상이나 일의 현재 동작, 상태를 나타낼 때 동사의 기본형에서 다음과 같이 세 가지로 활용된다.
첫째, '하다'로 끝나는 동사(예: 시작하다)는 어간에 '-여요'가 붙어 '해요'가 된다.
둘째, 어간의 마지막 글자에 'ㅏ' 또는 'ㅗ'가 있는 동사(예: 일어나다, 보다)는 어간에 '-아요'가 붙어 활용된다.
셋째, 위의 두 가지에 해당되지 않는 나머지 동사(예: 먹다, 마시다)는 어간에 '-어요'가 붙어 활용된다.

> **Tips** 초급 학습자에게 동사의 기본형에서 '-아/어요'로 활용시키는 것은 매우 까다롭고 어려운 연습입니다. 교사가 학습자에게 복잡한 규칙을 쉽게 제시하기 위해서, 먼저 동사의 기본형 카드의 모음만을 다른 색으로 칠해 학습자가 쉽게 바꿀 수 있도록 도와주는 것도 좋습니다. 예를 들어 '일어나다'의 동사 어간 '나'의 'ㅏ'의 색을 다르게 해서 학습자의 주의를 끄는 방식이 필요합니다. 또한 '하다' 동사의 경우 예외 없이 '하 + 여요'가 '해요'가 되므로, 처음부터 '해요'로 제시해 주면 학습자의 부담을 덜어줄 수 있습니다.

02
> 제가 옷을 사요.
> 선생님이 커피를 마셔요.

타동사의 경우 동작의 목적어는 동사 앞에 위치된다. 목적어에 해당되는 명사 뒤에 목적격 조사 '-을/를'을 붙여 표시한다. 목적어에 해당하는 명사가 모음으로 끝나면 '-를', 자음으로 끝나면 '-을'을 붙인다. 구어 대화에서 목적격 조사는 생략되는 경우가 많다.

> **Tips** 학습자가 조사 사용을 어려워하는데 특히, 영어권이나 중국어권 학습자는 조사를 빼고 말하는 경우가 많습니다. 영어권 학습자나 중국어권 학습자는 초급 초반이라면, 구어 대화에서 조사보다는 문장 어순과 같은 문장 구조를 익힌 후 쓰기에서 조사 사용을 강제하는 것도 좋습니다. 또한 조사 사용을 강조한 나머지, '-을/를'을 말할 때 억양이 올라가지 않도록 유의시켜야 합니다.

03 뭐 해요?
무슨 음악을 좋아해요?

타동사의 목적어에 해당하는 대상에 대해 물을 때에 '뭐'를 목적어 위치에 넣어 사용한다. 반면 그 대상에 대해 더 구체적으로 질문하고자 할 때에는 명사 앞에 '어느', '무슨', '어떤'을 이용하여 질문한다. 여러 대상 중에서 특정 하나를 선택하라는 의미로 질문할 때에는 '어느'를, 대상의 종류에 대해 질문할 때에는 '무슨'을, 대상의 특성에 대해 질문할 때에는 '어떤'을 쓴다. 격식을 차려 말하거나 쓰기를 지도할 때에는 '뭐' 대신에 '무엇을'으로 지도할 수 있다.

> **Tips** 비슷한 의문사 때문에 혼란스러워하기도 하지만, 의문사가 다르게 사용되는 맥락을 질문과 대답으로 묶어 제시하면 학습자가 쉽게 이해합니다. 예를 들어, 여러 선생님들 중에서 '어느 선생님이 폴 씨 선생님이에요?'라는 질문에는 '오른쪽 여자 선생님'이 답이 될 수 있고, '무슨 선생님이에요?'라는 질문에는 '한국어 선생님'이 답이 될 수 있습니다. 또한 '어떤 선생님을 좋아해요?'라는 질문에는 '친절한 선생님'이 답이 될 수 있습니다.

04 저는 아침을 안 먹어요.
친구한테 전화 안 해요.

동사의 부정문은 동사 앞에 '안'을 쓰는 짧은 부정문과 동사 어간에 '-지 않다'를 붙이는 긴 부정문이 있다. 짧은 부정문의 경우, 기본적으로 동사 앞에 '안'을 써서 '안 봐요', '안 먹어요'와 같이 쓴다. 그러나 '일하다'와 같은 '하다'가 결합된 동사의 경우 '일을 해요'와 같이 조사 '-을/를'에 의해 분리될 수 있는데, '하다' 동사의 부정문은 '일 안 해요', '전화 안 해요'와 같이 '하다' 바로 앞에 '안'을 넣어 쓴다.

> **Tips** 초급 단계에는 두 가지 부정문 중에서 짧은 부정문인 '안'을 먼저 이용하여 연습한 다음에 긴 부정문인 '-지 않다'를 제시하는 것이 좋습니다. 또한, '좋아하다, 싫어하다'는 '하다'가 결합된 것처럼 보여도 이때의 '하다'는 명사 뒤에 붙은 '하다'가 아니라 형용사에서 동사로 바뀌면서 '하다'가 결합된 것으로, '좋아하다, 싫어하다'는 분리될 수 없는 한 단어로 취급됩니다. 따라서 '좋아해요, 싫어해요'의 부정문은 '안 좋아해요, 안 싫어해요'가 됩니다.

문형 정리 및 지도 **Tips**

05
제가 **가끔** 운동해요.
선생님이 커피를 **많이** 마셔요.

동사 앞에 부사를 써서 동사를 수식한다. 정도성에 대해 물을 때에는 '얼마나'를 이용해서 '선생님이 커피를 얼마나 마셔요?' 혹은 '얼마나 많이 마셔요?'로 질문한다.

> **Tips** 초급 초반에는 부사 중에서 형용사에 '-게'를 붙여 파생된 부사(예: 예쁘게)를 제외하고, '많이/조금' 혹은 '빨리/천천히'와 같이 어휘화되어 자주 사용되는 부사를 의미 맥락으로 묶어 제시하는 것이 좋습니다. 특히 부사의 위치가 동사 앞에 오는 어순을 강조할 필요가 있습니다.

06
폴 씨가 7시**에** 운동해요.
제가 명동**에서** 친구를 만나요.

시간을 표현할 때에는 시간을 나타내는 명사 뒤에 조사 '-에'를 붙이고, 동작이 일어나는 공간을 표현할 때에는 장소를 나타내는 명사 뒤에 조사 '-에서'를 붙여 말한다. 다만, 존재 여부를 나타내는 '있다/없다'와 이동 동사 '가다/오다/도착하다/다니다'가 서술어로 쓰인 문장에서는 장소를 나타내는 명사 뒤에 '-에'를 쓴다. 시간을 나타내는 명사 뒤에 붙는 조사 '-에'와 장소를 나타내는 명사 뒤에 붙는 조사 '-에서' 혹은 '-에'는 한 문장 내에 한 번씩만 사용된다.

> **Tips** 초급에서 동사를 학습할 때 조사가 여러 가지 나오는데, 학습자는 조사 사용을 매우 어려워하게 마련입니다. 그러므로 조사가 새로 나올 때마다 분명한 맥락에서 제시해 줄 필요가 있습니다. 예를 들어 '-하고'와 같은 접속 조사는 동사 '이야기하다', '-한테'와 같은 부사격 조사는 '전화하다'와 같은 동사와 연계해서 제시되어야 의미 파악을 정확하게 할 수 있고 적절한 사용법도 익히게 됩니다.

학습자 오류

1 김치가 좋아해요. → 김치를 좋아해요.

☞ 어떤 언어권을 막론하고 많이 틀리는 부분입니다. 특히 일본어권 학습자는 모국어 때문에 '좋아하다' 앞에 조사 '-이/가'를 많이 씁니다. 교사는 '좋아하다'를 제시할 때 조사 '-을/를'을 쓴다는 것을 강조할 필요가 있습니다.

2 물을 마시어요. → 물을 마셔요.

☞ 학습자는 동사의 기본형에서 현재형으로 활용시킬 때 모음이 축약되는 것을 어려워합니다. 특히 '마시다'와 같이 동사 어간의 마지막이 'ㅣ'로 끝날 때 그 뒤에 어미 '어요'가 연결되어 '여요'가 되는 것을 많이 틀립니다. 집중 연습이 필요한 부분입니다.

3 안 준비해요. → 준비 안 해요.

☞ 짧은 부정문을 만드는 '안'이 동사 앞에 쓰인다고 생각하기 때문에 이런 오류가 나오기도 합니다. 이런 오류는 초기에 교정해 주어야 하므로 즉각적인 오류 수정과 함께 '안'을 사용하는 규칙을 다시 상기시켜 줄 필요가 있습니다.

4 저는 선생님 이름을 안 알아요. → 저는 선생님 이름을 몰라요.

☞ 학습자가 '안' 부정문을 배운 후 위와 같은 오류를 많이 범합니다. '알다. 인식하다. 견디다'와 같이 본래부터 행동주의 능력을 전제로 한 동사는 '안'으로 부정문을 만들 수 없습니다. 초급에서 알 만한 단어인 '알다'는 부정일 때 '모르다'와 같은 단어로 바꾼다는 것을 알려 줘야 합니다.

5 무슨 좋아해요? → 뭐 좋아해요?

☞ '무슨'은 명사를 수식해 주는 것으로 명사 앞에 놓여야 하고, '뭐'는 명사를 물을 때 쓰는 것으로 동사 앞에 놓여야 합니다. 학습자에게 문법적인 설명보다는 '뭐'나 '무슨'을 이용한 질문과 그에 대한 답을 묶어 반복적으로 제시하여, 학습자로 하여금 적절한 사용법을 익힐 수 있도록 도와주는 것이 필요합니다.

6 친구에 만나요. → 친구를 만나요.
버스에 타요. → 버스를 타요.
의사에 돼요 → 의사가 돼요

☞ 일본인 학습자는 한국어와 일본어가 거의 같은 문장 구조라고 생각하기 때문에 모국어를 한국어로 직역한 위와 같은 오류가 많이 나옵니다. 특히 조사와 관련된 오류를 교사가 미리 예상하고 준비해 두면 오류 발생 시 적절하게 수정해 줄 수 있으므로, 언어권 별 학습자의 오류를 정리해 두는 것이 필요합니다.

7 저녁 7시에 이번 토요일에 만나요. → 이번 토요일 저녁 7시에 만나요.

☞ 영어권 학습자가 자신의 모국어 때문에 위와 같은 오류를 만들어 냅니다. 한 문장 내에 시간 혹은 장소를 나타내는 표현을 2개 이상 쓸 경우, 큰 단위를 먼저 쓰고 그 다음에 작은 단위를 쓰도록 지도해야 합니다. 예를 들어 '이번 토요일'과 '저녁 7시'를 한 문장에 쓰려면 큰 단위부터 써서 '이번 토요일 저녁 7시'와 같이 써야 합니다. 또한 시간을 나타내는 표현이 한 문장 안에 2개 이상 나올 때, 시간을 나타내는 명사 뒤에 쓰이는 조사 '-에'는 한 문장에 한 번만 쓴다는 것을 강조해야 합니다.

| 수업1단계 | **도입** |

준비물: 감정 표정 그림

좋아해요   안 좋아해요

　교사는 칠판에 한국 음식 사진을 나란히 붙여 놓고 학습자에게 사진의 한국 음식을 좋아하는지 묻는다. "좋아해요?" 혹은 "안 좋아해요?"라고 질문하면서 위와 같은 그림을 이용하여 학습자가 질문의 의미를 쉽게 알아차릴 수 있도록 돕는다. 질문하는 대상은 음식이나 스포츠와 같이 학습자가 관심을 갖고 있을 만한 것으로 질문하는 것이 좋다.

> **Tips**　자신의 기호를 말할 때 '좋아해요' 혹은 '싫어해요'라고 직접적으로 말할 수도 있겠지만, 한국 문화가 부정적인 표현을 강하게 말하는 것을 꺼리는 측면이 있으므로, '싫어해요'보다는 '안 좋아해요'라고 제시해 주는 것이 좋습니다.

예
- T 폴 씨, 김치 (좋아하는 얼굴 그림을 들어 보이며) 좋아해요?
  (싫어하는 얼굴 그림을 들어 보이며) 안 좋아해요?
- S 좋아해요.
- T 김치 좋아해요?
- S (교사를 따라 한다.) 네, 김치 좋아해요.
- T 그럼, 삼겹살 좋아해요?
- S 아니요.
- T 아니요, 삼겹살 (싫어하는 얼굴 그림을 들어 보이며) 안 좋아해요.
- S (교사를 따라 한다.) 아니요, 삼겹살 안 좋아해요.

　교사는 '많이'나 '조금'과 같은 부사를 이용하여 보다 구체적으로 질문하거나 대답할 수 있도록 한다. 또한 '뭐'나 '무슨'과 같은 의문사를 이용하여 더욱 자세한 대답을 유도할 수 있다.

| 수업2단계 | 제시 및 연습 |

준비물: 동사 그림 (부록)

UNIT 04

교사는 동사 그림 [부록 p.10]을 10가지 정도로 한정하여 학습자에게 보여주면서 현재 시제 활용형 '-아/어요'로 읽어주어, 학습자가 따라 하도록 한다. 실제 생활에서는 동사의 기본형으로 말하지 않으므로, 학습자에게 '-아/어요'를 먼저 접하게 하고, 이것이 익숙해진 후 기본형에서 '-아/어요'로 활용되는 과정을 보여준다. 제시되는 동사에 따라 목적격 조사 '-을/를' 또는 '-에게/한테'를 사용할 수 있다.

그림을 보면서 동사의 활용형(예: 먹어요)을 소리로 연습한 상태에서 동사의 기본형

(예: 먹다)을 문자로 제시한다. 학습자는 이미 활용형과 의미를 알고 있는 상태이기 때문에 기본형에서 '-아/어요'로 활용되는 과정을 유추할 수 있다.

Tips   성인 학습자를 대상으로 지도할 때에도 매개어(학습자의 모국어)를 사용하지 않고 목표 언어(배우고자 하는 언어)를 사용해서 가르칠 경우 아이가 모국어를 습득해가는 과정과 유사하게 학습을 진행시킵니다. 어떤 단어나 형태를 소리(음성)로 먼저 접한 후, 그것을 입으로 따라 해서 발음해 보고, 그 다음에 시각적인 문자 형태를 확인하면서 읽는 연습을 하고, 마지막으로 이를 써 보는 순서로 진행합니다. 특히 한국어는 발음 규칙이 많다고 느낄 만큼 발음과 표기가 다른 경우가 많은데, 경험적으로 관찰한 바에 따르면 학습자가 교사의 발음을 먼저 접해서 이를 비슷하게 발음하고 따라 하려는 모방 단계가 문자를 접하는 단계보다 선행될수록 학습자가 자연스러운 발음을 구사하게 됩니다.

제시 및 연습

동사 어간에 따라 다음과 같이 세 가지 어미가 다르게 붙는 규칙을 알려 준다.

규칙 1 모든 '하다' 동사는 '해요'로 활용된다.
예) 시작하다; 시작하 + 여요 → 시작해요

규칙 2 동사 어간의 마지막 글자에 모음 'ㅏ'나 'ㅗ'가 있을 경우 어미 '-아요'가 붙어 활용된다.
예) 받다; 받 + 아요 → 받아요
　　보다; 보 + 아요 → 보아요 → 봐요
　　만나다; 만나+아요 → 만나요

규칙 3 규칙 1과 규칙 2의 적용을 받지 않는 나머지 동사는 어미 '-어요'가 붙어 활용된다.
예) 먹다; 먹 + 어요 → 먹어요
　　마시다; 마시 + 어요 → 마시어요 → 마셔요
　　주다; 주 + 어요 → 주어요 → 줘요

문형 제시

1. 일하다 ➡ 일해요
2. 받다 ➡ 받아요
3. 먹다 ➡ 먹어요

Tips 일단 학습자가 목표 문형의 쓰임을 이해한 다음에는 활용형이 입에 익숙해지도록 드릴(drill) 연습이 필요합니다. 이런 단순한 기계적 연습이 지루하다고 생각될 수도 있지만, 학습자가 의식하지 않고 문형이 입에 붙어 자동적으로 활용시킬 수 있도록 반복 연습하는 것도 어느 정도는 필요합니다. 그래야 그 다음 단계의 대화로 확장할 수 있게 됩니다.

위의 규칙을 제시한 다음에 여러 동사가 활용되는 예를 제시한다. 처음에는 이미 알고 있는 동사(예: 앞의 10가지 동사)를 이용하여 기본형에서 '-아/어요'로 활용되는 과정을 확인시킨다. 그 다음에는 학습자가 의미를 모르는 단어라고 해도 의미가 아닌 형태에 집중하여 학습자가 위에서 익힌 규칙을 스스로 점검할 수 있도록 시간적 기회를 준다. 위의 세 가지 규칙은 더 세밀히 나눠 제시할 수 있지만 (동사 어간이 'ㅣ'로 끝날 때 'ㅕ요'가 된다, 예: 마시다 → 마셔요), 되도록이면 학습자가 규칙이 많아 어렵다는 느낌을 갖지 않도록 하는 것이 좋다.

Tips 학습자 중에서 어떤 학습자는 가끔 왜 기본형을 '-아/어요'로 바꿔야 하는지, 기본형이 어떤 것인지 이해하지 못하는 경우도 있습니다. 동사나 형용사의 어간에 여러 어미가 결합·활용해서 다양한 문법적 의미를 나타내는 한국어의 특징을 매개어 없이 이해하기 쉽지 않을 것입니다. 이때에는 문법적인 설명을 길게 하지 말고 학습자가 사용하는 한국어 사전에 수록되어 있는 형태가 기본형이라고 알려주면 학습자는 왜 기본형을 '-아/어요'로 바꿔야 하는지 쉽게 이해하게 됩니다.

수업3단계 활동

준비물 동사 그림 (부록)

활동1 뭐 해요?

학습자가 동사 그림 [부록 p.10] 을 보고 '-아/어요'로 활용할 수 있는지 확인한다. 확인이 끝나면 '안'을 붙여 부정문을 만드는 방식을 제시한다.

규칙 1 동사 앞에 '안'을 넣는다.
  예) 밥을 안 먹어요.

규칙 2 명사에 '하다'를 붙여 쓰는 동사의 경우, '하다'의 앞에 붙은 명사와 '하다' 사이에 '안'을 넣는다.
  예) 전화 안 해요.

학습자 두 명씩 짝을 지어 그 중 한 명에게 동사 그림을 나눠준다. 한 학습자가 동사 그림을 집어서 일부러 그림과 다른 동사로 틀리게 질문하면 상대방 학습자는 부정문으로 대답한다. 학습자에게 나눠주는 동사 그림 뒷면에는 동사의 기본형을 써 두어 그림만으로 동사의 의미를 알 수 없을 때 그림 뒷면의 문자를 보고 도움을 받을 수 있도록 한다. 타동사의 경우, 목적어까지 포함하여 연습해서 문장 어순에 익숙해지도록 한다.

예

T	(마시는 그림을 보여주면서) 자요?
S	아니요.
T	아니요, ('안'을 강조하면서) 안 자요.
S	(교사를 따라 한다.) 아니요, 안 자요.
T	그럼, 뭐 해요?
S	마셔요.
T	뭐 마셔요? 커피? 물? 주스?
S	커피 마셔요.

학습자가 10가지의 기본 동사를 이용하여 문장으로 묻고 답할 수 있게 되면, '매일, 자주, 일찍, 빨리, 많이' 등과 같은 부사를 더하여 학습자끼리 자유롭게 질문, 대답하도록 지도한다.

활동

활동2 일과표

준비물 활동지 (부록)

학습자가 다음과 같이 자신의 일과표 「부록 p.11」를 작성하도록 한다. 그 다음에 동사를 활용시켜 '○○이/가 △△시에 운동해요.'와 같이 시간을 넣어 말하는 것을 지도한다. 먼저 학습자가 자신의 일과표를 상대방 학습자에게 설명하게 한다. 학습자가 시간을 말할 때 '아침, 점심, 저녁, 밤'을 구별해서 시간을 말할 수 있도록 교사가 먼저 시연을 보여준다. 학습자는 자신의 일과표를 옆의 짝에게 보여주면서 '저는 아침 △△시에 일어나요.'라고 말하게 한다.

학습자 두 명씩 짝을 짓고 서로의 일과에 대해 묻고 답하는 활동을 한다. 이때 교사가 무엇(시간이나 동작)을 연습시킬지에 따라 질문과 대답은 다음과 같이 달라질 수 있다.

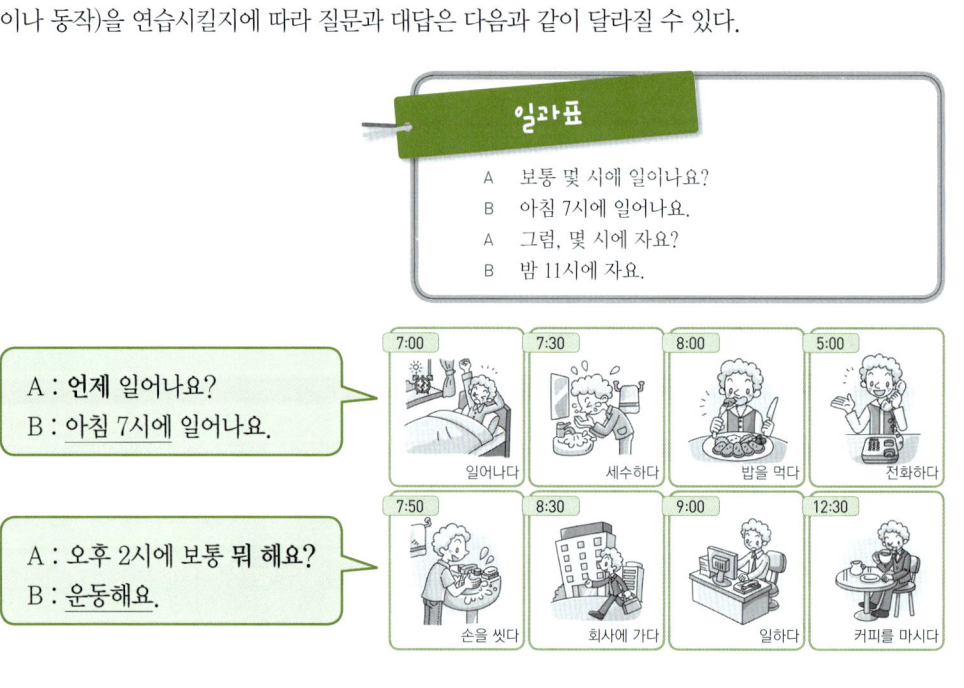

보다 구체적인 학습자의 대답을 원할 경우 '어디에서' 혹은 '누구하고'와 같은 의문사를 이용하여 질문하고 대답하도록 지도한다. '일하다' 혹은 '운동하다'와 같은 동사는 '△△시부터 △△시까지'로 동작이 지속되는 시간의 범위를 표현하는 것을 알려주는 것도 좋다.

A : 언제 운동해요?
B : 저녁 7시부터 8시 반까지 운동해요.

활동3 대화 길게 만들기

학습자가 이제까지 학습했던 것을 질문과 대답의 형식으로 말할 수 있도록 연습하는 활동이다. '언제, 어디에서, 뭐, 무슨, 누구하고'와 같이 다양한 의문사를 활용하여 질문하고 그에 맞는 대답을 하도록 지도한다.

준비물 의문사 카드

예

T 유키 씨, 토요일 저녁에 보통 뭐 해요?
S 친구를 만나요.
T 몇 시에 친구를 만나요?
S 7시에 만나요.
T 어디에서 친구를 만나요?
S 명동에서 만나요.
T 명동에서 뭐 해요?
S 영화를 봐요.
T 무슨 영화를 봐요?
S 한국 영화를 봐요.
T 누가 나와요?
S 전도연이 나와요.

Tips 교사가 학습자에게 어떤 활동을 연습시킬 때는 그 활동을 어떻게 전개할 것인지 분명하게 시연을 보여 줄 필요가 있습니다. 교사가 아무리 좋은 활동을 계획했다고 하더라도 활동하기 전에 교사의 지시가 불분명하면 학습자는 어떤 방식으로 연습해야 할지 잘 모르기 때문에 혼란스러워합니다. 특히 활동이 복잡할수록, 단계가 여러 단계일수록 교사가 알기 쉽게 시연을 보여 주면서 학습자가 활동 전개 방식을 이해했는지 확인하며 진행하는 것이 중요합니다.

용어정리 실물 자료와 실제 자료

최근에는 수업에서의 실제성(authenticity)을 높이기 위해 교사가 교육적 목적을 갖고 한국어 모어 화자가 일상 생활에서 접할 수 있는 자료를 가공하지 않은 채 학습 자료로 적극적으로 활용하고 있습니다.

실물 자료 (realia)

실물 자료(realia)는 예를 들어 '책상, 안경'과 같은 구체적인 단어를 가르칠 때 실물 그대로를 제시하는 것을 말합니다. 마치 말을 배우는 아이들이 부모나 교사와 함께 눈 앞에 보고 있는 실물의 명칭을 배우는 것과 같이, 비언어적 자료인 실물을 교실 내로 가져와서 언어 수업의 자료로 사용하는 것입니다. 성인 학습자를 가르친다고 해도 실물 자료는 학습자가 익히 알고 있는 실물과 새로운 단어(글자) 및 소리를 직접적으로 연결시켜 학습을 촉진시킬 수 있으므로 초급 단계에서 실물 자료를 적극적으로 사용하는 것이 필요합니다.

실물 자료는 교사가 교실에 들고 가는 것뿐만 아니라 학습자가 가지고 있는 물품이나 교실에 놓여 있는 물품까지 다양하게 포함됩니다. 다만, 교사가 학습자 또는 교실의 물품을 이용할 경우, 제시하고자 하는 물품을 교사가 통제할 수 없기 때문에 예기치 않은 어휘로 인해 수업이 지연될 가능성도 있습니다. 특히 초급 수업에서 교사가 실물 자료를 사용하고자 할 때에는 목표 어휘의 수를 명확히 한정하여 목표 어휘 이외의 어휘가 나오지 않도록 수업 전에 세심하게 고안할 필요가 있습니다.

실제 자료 (authentic material)

실제 자료(authentic material)는 주로 고급 수업에서 읽기나 듣기 자료로 사용되는 신문이나 책, 텔레비전 뉴스와 같은 것을 말합니다. 이런 실제 자료는 한국어 모어 화자가 접하는 언어 자료를 그대로 교실 내로 가져와서 언어 수업의 자료로 이용하므로, 학습자를 교실 밖의 세계와 직접적으로 연결시킬 수 있어 학습자가 자료의 필요성과 유용성을 더 크게 느끼면서 수업에 집중하게 됩니다.

다만, 이런 실제 자료를 사용할 때에는 학습자의 수준에 맞춰 교사가 학습 목표를 조정하여 제시해야 학습자가 흥미롭게 수업에 임할 수 있게 됩니다. 예를 들어 같은 신문이라고 해도 신문 기사 전문을 학습 대상으로 삼을 수도 있겠지만, 토론 수업에서는 최근 사건을 훑어 보는 의미로 신문의 머리 기사를 제시할 수도 있고, 보고문이나 논설문을 쓰는 쓰기 수업에서는 모범적인 글쓰기의 예로 제시될 수도 있습니다. 결국, 실제 자료는 교사가 인위적인 자료 조작을 하지 않고 학습 자료로 사용하는 것이긴 하지만, 교사가 학습 목표에 따라 자료 사용의 범위와 방법을 조정해야 수업에 효과적으로 사용할 수 있게 됩니다.

UNIT 05
김치가 매워요

문형 형용사의 현재 시제 활용형 '-아/어요'
용법 어떤 대상이나 일의 상태, 또는 그것에 대한 감정이나 느낌을 나타낼 때

예문

01_ 날씨가 좋아요.
음식이 매워요.

02_ 가방이 안 비싸요.
하숙집이 안 불편해요.
영화가 재미없어요.

03_ A : 이 음식이 어때요?
B : 맛있어요.

04_ 제주도가 서울보다 더 더워요.
한국 음식 중에서 비빔밥이 제일 맛있어요.

> **수업 전 단계** 문형 정리 및 지도 **Tips**

01
> 날씨가 **좋아요**.
> 음식이 **매워요**.

문장의 서술어에 형용사가 쓰일 때에는 주어의 성질이나 상태를 나타낸다. 형용사의 현재 시제 활용형은 동사와 마찬가지로 형용사의 어간에 따라 '-아/어요'를 결합해서 만든다. '피곤하다, 복잡하다'와 같이 '하다'로 끝나는 형용사는 어간 '하-'에 '-여요'가 붙어 '해요'가 된다. '좋다, 작다'와 같이 형용사 어간이 모음 'ㅏ' 또는 'ㅗ'로 끝날 때 어간에 '-아요'를, 그 외의 형용사는 어간에 '-어요'를 붙인다.

> **Tips** 형용사가 서술적 용법으로 사용되어 문장 주어의 성질이나 상태를 나타낼 때에는, 반드시 주어에 주격 조사 '-이/가'를 써야 합니다. 학습자가 조사 때문에 어려워할 때에는 먼저 서술어가 동사인지 형용사인지 구별한 후 형용사라면 조사 '-이/가'가 사용되어야 한다는 것을 알려주면 좋습니다.

02
> 가방이 **안** 비싸요.
> 하숙집이 **안** 불편해요.
> 영화가 재미**없어요**.

형용사의 부정문을 만들 때에는 동사의 부정문과 같이, 기본적으로는 형용사 앞에 '안'을 붙이거나 형용사의 어간에 '-지 않다'를 붙인다. 다만, '피곤하다, 불편하다'와 같은 '하다'로 끝나는 형용사의 부정문은, '하다' 동사와 달리 형용사 앞에 '안'을 붙여 '안 피곤해요' 혹은 '안 불편해요'로 바꾼다. 또한 '○○있다'와 같은 형용사의 부정은 '○○없다'가 쓰인다.

> **Tips** 외국인 학습자들은 '하다'로 끝나는 것이 모두 동사라고 잘못 알고 있는 경우가 많습니다. 그러나 '피곤하다, 유명하다, 친절하다, 불편하다'와 같이 '하다'로 끝나는 형용사도 꽤 있습니다. 이런 형용사는 '일을 하다'와 같은 동사처럼 명사와 '하다' 사이에 목적격 조사 '-을/를'을 넣어 부정문을 만들 수 없습니다. '하다' 형용사는 '○○하다'를 한 덩어리로 생각하므로, 그 부정문도 형용사 앞에 '안'을 넣어 '안 피곤해요.' 혹은 '안 유명해요'와 같이 된다는 점을 짚어줘야 합니다. 다만, '좋아하다'는 동사라고 해도 '좋아+하다'로 분리되는 것이 아니라 형용사가 동사로 바뀐 형태이므로 그 부정은 '안 좋아해요'라는 점을 확인해 주어야 합니다.

03

A : 이 음식이 **어때요?**
B : 맛있어요.

문장 주어의 성질이나 상태에 대해 질문할 때에는 '어때요?'로 물어보고, 그 대답은 형용사를 문장의 서술어로 써서 답하면 된다. '어때요?' 앞에는 조사 '-이/가'가 쓰인다.

> **Tips** 형용사를 가르칠 때 불규칙 활용을 제시하게 되는데, '춥다, 어렵다, 가깝다'와 같은 'ㅂ' 불규칙 형용사가 '-어요'와 결합되어 '추워요, 어려워요, 가까워요'로 활용되는 것을 배웁니다. 이 밖에도 '바쁘다'와 같이 어간이 'ㅡ'로 끝나는 형용사가 어미와 결합될 때 'ㅡ'가 탈락되는 것도 배우게 됩니다. 그러나 초급에서 너무 많은 불규칙 활용을 한꺼번에 접하는 것은 바람직하지 않습니다. 초급에서는 제시 단어의 수를 제한하고, 규칙을 많이 제시하기보다는 그 활용형을 사용해서 말하는 연습을 하는 것이 더 중요합니다. '어때요?' 또한 '어떻다'에서 'ㅎ' 불규칙 활용된 것인데, 초급 단계에서는 복잡한 'ㅎ' 불규칙 활용을 학습자에게 제시하기보다는, '어때요?' 혹은 '어떻습니까?'처럼 하나의 단어로 제시하여 연습하는 것이 좋습니다.

04

제주도가 서울**보다 더** 더워요.
한국 음식 **중에서** 비빔밥이 **제일** 맛있어요.

두 가지 대상을 비교해서 어떤 대상이 우위에 있음을 표현할 때 형용사나 부사 앞에 '더'를 붙여 비교급을 나타낸다. 위의 예문에서처럼 '제주도'는 '서울'과 비교하여 더 덥다고 할 때 비교 대상인 '서울' 뒤에 '-보다'를 붙여 쓴다. 비교 대상이 셋 이상일 경우 형용사나 부사 앞에 '제일' 혹은 '가장'을 붙여 최상급을 표현한다. 비교급이나 최상급을 표현할 때 비교 대상을 한정하는 범위를 설정할 수 있는데, 그 범위는 '○○하고 △△하고 □□ 중에서'와 같이 쓴다.

> **Tips** 비교급 '더'나 최상급 '제일/가장'은 보통 형용사나 부사 앞에 쓰이지만, 간혹 '좋아하다, 싫어하다'와 같이 형용사에 '-아/어하다'가 붙어 동사로 쓰인 것 앞에도 쓰입니다. 학습자가 조사 사용을 정확하게 쓸 수 있게 하기 위해서는, '봄이 좋아요.'나 '봄을 좋아해요.'와 같은 짧은 문장을 먼저 쓰고 여기에 '더' 혹은 '제일/가장'을 삽입하는 방식으로 지도하면, 조사의 오류도 막고 문장 구조를 익히는 데에도 도움이 됩니다.

문형 정리 및 지도 Tips

> **학습자 오류**

1 날씨를 좋아요. → 날씨가 좋아요.
　　가방을 필요해요. → 가방이 필요해요.

☞ 형용사를 공부할 때 많이 나오는 오류 중의 하나입니다. 학습자에게 먼저 형용사인지 동사인지 구분한 다음에 형용사라면 조사 '-이/가'가 사용되는 점을 강조해 줄 필요가 있습니다. 다만, 학습자의 모국어에서 형용사와 동사의 구분이 한국어와 다른 경우가 있습니다. 예를 들어 한국어에서 형용사인 '피곤하다'가 일본어에서는 동사이고, 한국어에서 동사인 '좋아하다'가 일본어에서는 형용사이기 때문에 오류가 생기기도 합니다. 교사가 이런 점을 미리 알아두면 오류 수정하는 데 도움이 될 것입니다.

2 김치가 유명이에요 → 김치가 유명해요.

☞ 위와 같은 오류는 모국어 영향 때문에 일본어권 학습자에게서 많이 나오는 오류입니다. 한국어에서 '유명하다, 복잡하다, 편리하다'와 같이 '하다'로 끝나는 형용사는 '유명해요, 복잡해요, 편리해요'와 같이 활용되는데, 일본어에서는 같은 한자 단어 뒤에 한국어의 '-예요/이에요'에 해당하는 어미가 붙어 활용되기 때문입니다. 영어권이나 일본인 학습자를 지도한다면, 형용사의 서술적 용법을 가르칠 때 초기부터 이 점을 주지시키는 것이 좋습니다.

3 마이클 씨가 높아요. → 마이클 씨가 키가 커요.
　　왕첸 씨가 키가 낮아요. → 키가 작아요.

☞ 위의 오류도 학습자의 모국어 전이 현상 때문에 나타나는 것입니다. 예를 들면, '키가 크다/작다'의 의미를 영어권 학습자는 '높다/짧다'고 말하고 일본어권 학습자는 '키가 높다/낮다'고 말합니다. 형용사를 처음에 제시할 때 이렇게 오류가 많이 나오는 형용사는 '키가 크다'와 같이 한 덩어리로 묶어 의미와 표현을 같이 제시하면 이런 오류가 줄어들게 됩니다. 또한 학습자가 자신의 모국어와 한국어를 일대일 대응시켜 생각하는 습관을 주의하라고 조언하는 것도 필요합니다.

4 피곤 안 해요. → 안 피곤해요.

☞ 동사의 부정문을 만드는 방법을 배운 후에 형용사의 부정문을 만들 때 위와 같은 오류를 만들어내곤 합니다. 이 경우에도 '하다' 동사인지 '하다' 형용사인지 구분한 다음에 그에 따라 '안'을 넣어야 한다는 것을 확인해 줄 필요가 있습니다. 이때 형용사와 동사의 부정문을 만드는 방법이 어떻게 다른지 비교해서 보여주는 것이 효과적입니다.

5 안 맛있어요. → 맛없어요.

☞ '맛있다, 재미있다'와 같이 '○○있다'의 구조를 가진 형용사는 부정문도 '있다'의 부정인 '없다'로 씁니다. 그러므로 형용사 앞에 '안'을 붙여 '안 맛있어요'가 아니라 '맛없어요'가 되는 것입니다. 학습자가 많이 틀리는 오류이므로 초급 초반에 적극적으로 오류를 수정해 주는 것이 필요합니다.

6 가을하고 봄 안에서 뭐가 좋아요? → 가을하고 봄 중에서 뭐가 좋아요?

☞ 이것도 일본어권 학습자가 모국어 전이 현상 때문에 틀리는 오류입니다. 한국어에서는 '안에서'를 공간적으로 분할되는 '밖'과 대조되는 것으로 사용하고 '중에서'는 한정된 대상의 범위를 말할 때 사용하는데, 일본어에서는 이런 구분이 없기 때문에 위와 같은 실수를 하게 됩니다. 물론 이것도 초급 초반에 오류를 수정해 주는 것이 필요합니다.

| 수업1단계 | **도입** |

준비물 | 한국 음식 사진

UNIT 05

　형용사를 서술적 용법으로 쓰는 것을 도입할 때에는 이전에 학습했던 것을 이용해서 그 대상의 상태를 표현하는 것으로 시작할 수 있다. 예를 들면, 동사를 학습했을 때 이용했던 한국 음식을 다음과 같이 다시 이용할 수 있다.

예

T 폴 씨, 김치 좋아해요?
S 네, 좋아해요.
T 김치를 먹어요. (맛을 음미하는 표정과 엄지 손가락을 세워) 맛있어요?
　(반대의 표정과 엄지 손가락을 아래로 향하여) 맛없어요?
S 맛있어요.
T 그럼, 된장찌개 좋아해요?
S 아니요, 안 좋아해요.
T (엄지 손가락을 아래로 향하여) 맛없어요?
S 네, 맛없어요.

　형용사를 처음 도입할 때에는 많은 양을 한꺼번에 제시하는 것보다 하나의 주제(예: 한국 음식)를 정하고 그때 사용할 수 있는 형용사도 한정시켜 연습하는 것이 좋다. 그렇게 해야 학습자가 형용사의 분명한 의미를 알고 사용할 수 있다. 위의 경우와 같이 한국 음식을 주제로 도입할 때에는 '맛있어요/맛없어요.' 혹은 '싸요/비싸요'와 같은 형용사로 한정하거나 '매워요/달아요'와 같이 맛을 나타내는 형용사로 한정하여 도입·제시한다.

형용사의 현재 시제 활용형 '-아/어요'

| 수업2단계 | 제시 및 연습 |

| 준비물 | 실물 자료, 플래시카드 형용사 그림 (부록) |

학습자에게 형용사의 의미와 사용을 분명하게 이해시킬 수 있게 교실 내의 물건(예: 학습자의 가방이나 펜 등)을 이용하거나 교사가 직접 실물 자료를 준비해서 수업에서 제시한다. 제시하는 형용사의 순서는 학습자에게 익숙한 것, 학습자가 많이 사용하는 것을 먼저 제시하는 것이 좋다. 예를 들면 유명한 영화로 화제를 도입하여 '재미있어요/재미없어요'를, 크기가 다른 책이나 가방으로 '커요/작아요'를 제시할 수 있다. 새로 제시하는 형용사는 반대말까지 포함하여 10개 이하로 줄이고, 이를 반복적으로 연습해서 사용법에 익숙해지면 점차 단어 수를 늘리는 방식으로 지도하는 것이 효과적이다.

학습자에게 익숙한 예를 들어 학습자가 이미 알거나 쉽게 이해할 수 있는 형용사를 제시한다. '싸요/비싸요' 또는 '커요/작아요'와 같은 형용사가 사용될 수 있는 실물을 보여주면서 제시한다. 제시할 형용사를 추려 낸 그림 부록 p.12 을 사용할 수도 있다. 이때 형용사를 사용하여 '○○이/가 커요'와 같은 문장 구조로 말할 수 있도록 한다. 교사는 제시했던 대상을 돌아가면서 짚어 나가 학습자가 기본적인 형용사의 의미를 반복적으로 연습해서 익힐 수 있도록 한다.

비싸요   싸요

> **Tips** 교실 내의 대상을 선택해서 비교할 때 되도록이면 학습자의 신체적인 특성을 예로 들지 않도록 조심할 필요가 있습니다. 학습자가 예민하게 반응할 수도 있기 때문입니다. 예를 들어 '키가 크다/작다'라든지 '눈이 크다/작다'라든지 '뚱뚱하다/날씬하다'와 같은 형용사를 제시할 때에는 교실 내 학습자를 대상으로 하지 말고 그림이나 사진과 같은 시각 자료를 이용하는 것이 좋습니다.

위의 연습이 끝나면 제시했던 사물을 처음부터 다시 제시하면서 형용사의 현재 시제 활용형을 연습한다. 이때 형용사의 기본형도 문자로 제시하여 형용사의 활용 방식도 동사의 활용 방식과 같다는 것을 학습자에게 확인시킨다. 학습자는 형용사의 활용형을 이미 알고 있기 때문에 기본형에서 '-아/어요'로 활용되는 것을 어렵지 않게 수행할 수 있다. 학습자가 활용하는 것을 어려워하지 않으면, '피곤하다, 유명하다, 행복하다'와 같이 실물로 의미를 대응시키기 어렵고 반대말과 짝을 이루지 못하는 형용사도 사용 맥락과 함께 제시하고 연습시킨다.

문형 제시

1. 피곤하다 ➡ 피곤해요
2. 날씨가 좋다 ➡ 날씨가 좋아요
3. 집이 멀다 ➡ 집이 멀어요

형용사의 기본형에서 '-아/어요'로 활용되는 것을 학습자가 자동적으로 바꿀 수 있을 때까지 플래시 카드로 연습한다. 그 후에 '아프다, 바쁘다'와 같은 '으' 불규칙과 '어렵다, 쉽다'와 같은 'ㅂ' 불규칙이 적용되는 단어도 제시한다. 그러나 학습자가 불규칙을 너무 어려워할 때에는 몇몇의 불규칙이 적용된 단어(예: 바빠요, 어려워요)를 예외로 제시하고, 불규칙 단어의 예를 충분히 접한 초급 후반에 불규칙 활용을 다시 다루는 것도 가능하다.

Tips 교사가 의욕적으로 지도하고자 할수록 불규칙과 같이 학습자가 오류를 많이 만들어내는 부분을 깔끔하게 정리, 규칙화하여 학습자에게 이해하기 쉽게 전달하려 합니다. 그러나 초급 초반에 규칙 활용과 '으, ㄷ, ㅂ'과 같은 불규칙 활용을 한꺼번에 제시하면, 학습 부담이 커서 자칫 말하기를 주저하게 될 수도 있습니다. 교사의 지도 목적이 커뮤니케이션을 위한 학습자의 말하기 향상에 있다면, 학습자가 오류 생성에 부담을 느끼지 않고 말할 수 있도록 지도해야 합니다. 그러므로 초급 단계에서는 불규칙을 지나치게 강조하지 않는 편이 좋습니다.

수업3단계	**활동**

활동1 많이? 조금?

준비물: 질문 카드 (부록)

학습자를 두 명씩 짝 짓고 질문 카드 *부록 p.13* 를 나눠준다. 한 학습자가 질문 카드를 가지고 상대방 학습자에게 질문하면, 상대방 학습자는 그 질문에 긍정이나 부정으로 답한다. 그 다음 질문으로는 부사 '많이'와 '조금'을 사용해서 상대방 학습자가 보다 상세하게 대답할 수 있도록 다시 질문한다. 학습자가 이 과정을 어려워하지 않으면 '뭐가' 또는 '얼마나'와 같은 의문사를 추가하여 질문해서 학습자가 자유롭게 대화를 나누도록 한다.

예
- T 한국 택시비가 비싸요?
- S 아니요, 안 비싸요.
- T 맞아요. 안 비싸요. 싸요.
     유키 씨, 일본 택시비가 비싸요?
- S 네, 비싸요.
- T ('많이'의 느낌을 제스처로) 많이 비싸요? ('조금'의 느낌을 제스처로) 조금 비싸요?
- S 네, 많이 비싸요.
- T 그럼, 유키 씨, 한국에서 뭐가 비싸요?
- S 커피가 비싸요.

활동2 뭐가 더?

준비물: 형용사 기본형 문자 카드

학습자가 형용사를 사용하여 문장을 말하는 것에 익숙해지면 두 개의 대상을 비교하여 말할 수 있도록 비교급 '더'를 제시한다. 형용사를 제시할 때 사용했던 실물을 제시하면서 '더'를 제시하면 쉽다. 문장에서 '더'가 삽입된 위치를 시각적으로 보여줄 수 있도록 색이 다른 카드나 분필을 사용한다.

학습자가 형용사 카드에 쓰여 있는 형용사의 기본형을 보고, 다음과 같이 몇 단계에 걸쳐 문장을 점차 길게 만들도록 지도한다. 긴 문장을 완성한 다음에 질문을 가르쳐 주어 학습자끼리 질문과 대답을 주고 받도록 한다.

비싸다

노트북   핸드폰

노트북이 ∧ 비싸요   (비교급 사용)
　　　　더

노트북이 핸드폰 ∧ 더 비싸요   (비교 대상 삽입)
　　　　　　보다

A : 노트북하고 핸드폰 중에서 뭐가 더 비싸요?
B : 노트북이 핸드폰보다 더 비싸요.

학습자가 위의 과정에 익숙해지면 형용사 카드의 기본형을 보고 바로 질문과 대답을 만들게 한다.

활동

> 준비물: 설문조사 용지

활동3 뭐가 제일?

최상급 '제일' 혹은 '가장'을 연습할 수 있는 활동이다. 학습자에게 친근한 화제나 대상을 선택해서 교사가 질문하는 것으로 시작한다. 다만 최상급에서는 비교 대상이 세 가지 이상이 되도록 한다.

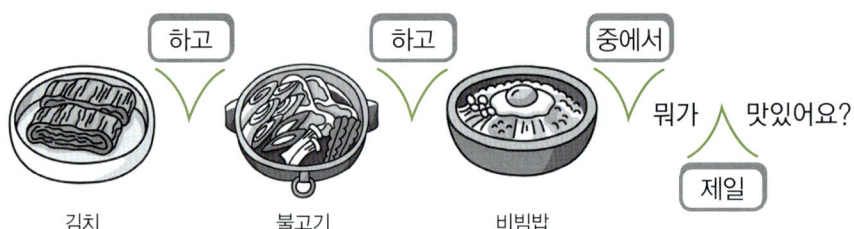

예
- T 폴 씨, 한국 음식 중에서 뭐가 맛있어요?
- S 김치가 맛있어요.
- T (학습자의 대답을 판서하면서) 그리고 뭐가 맛있어요?
- S 불고기가 맛있어요.
- T (학습자의 대답을 판서하면서) 그리고 뭐가 맛있어요?
- S 비빔밥이 맛있어요.
- T (판서한 단어를 짚으면서) 김치하고 불고기하고 비빔밥 중에서 뭐가 제일 맛있어요?
- S 비빔밥이 제일 맛있어요.

학습자 전원에게 각기 다른 설문조사 용지를 나눠준다. 설문조사 용지에는 '한국 음식/맛있다'와 같이 설문조사 할 항목이 쓰여 있다. 학습자는 다른 학습자를 만나서 위와 같은 과정을 밟으면서 상대방 학습자의 취향을 조사한다. 반 전체 학습자를 대상으로 설문조사가 끝나면 조사 결과를 발표시킨다.

- 운동 / 좋아하다
- 한국어 공부 / 어렵다
- 교통 수단 / 편하다
- 계절 / 좋다

UNIT 06
지난주에 영화를 봤어요

문형 동사・형용사의 과거 시제 활용형 '-았/었어요'
용법 과거에 있었던 일이나 상태를 기술할 때

예문

01_ 어제 비빔밥을 먹었어요.
지난주에 영화를 봤어요.
작년에 한국어 공부를 시작했어요.

02_ 지난주에 날씨가 좋았어요.
작년 여름에 날씨가 더웠어요.
어제 피곤했어요.
3년 전에 학생이었어요.

03_ 지난달에 친구하고 영화 안 봤어요.
지난주에 일 안 했어요.
작년에 날씨가 안 추웠어요.
어제 안 피곤했어요.

수업 전 단계 문형 정리 및 지도 Tips

01

> 어제 비빔밥을 먹**었어요**.
> 지난주에 영화를 **봤어요**.
> 작년에 한국어 공부를 시작**했어요**.

과거에 있었던 일이나 상태를 기술할 때에는 동사 어간에 '-았/었어요'를 붙여 쓴다. '하다'로 끝나는 동사는 어간 '하'에 '-였어요'가 붙어 '했어요'로, 동사 어간의 마지막 모음 'ㅏ' 혹은 'ㅗ'로 끝나는 동사는 어간에 '-았어요'를, 그 외의 동사는 어간에 '-었어요'를 붙인다. 보통 '어제'나 '지난주에'와 같은 과거임을 알려주는 시간 표현과 함께 쓰인다.

> **Tips** 현재 시제 활용형 어미는 '-아/어요'이고 과거 시제 활용형 어미는 '-았/었어요'로, 동사 어간 바로 뒤에 붙는 '-아/어' 형태가 같습니다. 따라서 '-았/었어요'를 지도할 때에는 '-아/어요'에서 '요' 대신에 '-ㅆ어요'를 대치시키는 것으로 가르치면 학습자가 보다 쉽게 이해할 수 있습니다. 예를 들면 '보다'의 경우 '봐요'의 '요' 대신에 '-ㅆ어요'를 붙여 제시하여 '봤어요'로 변형되는 것을 보여주면 쉽게 이해합니다.

02

> 지난주에 날씨가 좋**았어요**.
> 작년 여름에 날씨가 더**웠어요**.
> 어제 피곤**했어요**.
> 3년 전에 학생**이었어요**.

과거에 있었던 일의 상태를 기술할 때 형용사 어간에 '-았/었어요'를 붙여 사용한다. '-았/었어요'가 형용사의 어간에 결합되는 방식은 동사와 같다. 명사 뒤에 '이다'가 오는 경우는 모음으로 끝나는 명사 뒤에 '-였어요', 자음으로 끝나는 명사 뒤에 '-이었어요'가 붙는다.

> **Tips** '이다'의 과거 시제 활용형 '-였어요/이었어요'를 가르칠 때에는 과거의 직업이나 신분을 진술하는 것으로 연습시키는 것이 좋습니다. 또한 동사나 형용사는 '-아/어요'에서 '요' 대신에 '-ㅆ어요'를 바꾸는 방식으로 이해시키지만, '이다'는 '-예요/이에요'에서 '요' 대신에 '-ㅆ어요'로 바꿀 수 없습니다. 어간에 '-였어요/이었어요'를 써야 한다는 것을 따로 알려 줘야 합니다.

03

지난달에 친구하고 영화 **안** 봤어요.
지난주에 일 **안** 했어요.
작년에 날씨가 **안** 추웠어요.
어제 **안** 피곤했어요.

　　과거 시제로 활용된 문장의 부정문을 만들 때에는 현재 시제로 활용된 문장의 부정문과 같이 서술어 앞에 '안'을 넣거나 어간에 '-지 않았다'를 붙여 만든다. '일하다'와 같이 '하다'로 끝나는 동사의 경우만 예외적으로 '일'과 '하다' 사이에 '안'을 넣어 '일 안 했어요'와 같이 쓴다.

> **Tips** ｜ '○○하다'로 끝나는 단어는 '일하다'와 같은 동사와 '유명하다'와 같은 형용사가 있습니다. 형태가 같아 보여도 동사인지 형용사인지에 따라 '안'이 들어가는 위치가 달라지는 것을 학습자에게 알려 줘야 합니다. 예를 들어, 영어에서는 동사인 '필요하다'가 한국어에서는 형용사이고, 일본어에서 동사인 '피곤하다'가 한국어에서는 형용사, 일본어에서 형용사인 '좋아하다'가 한국어에서는 동사라는 점을 알려 주면 이에 따른 오류를 줄일 수 있습니다.

문형 정리 및 지도 **Tips**

학습자 오류

1 5년 전에 학생이옜어요. → 5년 전에 학생이었어요.
그 사람은 제 친구옜어요. → 그 사람은 제 친구였어요.

☞ '이다'의 현재 시제 활용형이 '-예요/이에요'이기 때문에 과거 시제로 활용시킬 때 '-예요'에서 '요' 대신에 '-ㅆ어요'를 결합하여 '옜어요/이옜어요'로 하는 경우가 있습니다. '이다'의 과거 시제 활용형은 '-였어요/이었어요'라는 것을 따로 연습시켜야 합니다.

2 지난 밤에 피곤했어요. → 어젯밤에 피곤했어요.
지난 년에 너무 바빴어요. → 작년에 너무 바빴어요.

☞ 영어권 학습자가 자신의 모국어를 그대로 직역해서 위와 같은 오류를 만들 때가 있습니다. 예를 들면, '어젯밤'을 '지난 밤(last night)'으로, '작년'을 '지난 년(last year)'으로, '올해'를 '지금 년(this year)'으로 말할 때가 있습니다. 이런 오류를 막기 위해서는 한꺼번에 많은 시간 표현을 제시하는 것보다 몇몇 중요한 시간 표현을 시제와 같이 연습시키는 것이 학습자의 혼란을 줄일 수 있습니다.

3 여행이 불편 안 했어요. → 여행이 안 불편했어요.

☞ '하다'로 끝나는 형용사의 부정문을 만드는 방법은 형용사 앞에 '안'을 넣어서 '안 불편했어요'로 써야 합니다. 반면 '시작하다'와 같이 '하다'로 끝나는 동사의 경우, '안'을 넣는 위치가 달라 '시작 안 했어요'가 된다는 것을 다시 한번 강조해 주면 좋습니다.

4 어제 기분이 별로 나빴어요. → 어제 기분이 별로 안 좋았어요.

☞ '별로'나 '전혀'와 같은 부사는 뒤에 반드시 부정문과 함께 써야 합니다. '좋다'의 부정인 '안 좋다' 대신에 '나쁘다'를 쓸 수 없습니다.

5 2년 전에도 안 회사원이었어요. → 2년 전에도 회사원이 아니었어요.

☞ 동사나 형용사의 부정문은 '안'이나 '-지 않다'를 이용하지만, '이다'의 부정문은 '-이/가 아니다'를 이용해야 합니다. '이다'의 과거형은 '-였어요/이었어요'이고, 이것의 부정은 '-이/가 아니었어요'입니다.

| 수업1단계 | **도입** |

준비물 달력

과거와 같이 시제를 나타내는 문형을 도입할 때에는 일반적으로 달력을 이용해서 시간의 흐름을 시각적으로 보여준다. 교사는 학습자에게 달력을 보여주고, 오늘의 날짜를 확인시킨다. 오늘 날짜를 기준으로 어제 날짜를 가리키면서 '어제'라는 말과 함께 자연스럽게 과거 시제 활용형을 학습자에게 노출시킨다.

예

T (달력을 보여주며) 오늘이 며칠이에요?
S 7월 15일이에요.
T 오늘 뭐 해요?
S1 공부해요.
S2 친구를 만나요.
T (달력의 7월 14일을 가리키면서) 어제 뭐 (강조한다) 했어요?
S1 텔레비전을 …(교사에게 도움을 청한다) 봐요.
T 텔레비전을 봤어요?
S1 네, 텔레비전을 봤어요.

Tips 과거 시제를 도입할 때 최대한 간단하고도 직관적인 방법을 사용하는 것이 효과적입니다. 현재 시제 활용형에서 과거 시제 활용형으로 바꿀 때 '요' 대신에 '-ㅆ어요'로 바뀌는 점을 강조해서 특별한 소리를 내면서 학습자가 주의 집중하게 하는 것도 좋습니다.
예를 들면 처음에 학습자가 귀로 '-ㅆ어요'를 들을 때 교사는 그 발음 중 'ㅆ' 소리를 강조하면서 손가락으로 '딱' 소리를 내는 방법을 사용할 수 있습니다. 일단 학습자에게 '-ㅆ어요'의 강한 'ㅆ' 발음과 손가락으로 내는 강한 소리가 비슷한 이미지로 연결되면, 학습자가 '-ㅆ어요'를 사용해야 할 때마다 교사는 손가락으로 '딱' 소리를 냄으로써 과거 시제를 연상시킬 수 있습니다.

| 수업2단계 | 제시 및 연습 |

준비물 동사 그림 (부록), 플래시 카드

4과에서 동사의 현재 시제 활용형 '-아/어요'를 연습할 때 사용했던 동일한 동사 그림 부록 p.14 를 사용한다. 그림을 보여주면서 교사가 '지금, 오늘' 혹은 '어제, 지난주에'와 같은 시간을 나타내는 표현을 사용해서 질문하면 학습자가 그에 맞는 시제로 바꿔 대답하도록 한다. 예를 들어, '음식을 만들다'의 그림을 보여주면서 교사가 학습자에게 "오늘 뭐 해요?"라고 질문하면, 학습자는 "음식을 만들어요."라고 대답한다. 같은 그림을 보여주면서 "어제 뭐 했어요?"라고 질문하면, 학습자는 "음식을 만들었어요."라고 대답한다.

Tips 학습자가 시제 활용에 집중하여 연습하기를 바란다면 이미 알고 있는 단어를 사용해서 학습 부담을 덜 느끼도록 하는 것이 좋습니다. 이전에 학습했던 단어를 그대로 사용하거나 10% 정도만 새로운 단어를 넣어 반복적으로 연습시키는 것이 학습 효과를 높일 수 있습니다.

현재와 과거를 나타내는 시간 표현을 이용하여 시제를 구별하는 연습을 한 다음에는, 시간을 나타내는 표현을 더 다양하게 제시하고 연습한다. 예를 들어 현재 시제를 사용할 때에는 '보통'이나 '요즘'을 쓰고, 과거 시제를 사용할 때에는 '작년에' '4일 전에'와 같은 표현을 사용한다. 또한 학습자 두 명씩 짝을 지어 서로 질문과 대답을 주고 받을 수 있도록 한다. 이때 가능하면 시제에 따라 달라지는 시간을 나타내는 표현을 과거와 현재로 분류해 놓은 연습지를 나눠 주어, 질문하는 사람이 부담을 덜 느낄 수 있도록 한다. 시간을 나타내는 표현을 연습한 후에는 학습자에게 기본형이 쓰여 있는 새로운 동사 그림을 나눠 주고 이것을 과거 시제로 활용시켜 보도록 한다. 학습자가 자신이 알고 있는 규칙을 새로운 단어에도 결합시켜 보게 한 후, 교사가 전체적으로 확인시켜 준다.

학습자가 현재 시제 활용형 '-아/어요'와 과거 시제 활용형 '-았/었어요'를 구별하여 답할 수 있게 되면, 문자로 활용 방식을 확인하는 작업을 한다. 이때 교사는 동사의 기본형이 적혀 있는 플래시 카드를 이용하여 동사 기본형에서 현재 시제로, 현재 시제에서 과거 시제로 단계적으로 바꾸는 연습을 3-5분 정도 한다.

문형 제시

1. 보다 ➡ 봐요 ➡ 봤어요
2. 먹다 ➡ 먹어요 ➡ 먹었어요
3. 하다 ➡ 해요 ➡ 했어요

| 수업3단계 | **활동** |

준비물   활동지 (부록)

활동1 뭐 했어요?

학습자를 두 명씩 짝 짓고 활동지 부록 p.15 를 나눠 준다. 학습자에게 시간을 나타내는 표현들을 화살표에 시간 순으로 배열하게 한다.

교사는 학습자가 맞춰 본 배열이 시간 순으로 잘 되어 있는지 확인시켜 주면서 시간을 나타내는 표현의 의미를 점검해 준다. "뭐 했어요?"라는 기본적인 질문에 '어제'가 아니라 '지난주에, 작년에'와 같이 과거를 나타내는 표현을 바꿔 가면서 물어, 학습자가 과거를 나타내는 다양한 표현을 연습할 수 있도록 한다. 학습자가 이것을 잘 사용하면, '어제 오후 2시에'나 '지난주 금요일에'와 같이 과거를 나타내는 표현을 다양하게 변형시켜 연습한다.

학습자가 빈칸에 과거를 나타내는 표현을 넣어 옆의 학습자에게 질문한다. 이때 옆의 학습자의 대답에 맞춰 그 다음의 질문을 두세 가지 더 하도록 한다. '몇 시에, 누구하고, 어디에서'와 같은 의문사를 다양하게 사용하면서 '어땠어요?'라는 질문을 통해 학습자의 느낌도 묻도록 지도한다.

어제	텔레비전을 보다 ?	(몇 시에? / 누구하고?)
	한국에 오다 ?	(몇 월? / 무슨 비행기로?)
	영화를 보다 ?	(무슨 영화? / 누구하고?)
	집에서 일하다 ?	(어디에서? / 얼마동안?)

A : 어제 텔레비전을 봤어요?
B : 네, 봤어요.
A : 뭐 봤어요?
B : 드라마를 봤어요.
A : 몇 시에 봤어요?
B : 저녁 7시쯤 봤어요.
A : 누구하고 봤어요?
B : 혼자 봤어요.

Tips   '전화하다'나 '이야기하다'와 같은 동사는 목적격 조사 '-을/를'이 아니라 '-한테'나 '-하고'와 같은 다른 조사를 이용해서 대답해야 합니다. 교사는 이런 동사를 추려내서 '누구한테' 혹은 '누구하고'와 같은 의문사를 사용하여 질문하는 것도 미리 제시해 주어야 합니다.

용어정리 교사 말

한국어 모어 화자와 외국인 학습자가 의사소통을 할 때 어떤 부분에서는 소통 장애를 겪게 마련입니다. 이런 소통 장애는 한국어 모어 화자가 하는 말을 외국인 학습자가 이해하지 못하거나 외국인 학습자의 말을 한국어 학습자가 이해하지 못할 경우 모두에 해당됩니다. 매개어(학습자의 모국어) 없이 목표 언어(학습하고자 하는 언어)로 언어 수업을 진행할 때 이런 소통 문제를 해결하기 위해 교사가 학습자의 수준에 따라 학습자가 이해할 수 있도록 자신의 말을 조정하여 단순화시키는데, 이를 교사 말(teacher talk)이라고 합니다. 교사 말은 마치 모국어를 배우는 아이에게 아이가 이해할 수 있게 엄마가 자신의 말을 조정하는 것(mother talk 혹은 caretaker talk)과 비슷합니다.

교사 말은 학습자가 단계적으로 자연스러운 담화를 하도록 조정해야 합니다. 학습자가 이해할 수 있을 정도로 적절한 속도에 맞춰 교사가 말하거나 학습자가 이해하지 못했을 경우 반복해서 말한다든지 몸짓 언어로 그 의미를 보충해 주기도 합니다. 또한 학습자의 수준에 따라 이미 학습자가 알고 있는 어휘로 대체해서 말하거나 복잡한 문장 대신에 학습자가 이해 가능한 단위인 짧은 문장으로 나눠 말하는 등 교사 말은 수업에서 다양하게 제시될 수 있습니다.

교사 말은 학습자의 학습 단계에 따라 발화 수준과 속도, 사용되는 어휘와 문법 등이 달라지므로 학습자의 현 단계에 알맞은 발화를 교사가 구사하기 위해서는 학습자에 대한 정확한 파악이 선행되어야 합니다. 초보 학습자에게 초급 문형을 가르치는 교사가 중급 이상의 학습자나 이해할 만한 교사 말을 구사하여 학습자가 문법 설명 및 수업 지시를 이해하지 못했다면, 학습 자료를 잘 준비했다고 해도 수업 진행이 원활히 되기 어렵기 때문입니다.

그러나 성인 학습자를 대상으로 한 언어 수업에서 교사 말을 구사할 때 조심해야 할 점도 있습니다. 학습자의 수준이 높은 수준으로 발달되었는데도 단순화한 교사 말을 지속한다면, 이것은 오히려 학습자의 발달을 더디게 할 수 있습니다. 또한 아무리 초급 학습자를 대상으로 한다고 해도 교사가 아동을 대하는 듯한 말투로 교사 말을 사용하면 성인 학습자는 그런 말투에 저항감을 느끼게 마련입니다. 실제로 초보 성인 학습자라고 해도 그들이 한국어라는 의사소통의 수단에 유창하지 않은 것이지, 말하고자 하는 개념이나 이해력 자체가 떨어지는 것은 아니기 때문입니다.

UNIT 07
1년 후에 고향에 돌아갈 거예요

문형 -(으)ㄹ 거예요
용법 미래에 일어날 일이나 사건에 대해 진술할 때, 또는 어떤 일의 상태를 추측할 때

예문

01_ 1년 후에 고향에 돌아갈 거예요.
내일 저녁에 한국 음식을 먹을 거예요.

02_ (아마) 내일 폴 씨가 고향에 돌아갈 거예요.
아마 지금 사람이 많을 거예요.

03_ (아마) 유키 씨가 어제 벌써 출발했을 거예요.
아마 작년에도 많이 추웠을 거예요.

04_ 내일 일 안 할 거예요.
= 내일 일하지 않을 거예요.
어제 진수 씨가 전화 안 했을 거예요.
= 어제 진수 씨가 전화하지 않았을 거예요.

수업 전 단계 | 문형 정리 및 지도 Tips

01
1년 후에 고향에 돌아갈 거예요.
내일 저녁에 한국 음식을 먹을 거예요.

'-(으)ㄹ 거예요'는 미래의 어떤 일이나 사건에 대해 진술할 때 사용한다. 주로 1인칭 주어와 동작 동사와 함께 쓰인다. 동사의 어간이 모음으로 끝나면 '-ㄹ 거예요', 자음으로 끝나면 '-을 거예요'가 붙는다. '내일'이나 '다음 주'와 같은 미래를 나타내는 시간 표현과 함께 쓰여 미래의 의미를 분명히 할 수 있다.

> **Tips** 한국어의 경우 말하는 사람에게 심리적으로 가까운 미래는 현재 시제로 나타낼 수 있습니다. 그러므로 '내일 여행 가요'나 '내일 여행 갈 거예요' 모두 가능합니다. 그러나 '10년 후'와 같이 먼 미래에 대해서는 '-(으)ㄹ 거예요'를 쓰는 것이 더 자연스럽습니다.

02
(아마) 내일 폴 씨가 고향에 돌아갈 거예요.
아마 지금 사람이 많을 거예요.

'-(으)ㄹ 거예요'는 동사와 형용사 어간에 붙어, 어떤 일의 진행 혹은 상태를 추측하는 의미로도 사용된다. 문장의 주어가 1인칭이 아닐 경우 추측의 의미가 강하다. 추측의 의미를 강조하기 위해 '아마'와 같은 부사와 함께 사용할 수 있다.

> **Tips** 추측의 의미를 살리기 위해 '아마'를 많이 사용하는데, 학습자에게 추측의 의미를 제시할 때 '내일'과 같은 미래를 나타내는 표현뿐만 아니라 '지금'과 같이 현재를 나타내는 표현도 같이 쓰는 것이 좋습니다. 그래야 학습자가 시제와 관계 없이 '-(으)ㄹ 거예요'를 추측의 의미로 사용한다는 것을 알 수 있습니다.

03

(아마) 유키 씨가 어제 벌써 출발했을 거예요.
아마 작년에도 많이 추웠을 거예요.

추측의 의미인 '-(으)ㄹ 거예요' 앞에 완료의 의미인 '-았/었-'이 결합된 '-았/었을 거예요'는 이미 완료된 일이나 사건의 상태에 대해 추측할 때 사용된다. 동사와 형용사의 어간에 '하'가 있을 경우 '-였을 거예요'가 붙어 '했을 거예요'가 된다. 동사와 형용사의 어간에 모음 'ㅏ, ㅗ'가 있을 경우 '-았을 거예요', 나머지 경우에는 '-었을 거예요'가 된다.

> **Tips** '-(으)ㄹ 거예요'를 미래 시제로 이해하고 있기 때문에 '-았/었-'을 결합하여 쓴 '-았/었을 거예요'는 초급 초반에는 어려울 수 있습니다. 미래 시제와 과거 시제가 같이 쓰였다고 생각할 수 있기 때문입니다. '-았/었-'은 완료의 의미, '-(으)ㄹ 거예요'는 추측의 의미로 쓰인 것입니다. 교사는 지도하는 학습자의 이해도와 활용도를 고려하여, 미래와 추측의 용법을 나눠 다른 시기에 제시할 수 있습니다.

04

내일 일 안 할 거예요.
= 내일 일하지 않을 거예요.
어제 진수 씨가 전화 안 했을 거예요.
= 어제 진수 씨가 전화하지 않았을 거예요.

'-(으)ㄹ 거예요'의 부정문을 만들 때에는 동사나 형용사의 앞에 '안'을 붙이거나, 동사나 형용사의 어간에 '-지 않을 거예요'를 붙여 나타낸다. 추측의 내용이 이미 완료된 사건이었을 때 부정문은 동사나 형용사의 앞에 '안'을 붙이거나 어간에 '-지 않았을 거예요'를 붙여 나타낸다.

> **Tips** 미래와 추측을 같은 문형인 '-(으)ㄹ 거예요'로 표현하는 것을 학습자가 그리 어려워하지 않습니다. 부정문을 만드는 것도 어려워하지 않습니다. 학습자의 모국어에도 위와 같은 기능을 갖고 있는 문형이 있기 때문입니다. 다만, 완료된 것을 추측하는 '-았/었을 거예요'나 그 부정문인 '-지 않았을 거예요'는 초급 학습자에게 어려울 수 있으므로 중급에서 따로 제시하는 것이 좋습니다. 대부분의 한국어 교재에서 이 부분은 중급에 나옵니다.

문형 정리 및 지도 Tips

학습자 오류

1. 내일 전화핼 거예요. → 내일 전화할 거예요.
   내일 바쁠 거예요. → 내일 바쁠 거예요.
   ☞ 현재 시제 활용형 '-아/어요'를 먼저 학습한 다음에 '-(으)ㄹ 거예요'를 배우는 경우에 위와 같은 오류가 자주 나옵니다. 제시할 때에도 동사, 형용사의 기본형에서 '-(으)ㄹ 거예요'가 결합되는 것을 보여주어, 현재 시제 활용형과 활용 방식이 확연히 다르다는 것을 강조할 필요가 있습니다.

2. 내년까지 한국에서 살을 거예요. → 한국에서 살 거예요.
   ☞ 학습자는 'ㄹ'불규칙 활용을 가장 어려워합니다. 'ㄹ'불규칙 동사는 'ㄴ, ㅂ, ㅅ' 자음 앞에서 어간의 마지막에 있던 'ㄹ'이 탈락되는 현상입니다. 위 예문에서도 동사 어간인 '살' 뒤에 '-(으)ㄹ 거예요'의 'ㄹ'이 결합되면서 이의 영향으로 '살'의 'ㄹ'이 탈락되어 '살을'이 아니라 '살'이 되는 것입니다. 불규칙은 이해시키는 것도 중요하지만, 초급 단계에서 말하기를 위한 수업을 한다면 자동적으로 나올 수 있도록 어느 정도의 반복 연습이 필요합니다.

3. 날씨가 추불 거예요. → 날씨가 추울 거예요.
   ☞ '춥다, 덥다'와 같은 'ㅂ' 불규칙이 활용되는 경우는, 동사나 형용사의 어간에 있는 받침 'ㅂ'에 다른 색 펜으로 동그라미 표시를 해 주어 학습자가 그것에 주의하면서 활용을 할 수 있도록 하는 것이 도움이 됩니다. 다만, 초급 단계에서 'ㅂ' 불규칙을 지도할 때 'ㅂ'으로 끝나는 규칙 활용 동사(예: 입다)를 함께 제시하지 않도록 주의하는 것이 필요합니다.

4. 아마 토요일에 학교에 갈 거예요? → 혹시 토요일에 학교에 갈 거예요?
   ☞ 추측의 의미를 강조하기 위해 사용하는 부사 '아마'는 의문문과 조건절 '-(으)면'에서 사용될 수 없습니다. 이때에는. '아마' 대신에 '혹시'라는 부사를 사용해야 합니다.

수업1단계	**도입**

준비물 | 달력

UNIT 07

　미래 시제를 도입할 때에도 시간의 흐름을 시각적으로 보여줄 수 있는 달력을 이용한다. 달력으로 현재 시제 활용형과 과거 시제 활용형을 확인한 다음에 '내일'과 '다음 주에'와 같은 미래를 나타내는 표현과 함께 '-(으)ㄹ 거예요'를 도입한다.

예		
	T	(달력의 날짜를 짚으면서) 어제 선생님이 일했어요. 오늘도 일해요.
		내일도 일 ('ㄹ' 받침을 강조하면서) 할 거예요.
		유키 씨, 내일 뭐 할 거예요?
	S	친구를 만나요.
	T	친구를 만날 거예요?
	S	네, 친구를 만날 거예요.
	T	어디에서 친구를 만날 거예요?
	S	식당에서 친구를 만날 거예요.

> **Tips** 교사가 처음에 도입하는 동사는 어간이 모음으로 끝나는 '가다, 하다, 만나다'와 같은 것이 좋습니다. '-(으)ㄹ 거예요'를 결합시킬 때 학습자가 '-(으)ㄹ 거예요'의 'ㄹ'에 집중해서 들을 수 있도록 해야 합니다. 교사는 학습자가 문형을 문자로 보기 전에 귀로 받침 'ㄹ'을 분명하게 인지할 때까지 반복적으로 들려줄 필요가 있습니다.

| 수업2단계 | **제시 및 연습** |

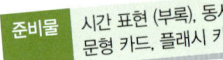 시간 표현 (부록), 동사 그림, 문형 카드, 플래시 카드

　달력을 이용하여 시제를 분명하게 보여주는 시간 표현 [부록 p.16] 을 제시한다. 학습자가 시간 표현의 의미를 익힌 다음에, 학습자에게 "이번 주말에 뭐 할 거예요?"와 같은 질문을 던지고 학습자가 선택하여 대답할 수 있도록 보기를 준다. 이때 보기는 의미를 알 수 있게 그림이 있고 그 아래에 '-(으)ㄹ 거예요'가 사용되어 문자가 제시되어 있다. 질문을 받은 학습자는 그림으로 의미를 파악해서 답을 선택하여 대답할 수 있다. 교사는 학습자의 대답을 확인하면서 '-(으)ㄹ 거예요' 문형을 다시 한번 소리로 확인시킨다.

　학습자가 '-(으)ㄹ 거예요'의 의미를 인지한 다음에 활용 방식을 문자로 확인하는 단계이다. 동사의 기본형에 문형 카드가 결합되는 것을 보여준다. 이때 어간이 모음으로 끝나는 '가다, 하다'와 같은 단어부터 기본형으로 제시하고 '-ㄹ 거예요'와 결합되는 것을 보여준다. 이것이 끝나면 어간이 자음으로 끝나는 '먹다, 읽다'와 같은 단어가 '-을 거예요'와 결합되는 것도 보여준다. 어간의 마지막이 받침으로 끝날 때, 예를 들어 '먹다'의 어간에 있는 받침 'ㄱ'이 '-을 거예요'에 연음되어 [머글 거예요]로 발음되는 것도 반복적으로 확인한다.

| 문형 제시 |

1. 내일 하다 ➡ 할 거예요
2. 이따가 먹다 ➡ 먹을 거예요

| 수업3단계 | **활동** |

활동1 저는…

준비물 활동지 (부록)

미래를 나타내는 시간 표현을 학습한 다음에는 이제까지 배운 시간을 나타내는 표현(과거, 현재, 미래)을 모두 합쳐서 연습한다. 학습자 두 명씩 짝 지어주고 학습자에게 활동지 부록 p.17 를 나눠준다.

한 학습자가 시간을 나타내는 표현 가운데 하나를 골라 알맞은 시제로 활용해서 질문하면, 다른 학습자가 그에 맞게 대답한다. 예를 들어, '다음 주에'를 골랐다면 '뭐 할 거예요?'라고 묻고, '어제'를 골랐다면 '뭐 했어요?'라고 묻는다. 상대방의 대답을 듣고 그에 맞는 추가 질문을 한다.

다음 주말에

A : 다음 주말에 뭐 할 거예요?
B : 저는 다음 주말에 부산에 여행 갈 거예요.
A : 그래요? 언제 출발할 거예요?
B : 다음 주 금요일에 출발할 거예요.

이 활동은 학습자가 과거, 현재, 미래의 시제 구분을 제대로 할 수 있는지, 시제에 맞춰 알맞게 동사의 기본형을 활용시킬 수 있는지, 질문의 의도에 맞춰 알맞은 대답을 할 수 있는지 알아보기 위한 것이다. 또한 형식과 의미에 맞게 누가 더 길게 대화를 이어가는지 알기 위한 것이기도 하다.

Tips 학습자에게 자연스럽게 말하기를 연습시키기 위해서는 학습자 두 명이 짝을 지어 연습할 때 서로 '눈 맞추기(eye contact)'를 할 수 있도록 지도하는 것이 필요합니다. 실제 학습자끼리 짝 활동을 할 때 학습자들이 눈을 카드에 고정시킨 채 상대방을 보지 않고 질문이나 대답을 한다면, 이는 대화 연습이 아니라 기계적인 연습이 됩니다. 실제 대화에서는 '문법적인' 혹은 '문법에 맞는' 질문과 대답으로 커뮤니케이션을 하는 것 못지 않게 상대방의 눈을 보고 얼굴 표정이나 몸짓으로 반응하면서 커뮤니케이션을 하는 것도 매우 중요합니다.

용어정리 학습자 오류

학습자가 틀리게 언어를 사용한 것은 크게 말 실수와 오류, 두 가지로 나뉩니다. 말 실수는 마치 한국 사람도 말할 때 실수할 수 있는 것처럼 학습자가 알면서도 실수한 것이기 때문에 학습자의 자가 수정이 가능한 것입니다. 그러므로 정확히 말해서 언어 수업에서 수정의 대상이 되는 것은 아닙니다. 반면, 오류는 학습자가 아직 배우지 않았거나 배웠더라도 잘못 알고 있어서 학습자의 자가 수정이 어려운 것을 말합니다.

모국어 간섭 현상 (L1 First Language Interference)

모국어 간섭 현상이란 학습자가 제2외국어 혹은 외국어를 학습할 때 기존에 자신이 알고 있던 언어 지식과 혼동하여 오류를 만들어 내는 현상을 말합니다. 이런 현상은 발음, 어휘, 문법, 담화적인 차원까지 다양하게 나타납니다. 예를 들면, 일본인 학습자는 모국어인 일본어에 받침 발음이 없기 때문에 한국어 받침 발음을 특히 어려워합니다. 특히 한국어의 받침 발음 'ㄴ, ㅁ, ㅇ'에 각각 대응하는 음이 일본어에 없으므로 받침 발음을 구별하지 못하는 오류를 많이 보입니다. 또한 영어권 학습자나 중국어 학습자는 한국어의 조사에 해당하는 문법 형태가 없으므로 조사 사용을 어렵게 생각합니다.

만약 교사가 모국어 간섭 현상에 대해 더 잘 이해하고 있다면, 학습자의 오류가 왜 발생하게 되었는지 학습자가 납득할 수 있게 더 적절한 설명을 제공할 수 있을 것입니다. 물론 학습자 오류가 모국어 간섭 현상의 결과로만 이해될 수 있는 것은 아니지만, 한국어 학습자가 자신의 모국어 영향으로 학습의 어려움을 겪을 때 교사가 도움을 줄 수 있게 됩니다.

중간 언어 (Interlanguage)

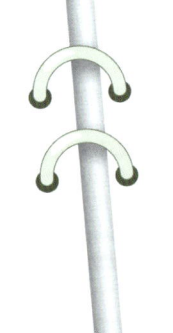

학습자 오류가 틀린 것, 꼭 수정되어야 할 것, 부정적인 것만을 뜻하지는 않습니다. 학습자 오류는 학습자가 이미 알고 있는 언어적 지식(예: 모국어)을 이용하여 자신이 학습하고 있는 목표 언어(예: 한국어)로 시도해 보는 과정에서 자연스럽게 발생하는 것이기 때문입니다. 과학자가 가설을 세우고 그것을 검증하면서 자신의 주장을 정리하듯이, 학습자도 머리 속에서 가설을 세우고 그것을 검증하기 위해 시도하는 과정에서 오류를 나타내는 것입니다. 이런 관점에서 보면 학습자의 오류는 제2언어 체계를 구축해 나가면서 학습자가 적극적으로 표현하고자 시도한 창조적인 과정인 것입니다.

이런 학습자의 오류는 교사에게 학습자가 현재 무엇을 알고 무엇을 모르는지 알려주며, 교사가 학습자에게 어떤 것을 가르쳐야 할지 알려줍니다. 학습자의 입장에서도 오류를 범함으로써 교사의 피드백을 받을 수 있는 기회를 갖게 됩니다. 시행 착오의 경험을 통해 하나씩 알아 나가는 것과 같습니다. 이런 시각을 통해 교사는 학습자가 오류를 만들어내는 것을 두려워하지 않고 더 적극적으로 표현하도록 장려할 수 있으며, 궁극적으로는 학습자에게 적절한 피드백을 제공하여 학습자의 중간 언어 체계를 도와줄 수 있는 조력자의 역할을 제대로 수행할 수 있게 됩니다.

UNIT 08
혼자 할 수 있어요

문형 -(으)ㄹ 수 있다

용법 무언가를 할 수 있는 능력이 있거나 어떤 상황이 가능함을 표현할 때

예문

01_ 한국어를 할 수 있어요.
내일 만날 수 있어요.

02_ 혼자 할 수 있어요.
혼자 할 수 없어요.

03_ 매운 음식을 먹을 수 있었어요.
매운 음식도 먹을 수 있을 거예요.

04_ 먹을 수 없어요. = 못 먹어요.
먹을 수 없었어요. = 못 먹었어요.
좋을 수 없어요. ≠ 못 좋아요.

수업 전 단계 | 문형 정리 및 지도 Tips

01

한국어를 **할 수 있어요.**
내일 만**날 수 있어요.**

'-(으)ㄹ 수 있다'의 첫 번째 의미는 한국어를 할 수 있거나 한자를 읽을 수 있는 것처럼 어떤 것을 할 수 있는 능력이 있음을 나타낸다. 이때에는 동사와만 결합된다. 두 번째 의미로는 내일 만날 수 있다거나 기분이 나쁠 수 있다는 것처럼 어떤 상황이 가능함을 나타낸다. 이때에는 동사와 형용사 모두 결합된다. 활용할 때에는 어간의 마지막이 모음으로 끝나면 '-ㄹ 수 있다'를, 자음으로 끝나면 '-을 수 있다'를 붙인다.

> **Tips** 제시하는 문형의 의미가 '-(으)ㄹ 수 있다'처럼 두 가지(능력 유무, 상황의 가능 여부)일 때는 가장 기본적인 의미로 학습자에게 제시하는 것이 좋습니다. 위의 경우라면, 무언가 할 수 있는 능력이 있는 것이 기본적인 의미이므로, 능력 유무로 의미를 학습시키고 사용법을 익힌 다음에 두 번째 의미로 확장해서 연습하는 것이 경제적입니다.

02

혼자 할 수 **있어요.**
혼자 할 수 **없어요.**

어떤 것을 할 수 있는 능력이 있음을 나타내거나 상황이 가능한 것을 나타낼 때에는 '-(으)ㄹ 수 있다'로, 어떤 것을 할 수 있는 능력이 없거나 상황이 가능하지 않음을 나타낼 때에는 '-(으)ㄹ 수 없다'로 나타낸다.

> **Tips** '-(으)ㄹ 수 있다'의 부정문을 만드는 방법이 '안'을 이용했던 이전의 방법과 다르기 때문에 학습자가 이 차이를 인식하기 쉽게 제시하는 것이 중요합니다. 학습자에게 익숙한 '있어요'의 부정인 '없어요'로 묶어서 제시할 필요가 있습니다.

03
매운 음식을 먹을 수 있었어요.
매운 음식도 먹을 수 있을 거예요.

'-(으)ㄹ 수 있다'에 시제나 양태의 의미가 더해질 때 '-(으)ㄹ 수 있다' 중에서 보조 용언인 '있다'에 결합된다. 과거라면 '-(으)ㄹ 수 있었다', 추측을 나타낸다면 '-(으)ㄹ 수 있을 것이다'로 활용된다.

> **Tips** '-(으)ㄹ 수 있다'의 시제나 양태를 나타내는 형태가 '-(으)ㄹ' 부분이 아니라 '있다' 부분에 결합된다는 점이 학습자에게는 새롭기도 하고 어렵기도 할 것입니다. 그러나 보조 용언에 시제가 결합된다는 문법적인 설명을 해 주는 것은 더욱 어렵게 느껴질 수 있습니다. 처음에는 학습자가 익숙하게 말하도록 연습시킨 다음에, 이후에 '-고 싶다, -고 있다'와 같이 본 용언과 보조 용언이 결합된 문형을 배운 이후 마지막(보조 용언)에 시제가 결합된다는 것을 귀납적으로 알려주는 것이 더 효과적입니다.

04
먹을 수 없어요. = 못 먹어요.
먹을 수 없었어요. = 못 먹었어요.
좋을 수 없어요 ≠ 못 좋아요.

어떤 것을 할 수 있는 능력이 없거나 어떤 상황이 불가능함을 나타낼 때 '-(으)ㄹ 수 없다'는 짧게 '못'으로 바꿔 쓸 수 있다. 그러나 '못'은 동사와만 결합이 가능하고 형용사와 결합될 수 없기 때문에 '못 좋아요'와 같은 문장은 나올 수 없다. '못'이 들어가는 위치는 부정문을 만드는 '안'이 들어가는 위치와 동일하다.

> **Tips** '못'은 '안'과 비교되어 많이 제시됩니다. '못'은 능력이나 상황에서 할 수 없는 것으로, '안'은 능력이나 상황이 돼도 할 의지가 없어 하지 않는 것으로 구분시켜 연습하면 좋습니다. 또한 '못'을 연습시킬 때에는 '-(으)ㄹ 수 없다'를 먼저 도입한 후 '못'만을 시제 별로 따로 연습시켜 '못 먹을 수 없다'와 같이 두 번의 부정을 하지 않도록 해야 합니다.

문형 정리 및 지도 Tips

학습자 오류

1 영화 볼 수 있어요. → 영화 볼 수 있어요.
물을 마셜 수 있어요. → 물을 마실 수 있어요.

☞ 위와 같은 형태적인 오류는 학습자의 국적에 관계 없이 많이 나타납니다. 이런 오류를 막기 위해서는 활용시킬 때 동사의 기본형에서 바뀌는 것을 시각적으로 보여주는 것이 필요하며, 귀로도 익숙해지도록 문자 없이 구두로 하는 활동을 늘려 주는 것이 좋습니다.

2 수영 안 할 수 있어요. → 수영할 수 없어요.

☞ 부정문을 만들 때 간단하게 동사나 형용사 앞에 '안'을 붙였지만, 능력을 부정하는 '-(으)ㄹ 수 있다'의 경우 이런 법칙이 적용되지 않습니다. 예를 들어 '하다'의 부정은 '안 하다'이지만, 능력 부정일 경우 '할 수 있다'의 부정은 '안 할 수 있다'가 아니라 '할 수 없다'가 되어야 합니다.

3 식사가 할 수 없어요. → 식사를 할 수 없어요.

☞ 일본인 학습자가 '할 수 있다'를 사용할 때 간혹 조사를 틀리는 경우가 있습니다. 학습자의 모국어 습관 때문인데, 한국어의 '할 수 있다'에 해당하는 일본어 단어를 쓸 때 조사 '-이/가'를 사용하기 때문입니다. 그러므로 초급 학습자에게 '할 수 있다'를 제시할 때에는 목적격 조사 '-을/를'을 의식적으로 강조해서 제시할 필요가 있습니다.

4 A : 같이 영화 볼 수 있어요?
B : 네, 같이 영화 볼 수 있어요. → 좋아요, 같이 영화 봐요.

☞ A의 질문은 같이 영화를 보는 것이 가능한지 묻는 것이므로 통사적으로는 B의 대답이 '네' 혹은 '아니요'로 대답하는 것이 맞습니다. 그러나 화용적으로 A의 질문은 상황이 가능한지를 묻는 것이 아니라 같이 보러 가자는 제안의 의미를 담고 있습니다. 그러므로 B의 대답은 제안을 수락하거나 거절하는 것으로 해야 합니다.

5 못 할 수 있어요. → 못 해요.

☞ '못 할 수 있다'는 불가능한 상황이 있을 수 있다는 가능성을 말한 것으로, 능력 부정을 써야 할 문맥에서 잘못 쓴 오류입니다. 특히 이런 오류는 '-(으)ㄹ 수 있다'를 배울 때에는 별로 나타나지 않다가 이 학습이 끝나고 다른 문형을 배운 후 많이 나타납니다.

6 열쇠가 없어요. 그래서 집에 안 들어가요. → 집에 못 들어가요.

☞ 주어의 의지 부정인 '안'과 능력·상황 부정인 '못'을 분명하게 구분시켜 줄 필요가 있습니다. 의지를 갖고 하지 않은 것인지, 아니면 할 수 없어서 하지 못한 것인지 구분해야 합니다.

7 못 아파요. → 아플 수 있어요.

☞ '못'은 동사와만 결합될 수 있으며 형용사와 결합될 수 없습니다. '못'을 제시할 때 이 점을 분명히 해 둬야 위와 같은 오류를 줄일 수 있습니다.

| 수업1단계 | **도입** |

준비물 각 나라 언어로 쓰여진 인사말

'-(으)ㄹ 수 있다'를 처음에 도입할 때 무언가를 할 수 있는 능력이 있는지 없는지에 초점을 맞춰 도입한다. 학습자가 할 수 있는 것과 할 수 없는 것을 대조할 수 있는 예로 선택하는 것이 좋다. 다음은 간단하게 도입할 수 있는 예로 각 나라의 언어가 쓰여진 인사말 카드를 사용해 도입한 것이다.

예

T 폴 씨, 미국 사람이에요. 영어 (OK표시를 하면서) 할 수 있어요?
S 네.
T 그럼, 한국어 (OK표시를 하면서) 할 수 있어요?
S 네.
T 폴 씨가 한국어 할 수 있어요.
    그럼, 중국어 (OK표시를 하면서) 할 수 있어요? (두 손으로 X자형을 하면서) 할 수 없어요?
S (교사를 따라 하면서) 할 수 없어요.
T 프랑스어 할 수 있어요?
S 네, 할 수 있어요.

학습자가 '할 수 있다'와 '할 수 없다'의 의미를 구분할 수 있는지 확인하는 질문을 몇 가지 더 할 수 있다. 반 구성원 각자의 모국어(영어, 일본어, 중국어 등)로 된 인사말을 몇 가지 준비해서 다른 학습자가 읽을 수 있는지 확인한다. 교사가 한 학습자와 아래와 같은 대화를 시연으로 보여준 후, 학습자끼리 서로 질문과 대답을 할 수 있게 지도한다.

A : (미국인 학습자에게) **중국어 할 수 있어요?**
B : ① 네, 할 수 있어요.
    ② 아니요, 할 수 없어요.

Tips 교사가 학습자와의 연습에서 가능과 불가능을 표현할 때 의미가 전달될 수 있도록 몸짓을 이용하면 그 의미를 보다 쉽게 전달할 수 있습니다. 가능한 것을 교사가 두 손으로 크게 동그라미표로 나타내고 불가능한 것을 두 손으로 크게 가위표로 나타내면 학습자가 이 문형의 의미를 보다 직관적으로 이해할 수 있습니다. 직관적인 이해가 가능하도록 교사의 적절하고 풍부한 얼굴 표정과 몸짓이 요구됩니다.

| 수업2단계 | 제시 및 연습 |

준비물: 제시 그림 (부록), 문형 카드, 플래시 카드

수영 O　　　　　　　수영 X

교사는 칠판에 위의 그림 *부록 p.18* 을 붙여 놓고 "수영 할 수 있어요?"라고 학습자에게 질문하여 학습자가 '할 수 있어요' 혹은 '할 수 없어요'라고 대답하도록 유도한다. 수영 외에도 스키, 골프와 같은 스포츠나 한국 요리, 한국 노래와 같은 것을 제시하여 학습자가 할 수 있는지 서로 묻고 답하게 한다. 이때 준비한 단어는 '하다' 앞에 쓸 수 있는 단어로 제한하여 제시한다.

학습자가 '할 수 있다'의 문형을 쉽게 이용하게 되면 '하다'라는 동사의 기본형에 '-ㄹ 수 있다'가 어떻게 결합되는지 문형 카드로 보여준다. 그 다음에는 '타다'와 같이 동사 어간이 모음으로 끝나는 동사가 '-ㄹ 수 있다'와 결합되어 어떻게 바뀔 수 있는지 추측하게 한다. 학습자가 추측한 것이 시각적으로 맞는지 확인해 준다. 이와 같은 방법으로 동사 어간이 자음으로 끝나는 '먹다, 읽다, 찾다'와 같은 동사가 '-을 수 있다'와 결합되는 것을 보여준다. 이때에도 받침이 뒤의 모음으로 이동되어 '먹을 수 있어요'라는 문자가 [머글 쑤 이써요]로 발음되는 사실을 강조한다. 학습자가 문형의 의미를 이해하고 활용된 것을 소리로 접할 수 있도록 한다.

문형 제시

1. 하다 ➡ 할 수 있어요
2. 먹다 ➡ 먹을 수 없어요

그 다음에는 그림 없이 동사의 기본형이 쓰여 있는 플래시 카드를 제시하여 동사의 기본형이 '-(으)ㄹ 수 있어요'와 어떻게 결합될 수 있는지 학습자가 연습할 수 있도록 한다. 이때에는 학습자가 단어의 의미를 알고 있는지에 상관 없이 활용형이 바뀌는 것에 집중하도록 한다. 학습자가 2-3분 동안의 플래시 카드로 활용형을 자동적으로 말할 수 있을 때까지 반복적으로 연습한다.

| 수업3단계 | **활동** |

활동1 할 수 있어요?   준비물 활동지 (부록)

특기를 조사하는 표 〔부록 p.19〕를 학습자에게 나눠 준다. 학습자는 반 전체 학습자를 만나 표에 쓰여 있는 동사를 '-(으)ㄹ 수 있어요'로 바꿔 상대방 학습자에게 물어보면서 상대방 학습자가 할 수 있다고 대답하면 ○, 할 수 없다고 대답하면 X 표시를 한다. 가능하면 질문하는 학습자만이 해당 연습지를 보면서 말하게 하고 질문 받는 학습자는 연습지를 보지 않은 채 문자가 아닌 소리에 집중하게 한다. 학습자가 만나서 할 수 있는 대화의 흐름을 제시하면 다음과 같다. 여기에서 중요한 것은 할 수 있는지 없는지에 한정되지 않고 그 이후의 대화로 자연스럽게 확장되는 것이다.

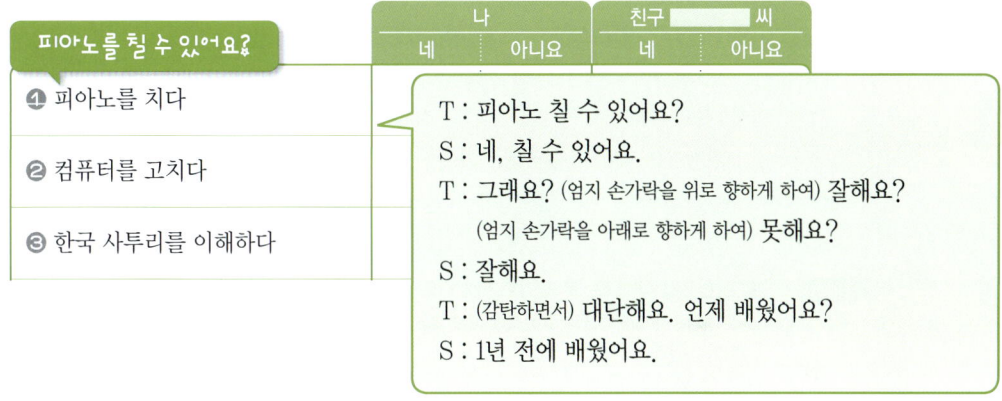

Tips 위와 같이 표를 나눠 주고 학습자끼리 서로 묻고 답하는 활동을 할 때에는 가능하면 답란의 크기를 작게 해 주는 것이 좋습니다. 그래야 학습자가 답란에 ○나 X만을 표기하고 그 외의 것은 쓰지 않습니다. 답란의 크기가 크면 학습자는 상대방 학습자의 대답을 듣고 반응하는 데 집중하기보다는 그것을 받아 적는 데 시간을 많이 쓰게 됩니다. 현재 교사가 하고 있는 수업이 문형을 이용한 말하기 수업이라면 가능한 한 쓰기 활동을 줄이고 그 시간에 말하기에 집중할 수 있도록 배려하는 것이 중요합니다.

활동

활동2 못 해요

준비물: 문자 카드

학습자가 할 수 없다고 대답할 만한 것이 적혀 있는 문자 카드를 준비한다. 문자 카드는 '드럼을 치다'나 '태권도를 하다'와 같은 능력과 관련된 것일 수도 있고, '5시에 일어나다'나 '집까지 걸어가다'와 같이 학습자의 상황과 관련된 것일 수도 있다.

학습자에게 '할 수 없어요'와 '못 해요'가 의미상 차이가 없고 단지 말하기에서 '못 해요'가 더 간단하기 때문에 자주 사용된다는 것을 알려준다. 학습자가 '못'을 이용하여 불가능을 익숙하게 말하게 되면, '명사(태권도, 라틴댄스 등) + 할 수 있어요?'의 문장으로 질문하고 그에 대한 답을 '못 해요'라고 대답하게 한다.

예

T 태권도 할 수 있어요?
S 아니요, 못 해요.
T 그럼, 배우고 싶어요?
S 네, 배우고 싶어요.
T 언제 배울 거예요?
S 잘 모르겠어요. 아마 나중에 배울 거예요.

Tips 불가능한 것을 나타내는 '못'의 경우, 뒤에 나오는 동사에 따라 발음이 달라지는 것에 주의하여 지도해야 합니다. 학습자에게 다음과 같이 분류하여 발음을 연습시킵니다. 그러나 너무 많은 조건으로 분류해서 한꺼번에 발음을 제시하면, 학습자는 이를 너무 어렵게 생각하여 좌절하거나 오히려 부자연스럽게 발음을 할 수 있습니다. 변화되는 부분을 너무 강조한 나머지 '못 해요'[모태요]의 'ㅌ'만이 강조되지 않도록, 전체적으로 부드럽게 발음할 수 있도록 지도하는 것이 좋습니다.

'하다' 동사	무성 자음으로 시작하는 동사	유성 자음 'ㄴ' 이나 'ㅁ'으로 시작하는 동사	'ㅣ'로 시작되는 동사
못 해요 [모태요]	못 가요 [몯까요] 못 들어요 [몯뜨러요] 못 봐요 [몯뽜요] 못 사요 [몯싸요] 못 자요 [몯짜요]	못 만나요 [몬만나요] 못 먹어요 [몬먹어요] 못 마셔요 [몬마셔요] 못 나가요 [몬나가요]	못 읽어요 [몬닐거요] 못 일어나요 [몬니러나요]

UNIT 09
휴가 때 여행 가고 싶어요

문형 -고 싶다
용법 말하는 사람이 무엇인가 원하거나 바라는 것을 표현할 때

예문

01_ (저는) 여행 가고 싶어요.
　　(저는) 한국 음식을 먹고 싶어요.
02_ 영화를 보고 싶어요.
　　= 영화가 보고 싶어요.
03_ 어제 쉬고 싶었어요. 그런데 쉬지 못했어요.
　　고향에 돌아가면, 한국 친구들이 보고 싶을 거예요.
04_ 커피를 안 마시고 싶어요.
　　= 커피를 마시고 싶지 않아요.
　　커피를 안 마시고 싶었어요.
　　= 커피를 마시고 싶지 않았어요.
　　커피를 안 마시고 싶을 거예요.
　　= 커피를 마시고 싶지 않을 거예요.
05_ (저는) 데이트를 하고 싶어요.
　　친구가 데이트를 하고 싶어해요.

수업 전 단계 | 문형 정리 및 지도 Tips

01

(저는) 여행 가고 **싶어요**.
(저는) 한국 음식을 먹고 **싶어요**.

말하는 사람이 자신이 원하거나 바라는 바를 표현할 때 '-고 싶다'를 사용한다. 동사 어간 뒤에 '-고 싶다'를 붙여서 활용한다. '-고 싶다'는 말하는 사람 자신이 원하는 바를 표현하는 것으로 문장의 주어가 항상 1인칭이다. 구어체에서 문장의 주어를 생략해서 말하는 경우가 많은데, 위의 예문에서도 희망하고 있는 것(여행 가는 것과 음식을 먹는 것)의 주어는 말하는 사람이므로 1인칭 주어 '저는'이 생략되어 있다고 볼 수 있다.

> **Tips** '-고 싶다'는 동사에만 결합되며 형용사 뒤에는 결합될 수 없습니다. 따라서 교사는 학습자가 동사를 이용해서 예문을 만들고 연습할 수 있도록 신경 써야 합니다. 예를 들어, 멋있는 배우 사진을 이용해서 희망 사항을 제시할 때 학습자가 '예쁘고 싶어요'라고 말하지 않도록 교사는 제시할 그림이나 사진과 같은 시각 자료를 주의 깊게 고를 필요가 있습니다. 이런 경우에는 '멋진 사람이 되고 싶어요.' 혹은 '예뻐지고 싶어요.'라고 말해야 합니다.

02

영화**를** 보고 싶어요.
= 영화**가** 보고 싶어요.

몇몇 동사, 예를 들어 '먹다, 마시다, 보다, 듣다, 하다' 등의 동사 뒤에 '-고 싶다'가 결합될 경우, 앞에 쓰이는 조사가 위의 예문과 같이 '-을/를'과 '-이/가' 모두 사용될 수 있다. 본 용언인 '보다'는 조사 '-을/를'이 필요하지만, 보조 용언인 '싶어요'는 형용사의 성질이 있어서 조사 '-이/가'가 필요하기 때문이다. 의미 차이 없이 동일한 의미로 쓸 수 있다.

> **Tips** 두 문장은 의미 차이 없이 동일하게 사용되긴 하지만, 조사 사용을 어려워하는 학습자에게는 혼돈스러울 수도 있습니다. 실제 수업에서는 '영화를 보다'에 '-고 싶다'가 결합된 것으로 제시하게 되면 학습자가 혼란 없이 '-을/를'을 받아들일 수 있습니다. 학습자에게 이것이 익숙해졌을 때 '-이/가 보고 싶다'와 같은 문장을 노출시켜 주면서 이것도 가능함을 알려주는 것이 좋습니다.

03

> 어제 쉬고 **싶었어요**. 그런데 쉬지 못했어요.
> 고향에 돌아가면, 한국 친구들이 보고 **싶을 거예요**.

시제와 같은 선어말 어미는 보조 용언인 '싶다'에 결합된다. 과거를 나타낼 때에는 '-고 싶었다', 미래나 추측을 나타낼 때에는 '-고 싶을 것이다'가 결합될 수 있다.

> **Tips** 시제는 활용시키는 단계에서 기계적으로 연습시킬 수도 있지만, 이 문형이 언제 사용될 수 있는지 적절한 맥락과 함께 학습자에게 제공하는 것이 더 중요합니다. 예를 들어 '-고 싶었다'는 '하고 싶었지만 할 수 없었다'는 상황과 함께 제시되고 연습되어야 학습자가 이후에도 적절하게 사용할 수 있습니다. 단, 학습자에게 한 문형을 가르칠 때 시제를 한꺼번에 제시하는 것이 좋을지, 활용과 사용 맥락이 복잡한 것을 나눠서 제시하는 것이 좋을지는, 교사가 현재 지도하고 있는 학습자를 보고 판단, 결정해야 할 사항입니다.

04

> 커피를 **안** 마시고 싶어요. = 커피를 마시고 **싶지 않아요**.
> 커피를 **안** 마시고 싶었어요. = 커피를 마시고 **싶지 않았어요**.
> 커피를 **안** 마시고 싶을 거예요. = 커피를 마시고 **싶지 않을 거예요**.

'-고 싶다'의 부정문은 동사 앞에 '안'을 넣는 것과 '싶다'의 어간에 '-지 않다'를 붙여 동사 어간에 '-고 싶지 않다'를 결합시키는 것 두 가지가 있다. 시제는 '안'이 쓰인 부정문일 때 '싶다'에, '-고 싶지 않다'가 쓰인 부정문일 때 '않다'에 결합된다.

> **Tips** '안'과 '-지 않다'의 차이는 결합 가능한 동사나 형용사 제약이 있는지 없는지에 따라 다르고, 실제 쓰임에서도 '안'보다 '-지 않다'가 더 격식 있고 예의 있게 말하는 느낌이 있습니다. 그러나 위의 예문과 같이, '-지 않다'는 시제가 달라지는 것에 따라 매우 복잡하게 바뀝니다. 초급 학습자를 지도한다면 '안'을 사용하여 보다 쉽게 표현할 수 있도록 하고, 초급 후반 이후에 '-지 않다'를 지도하는 것이 좋습니다.

문형 정리 및 지도 Tips

05 (저는) 데이트를 하고 싶어요.
친구가 데이트를 하고 싶어해요.

'-고 싶다'의 주어는 1인칭이므로 평서문에서는 말하는 사람이 자기 자신의 희망이나 바람을 말하는 것으로, 의문문에서는 상대방에게 상대방의 희망이나 바람에 대해 묻는 것으로 사용된다. 문장의 주어가 3인칭인 경우에는 '-고 싶다'가 아니라 '-고 싶어하다'로 바꿔 쓴다.

> **Tips** '-고 싶어하다'는 초급 학습자에게 조금 어려울 수 있기 때문에 중급 이후에 3인칭 주어의 경우를 따로 제시할 수 있습니다. 만약 '-고 싶어하다'를 처음에 제시하지 않는 것으로 수업을 설계했다면 학습자가 제3자를 주어로 해서 예문을 만들지 않도록 교사가 주의해서 수업의 흐름을 구성해야 합니다. 예를 들어 교사가 제3자를 가리키면서 "마크 씨가 뭐 하고 싶어요?"라고 학습자에게 질문하지 않도록 주의해야 합니다.

학습자 오류

1. 불고기를 먹어 싶어요. → 불고기를 먹고 싶어요.
   ☞ '먹다'를 '먹어요'로 활용시켰던 것 때문에 동사 어간인 '먹'이 아니라 '먹어'에 '싶다'를 결합해서 생기는 오류입니다. 이런 오류를 방지하기 위해서 교사가 연습 단계에서 동사의 기본형(먹다, 보다, 하다 등)과 현재 시제 활용형(먹어요, 봐요, 해요 등)이 많이 달라지는 동사를 선택해서 집중적으로 연습시키는 것이 필요합니다.

2. 스포츠가 잘하고 싶어요. → 스포츠를 잘하고 싶어요.
   ☞ 일본어에서 '잘하다' 앞에 조사 '-이/가'가 사용되기 때문에 일본인 학습자가 위와 같은 오류를 자주 만들어 냅니다. 한국어에서 '잘하다' 앞에 조사 '-을/를'이 필요하다는 것을 강조해 줄 필요가 있습니다.

3. 저는 여자 친구가 있고 싶어요. → 저는 여자 친구를 사귀고 싶어요.
   ☞ 영어권 학습자가 위와 같은 오류를 많이 만듭니다. '-고 싶다'는 '예쁘다'와 같은 형용사나 '있다'와 같은 상태 동사와 결합되지 못합니다. 위의 예문은 동작성이 강한 '사귀다'와 같은 동사로 바꿔야 합니다.

4. 커피 싶어요. → 커피를 마시고 싶어요.
   한국 음식 싶어요. → 한국 음식을 먹고 싶어요.
   ☞ '-고 싶다'를 학습한 영어권 학습자는 모국어 영향으로 '싶다' 앞에 명사를 놓고 말하는 오류를 만들어 냅니다. '-고 싶다'는 동사와만 결합된다는 사실을 분명히 해야 합니다.

5. 친구가 여행 가고 싶어요. → 친구가 여행 가고 싶어해요.
   ☞ '-고 싶다'의 주어가 3인칭인 경우, '싶다'를 '싶어하다'로 바꿔야 합니다. 3인칭 주어에서는 '-고 싶어하다'가 되어야 합니다.

> **수업1단계** 도입

준비물 음식 사진

일반적으로 사람들이 무언가를 희망하고 있는 상황을 이용해서 '-고 싶다'를 도입한다. 예를 들면 자동차를 갖고 있지 않은 사람이 자동차를 갖고 싶어하거나, 이성 친구가 없는 사람이 이성 친구를 희망하는 것으로 문형을 도입할 수 있다.

교사가 반 학습자의 개인적인 희망사항을 잘 알고 있거나 학습자들끼리도 서로에 대해 잘 알고 있는 경우라면, 반 학습자의 상황을 이용해서 도입하는 것이 좋다. 교사가 학습자 개개인에 대해 잘 모르는 경우에는 아래의 예와 같이 학습자에게 교사의 희망이나 바람을 제시하면서 문형을 도입할 수 있다.

예

T (학습자1에게) 점심 먹었어요?

S1 네, 먹었어요.

T 뭐 먹었어요?

S1 비빔밥을 먹었어요.

T 저도 비빔밥을 좋아해요. 그런데 저는 오늘 아침도 점심도 안 먹었어요. 너무 배 고파요. (먹고 싶은 얼굴로) 비빔밥을 먹고 싶어요.
(학습자들에게) 지금 무슨 음식을 먹고 싶어요?

S2 김치찌개를 먹고 싶어요.

S3 삼계탕을 먹고 싶어요.

Tips 문형이 사용되는 맥락에서 문형을 도입·제시하기 위해 교사가 인위적으로 상황을 만들어서 제시할 때가 종종 있습니다. 하지만 무엇보다도 가장 좋은 상황은 학습자가 실제 생활에서 충분히 부딪힐 수 있는, 최대한 학습자의 실제 상황과 유사한 것이 좋습니다. 수업을 설계할 때 어떤 상황으로 도입할지, 어떤 예문으로 제시할지 생각해서 좋은 상황과 그에 맞는 예문을 준비하는 것이 매우 중요합니다.

수업2단계 제시 및 연습

준비물 제시 그림 (부록)

무엇인가 희망하고 있는 사람들의 그림 *부록 p.20* 을 제시한다. 먼저 위쪽 그림을 학습자에게 보여주고 그림 속의 인물이 현재 어떤 상황인지 학습자에게 묻는다. 그 다음에 아래쪽 그림을 학습자에게 보여주고 그림 속의 인물이 어떤 것을 희망하고 있는지 말하도록 한다.

예
- T (첫 번째 그림을 보여주며) 이 사람이 시간이 있어요? 없어요?
- S 시간이 없어요.
- T 맞아요. 시간이 없어요. 많이 바빠요.

예
- T (두 번째 그림에 말풍선을 붙이며) 이 사람이 뭐 생각해요?
- S 여행 가요.
- T 맞아요. 시간 없어요. 하지만 생각해요.
  (두 손을 보아 바람을 나타내는 자세로) 여행 가고 싶어요.
- S 여행 가고 싶어요.

Tips 초급 수업에서 가능하면 학습자가 '-고 싶어하다'를 이용하지 않고 '-고 싶다'를 이용할 수 있도록 합니다. 예를 들면 학습자에게 그림을 제시할 때 교사는 그림 속의 인물 옆에 말풍선 모양을 덧붙여 줍니다. 그림 속의 인물이 희망하는 것을 제3자의 입장에서 말할 때 '-고 싶어하다'를 사용해야 하지만, 말풍선을 덧붙여 그림 속의 인물의 말로 바꾸면 '-고 싶다'를 사용할 수 있습니다. 말풍선을 붙임으로써 마치 인물의 말을 직접 인용하는 것과 같은 효과를 볼 수 있습니다.

문형 제시

1. 잘하다 ➡ 잘하고 싶어요
2. 먹다 ➡ 먹고 싶어요

> **수업3단계** **활동**

준비물 질문 카드 (부록)

활동1 희망사항 말하기

학습자가 동사의 기본형 카드를 집어 카드에 쓰여 있는 동사의 기본형과 '-고 싶다'를 결합시켜 질문하게 한다. 상대방 학습자는 그 질문에 다음과 같이 긍정 혹은 부정을 선택해서 대답하도록 한다.

자다

A : 지금 자고 싶어요?
B : ① 네, 자고 싶어요.
② 아니요, 자고 싶지 않아요.

교사는 시간을 나타내는 표현과 의문사가 함께 적혀 있는 질문 카드 ^{부록 p.21} 를 준비한다. 한 학습자가 카드에 주어진 시간을 나타내는 표현과 의문사를 이용해서 질문하면, 다른 학습자가 그에 맞게 대답할 수 있도록 지도한다.

학습자 두 명씩 짝을 지어 주고 카드 한 묶음씩 나눠준 다음에 교사는 학습자에게 카드를 이용한 활동 방법을 시연을 통해 알려 준다. 이 시연을 통해서 교사는 학습자가 카드에 적혀 있는 시간을 나타내는 표현과 의문사를 이용해서 어떻게 질문을 만드는지, 또한 처음의 질문에 답한 대답을 듣고 관련된 질문을 더하는 방식을 보여 주어야 한다. 이런 방식으로 대화를 어떻게 확장하는지 보여 줌으로써 이 활동이 단순한 활용형 반복 연습이 아니라 사용법을 익히는 것임을 분명히 한다.

휴가 때

어디?

A : 휴가 때 어디에 가고 싶어요?
B : 부산에 가고 싶어요.
A : 누구하고 가고 싶어요?
B : 친구하고 가고 싶어요.

용어정리 피드백

피드백(feedback)은 학습자의 언어수행에 어떤 문제점(예: 문법, 단어, 발음, 맥락 등)이 있는지, 그런 문제가 수업의 어느 단계(예: 도입 및 제시, 연습, 활용 단계)에서 나왔는지, 현재 하고 있는 교실 활동의 목적이 어떤 것(예: 정확성을 위한 연습 혹은 유창성을 위한 연습)인지, 현재 수업이 어떤 것(예: 말하기 수업 혹은 쓰기 수업)인지에 따라 교사가 제공할 수 있는 피드백의 방법은 달라질 수 있습니다. 여기에서는 말하기 수업에서 적절한 피드백을 제공하는 방법에 대해 간단하게 말하고자 합니다.

학습자의 언어수행 문제가 문법이나 단어, 표현 등 정확성을 요하는 단계에서 나온 것이라면, 교사는 학습자가 자신의 문제를 알아차려서 고칠 수 있도록 오류가 나왔을 때 여러 가지 방법을 통해 수정해 주어야 합니다. 일단, 교사는 학습자가 자신의 오류를 알아차리게 하도록 학습자의 오류가 나왔을 때 분명하게 틀린 부분을 지적하거나 다시 말해 달라고 요구하거나 고개를 갸우뚱하는 몸짓을 통해 틀렸다는 사실을 전할 수 있습니다. 교사들이 피드백의 대표적인 유형으로 자주 사용하는 방법 중의 하나는 되묻기(recast)입니다. 되묻기는 학습자의 발화가 틀렸을 때 교사가 그에 대한 문법적인 설명을 덧붙이지 않은 채 학습자에게 올바른 형태를 보여주는 것입니다. 특히 되묻기는 학습자가 자가수정이 어려운 경우, 예를 들면 부적절한 어휘를 사용하거나 발음이 틀렸거나 아직 학습하지 않은 문법 항목을 수정할 때 자주 사용됩니다.

학습자의 언어수행의 문제가 유창성을 요하는 것이라면, 학습자가 사용한 문법이나 어휘가 적절했는지, 학습자 자신이 말하고자 하는 바를 상대방 학습자에게 효과적으로 전달했는지에 대해 학습자의 언어수행이 끝난 후 피드백을 제공할 수 있습니다. 이 단계에서는 학습자가 자신의 언어수행을 되돌아볼 수 있도록 교사가 학습자의 발화를 비디오로 녹화하거나 오디오로 녹음하여 그 학습자와 함께 들으면서 오류를 수정하는 방법을 사용할 수 있습니다. 또한 다른 동료 학습자에게 간단한 평가지를 나눠 주어 동료 학습자의 발화를 들으면서 평가하게 할 수도 있습니다. 이런 과정을 통해 평가 받는 학습자는 자신의 발화가 다른 학습자에게 어떻게 수용되는지 확인할 수 있고, 동료 학습자는 다른 사람의 발화에서 효과적인 발화를 위해 어떤 점이 보완되어야 하는지 생각해 볼 수 있는 기회를 가질 수 있습니다.

UNIT 10
같이 점심 식사할까요?

문형 -(으)ㄹ까요?
용법 상대방의 의견을 묻거나 상대방에게 무언가를 제안할 때

예문

01_ 같이 점심 식사할까요?
오늘 저녁 같이 먹을까요?

02_ A : 내일 영화 볼까요?
B : ① 좋아요.
② 미안해요. 내일은 못 가요.

03_ 3시(는) 어때요?
식당에서 만나는 게 어때요?

04_ A : 오늘 저녁 7시에 만날까요?
B : 좋아요. 7시에 만나요.

> **수업 전 단계** 문형 정리 및 지도 Tips

01
같이 점심 식사**할까요?**
오늘 저녁 같이 **먹을까요?**

　　상대방의 의견을 묻거나 상대방에게 무언가를 제안할 때 '-(으)ㄹ까요?'를 사용한다. '-(으)ㄹ까요?'는 동사와만 결합되는데, 동사 어간이 모음으로 끝나면 '-ㄹ까요?', 자음으로 끝나면 '-을까요?'가 결합된다. 실제 대화에서는 문장 끝의 억양을 올려 말해야 제안의 느낌을 살릴 수 있다. '우리'와 같은 주어를 생략해서 쓸 때가 많다. 제안의 의미로 '-(으)ㄹ까요?'를 사용할 때에는 '같이' 혹은 '함께'와 같은 부사를 사용하기도 한다. 시제도 현재만 쓴다.

> **Tips** '-(으)ㄹ까요?'를 사용하여 상대방에게 제안할 때에는 주어를 쓰지 않기 때문에 제안하는 상대방을 보면서 말하도록 수업에서 제시해야 합니다. 학습자가 이해하기 쉽게 상대방을 보면서 손을 이용하여 무언가를 제안하는 몸짓을 함께 하는 것이 효과적입니다.

02
A : 내일 영화 **볼까요?**
B : ① 좋아요.
　　② 미안해요. 내일은 못 가요.

　　제안의 의미로 '-(으)ㄹ까요?'를 사용했을 때 제안 받은 상대방이 수락하는 의미로 대답할 때에는 B의 ①과 같이 '좋아요'로 말한다. 상대방의 제안에 거절하려면 B의 ②와 같이 사과와 함께 그 이유를 밝힌다.

> **Tips** 수락과 거절의 대답이 '네' 혹은 '아니요'가 아니라는 점을 분명히 지도해야 합니다. 문장의 통사적 측면이 아닌 사회언어학적 측면을 고려하면 수락과 거절의 대답은 '좋아요' 혹은 '미안해요'가 됩니다. 교사는 문형을 가르칠 때 의미와 함께 실제 상황에서 그것을 어떻게 사용하는지 쓰임을 지도하는 데 신경을 써야 합니다.

03

3시(는) 어때요?
식당에서 만나는 게 어때요?

어떤 의견을 제안하는 의미로 '어때요?'도 많이 사용한다. 자신의 생각을 상대방에게 제시한 후 상대방의 의향을 묻는 뉘앙스가 강하다. 위의 첫 번째 예문은 두 사람이 구체적인 약속 시간을 정할 때 '3시는 어때요?'라고 말함으로써 상대방의 생각을 묻고 있다. 명사와 결합할 때에는 명사 뒤에 '어때요?'를 붙여 '○○은/는 어때요?'와 같이 쓰고, 동사와 결합할 때에는 동사 어간에 '-는 게 어때요?'를 붙여 쓴다.

> **Tips** 실제 대화에서는 '제안-수락', '제안-거절'과 같은 간단한 형태뿐만 아니라 대화 참여자가 서로 의미를 협상하는 부분이 있게 마련입니다. 따라서 '-(으)ㄹ까요?'를 지도할 때에는 이와 같이 의미를 협상하기 위한 전략적인 표현, 예를 들면 '어때요?'와 같은 표현을 함께 지도하면 효과적입니다.

04

A : 오늘 저녁 7시에 만날까요?
B : 좋아요. 7시에 만나요.

제안을 받았을 때 수락하는 의미로 '좋아요'를 쓰고 상대방에게 같이 행동할 것을 제안하는 청유형을 씀으로써 논의를 확정 짓는 느낌을 줄 수 있다. 말하는 사람이 여성일 경우 동사 어간에 '-아/어요'를, 남성일 경우 '-(으)ㅂ시다'를 쓰는 경우가 많다. 또한 듣는 사람을 존대할 경우 '-시지요'를 쓸 수 있다.

> **Tips** '-(으)ㄹ까요?'는 구어체에서 발화되는 문형이므로 대화 참여자가 누구인지에 따라 다양한 종결어미가 결합된 문형과 함께 쓰일 수 있습니다. 그러므로 교사가 제시하는 대화 상황에 따라 함께 쓸 문형을 적절하게 잘 선택하는 것이 중요합니다.

문형 정리 및 지도 Tips

> **학습자 오류**

1 폴 씨가 같이 점심을 먹을까요? → 같이 점심을 먹을까요?

☞ 제안의 의미로 사용되는 '-(으)ㄹ까요?'는 '폴 씨가'와 같은 3인칭 주어를 쓰지 않습니다. 같은 형태이지만 추측의 의미로 쓰이는 '-(으)ㄹ까요?'에서 3인칭 주어를 쓸 수 있습니다. 학습자가 혼란스러워할 수 있으므로, 형태가 같아도 의미가 전혀 다르다면 같이 제시하지 않는 것이 좋습니다.

2 같이 식사할까요. (억양의 변동 없이) → 같이 식사할까요? (억양을 올려)

☞ '-(으)ㄹ까요?'는 상대방의 의향이나 의사를 물어보는 질문 형태이므로, 문장 끝의 억양을 올려 말해야 합니다. '-(으)ㄹ까요?'와 같이 억양 지도를 해야만 그 의미가 제대로 전달되는 경우에는 문형을 제시할 때부터 손이나 막대를 이용하여 억양이 올라감을 시각적으로 보여주는 것이 도움이 됩니다.

3 A : 내일 저녁에 같이 식사할까요?
B : 좋아요. 같이 식사할 거예요. → 같이 식사해요.

☞ 서양 학습자는 제안에 수락하는 의미로 '같이 식사할 거예요'와 같이 대답하는 경우가 있습니다. 이것은 영어를 한국어로 직역하면서 나오는 오류인데, 이를 방지하기 위해서 '-(으)ㄹ까요?'를 지도할 때 수락과 거절의 대화 쌍을 지어 제시하는 것이 좋습니다.

4 A : 내일 어디에서 만날까요?
B : 학교 정문 앞이 어때요?
A : 학교 정문 앞에서 만날까요? → 좋아요. 학교 정문 앞에서 만나요.

☞ '-(으)ㄹ까요?'가 상대방의 의견을 묻고 제안하는 부드러운 느낌이 있긴 하지만, 약속을 잡는 대화에서 너무 반복적으로 쓰지 않도록 주의를 줄 필요가 있습니다. 이때 학습자가 의견을 조정하기 위해 '어때요?'와 같이 다양한 문형을 이용하면서 여러 가지 말하기 전략을 사용할 수 있도록 하는 것이 좋습니다.

5 A : 이번 주말에 같이 여행 갈까요?
B : 좋아요. 같이 가자. → 같이 가요.

☞ 드라마를 보면서 한국어를 공부했던 일본인이나 중국인 학습자 중에는 청유형을 사용하면서 이와 같은 상황에서 '가자'라고 말하는 경우가 간혹 있습니다. '-자'가 '-(으)ㅂ시다'의 반말 형태임을 모르기 때문에 이렇게 사용하는 것입니다. 교사는 언어적인 것뿐만 아니라 사회언어학적인 측면까지도 고려해서 학습자에게 문형을 지도해야 합니다. 여기에서는 '가자'가 막역한 친구 사이에서만 사용될 수 있으며, 보통의 경우 '가요'나 '갑시다'로 말해야 한다는 것을 알려 줘야 합니다.

수업1단계	**도입**

준비물: 영화 포스터, 영화 표

'-(으)ㄹ까요?'는 제안할 때 많이 사용하므로 약속을 잡는 상황으로 도입하는 경우가 많다. 교사는 현재 유행하는 영화 포스터와 표를 이용해서 학습자에게 같이 갈 것을 제안한다. 학습자가 제안의 상황임을 이해할 수 있기만 하면 된다.

예

T (영화 포스터를 보여주며) 이 영화 봤어요?

S 아니요.

T 이 영화 보고 싶어요. (영화 표 2장 보여주면서) 표를 샀어요.
그런데 친구가 없어요.

S 선생님, 저도 보고 싶어요.

T 그래요? 같이 가요? (앞의 제스처를 반복하면서) 우리 같이 갈까요?

S 네.

T 좋아요?

S 좋아요.

| 수업2단계 | **제시 및 연습** |

준비물 제시 그림 (부록), 문형 카드, 플래시 카드

 학습자에게 위와 같은 그림 〔부록 p.22〕을 보여주고 이런 상황에서 어떻게 말할 수 있는지 말해 보도록 한다. 이때 제시해 주는 그림은 '마시다, 운동하다, 보다'와 같이 동사 어간이 모음으로 끝나는 동사로 한정해서 제시하여 학습자가 '-ㄹ까요?'의 음성적 이미지를 기억할 수 있도록 한다. 이것이 끝나면 '먹다, (사진을) 찍다'와 같이 동사 어간이 자음으로 끝나는 동사를 제시하여 '-을까요?'를 붙였을 때 받침의 이동이 있음을 소리로 인식하도록 한다.
 이와 같이 학습자가 소리로 음성적 이미지를 익힌 후에 문형 카드로 동사의 기본형에 어떻게 '-(으)ㄹ까요?'가 결합되는지 직접 보여준다. 플래시 카드로 '-(으)ㄹ까요?'가 결합되는 방식을 2-3분 정도 연습한다.

> **Tips** 학습자에게 문형을 문자로 제시하지 않은 상태에서 그림을 보여주고 말해 보도록 시키는 것이 비생산적이라고 생각하는 사람도 있습니다. 그러나 이 단계에서는 문형을 정확하게 활용할 수 있는지가 중요한 것이 아닙니다. 오히려 학습자가 도입 단계에서 들었던 소리의 이미지를 기억하면서 자기 스스로 결합해 보려는 시도가 중요합니다. 이때 생기는 오류는 수정해 주어야 할 부정적인 오류가 아니라 문형을 결합시키면서 생성된 긍정적인 오류입니다. 교사는 학습자의 이런 시도를 장려해야 합니다.

문형 제시

1 가다 ➡ 같이 갈까요?
2 먹다 ➡ 같이갈 먹을까요?

학습자가 동사의 기본형에 '-(으)ㄹ까요?'를 결합시키는 것에 익숙해지면, '같이'를 붙여 제안의 의미를 강조하도록 한다. 그리고 이런 제안에 수락하는 대답과 거절하는 대답을 제시한다. 수락하는 대답으로는 '좋아요', 거절하는 대답으로는 '미안해요'를 제시한다.

수락할 때
A : 같이 점심을 먹을까요?
B : 좋아요. 같이 점심을 먹어요.

거절할 때
A : 같이 점심을 먹을까요?
B : 미안해요. 오늘은 시간이 없어요.

> **Tips** 학습자는 문형을 학습할 때 문형의 의미뿐만 아니라 실제 상황에서 어떻게 사용되는지 분명하게 알고 싶어합니다. 수업에서는 용법을 제한시키거나 대화를 통해 학습자가 쉽게 용법을 익힐 수 있도록 패턴화시켜 연습하는 경우가 많습니다. 예를 들면, 무언가를 제안하는 대화에서 상대방에게 처음으로 말을 걸면서 무언가를 제안할 때에는 '-(으)ㄹ까요?'를, 대화 중간에 서로 의견을 조정해야 할 때에는 '어때요?'를, 대화의 마지막에 무언가를 하기로 결정했을 때 '-아/어요'나 '-(으)ㅂ시다'를 사용하도록 패턴화시킬 수 있습니다. 이때 '-아/어요'는 비격식적 상황에서 여자가 많이 사용하고 '-(으)ㅂ시다'는 격식적 상황에서 남자가 많이 사용한다는 사회언어학적인 의미도 함께 제시하면 좋습니다.

> **수업3단계** **활동**

활동1 좋아요! 미안해요!   **준비물** 제안 카드 (부록)

학습자 두 명씩 짝을 짓고 제안 카드 [부록 p.23]를 나눠준다. 카드를 집은 사람이 '-(으)ㄹ까요?'를 이용하여 제안하면 상대방 학습자는 수락이나 거절로 대답을 선택해서 말한다. 만약 수락의 대답이라면 약속을 잡는 것으로 대화를 진행시키고, 거절의 대답이라면 '못'을 이용하여 그 제안을 거절하고 그 이유를 말하는 것으로 대화를 진행시킨다.

수락할 때

> **예**
> T 오늘 오후에 한식집에 갈 거예요. 같이 식사할까요?
> S 네, 좋아요.
> T 뭐 먹을까요?
> S 글쎄요, 비빔밥 어때요?
> T 좋아요. 1시 괜찮아요?
> S 네. 어디에서 만날까요?
> T 정문 앞에서 만나요.
> S 좋아요. 그럼, 정문 앞에서 1시에 만나요.

거절할 때

> **예**
> S 같이 운동할까요?
> T 미안해요. 운동 못 해요.
> S 왜요?
> T 다리가 아파요.
> S 네, 알겠어요. 다음에 같이 해요.

제안-거절의 대화 연습이 끝나면, 학습자가 자유롭게 교실을 돌아다니면서 상대방에게 제안을 하고 약속을 잡도록 한다. 제안하는 학습자도 동사 앞에 '내일' 혹은 '이번 주말에'와 같은 시간을 나타내는 표현을 붙여 구체적으로 제안할 수 있도록 한다. 이때 '이따가, 1시간 후에'와 같이 이전에 배우지 못한 시간을 나타내는 표현도 함께 정리하여 보여준다.

UNIT 11
좀 천천히 말해 주세요

문형 -아/어 주세요
용법 상대방에게 예의를 갖춰 무언가 부탁할 때

예문

01_ 영수증 주세요.
　　 표 두 장 주세요.

02_ 예약해 주세요.
　　 제 지갑을 찾아 주세요.
　　 기다려 주세요.

03_ 물 좀 주세요.
　　 예약 좀 해 주세요.
　　 제 지갑 좀 찾아 주세요.
　　 좀 천천히 말해 주세요.

04_ 다시 한 번 말해 주세요.
　　 = 다시 한 번 말해 주시겠어요?

05_ A : 뭐 드릴까요?
　　 B : 커피 주세요.

수업 전 단계 | 문형 정리 및 지도 Tips

01
영수증 주세요.
표 두 장 주세요.

'주세요'는 자신에게 필요하거나 갖고 싶은 것을 상대방에게 달라고 부탁할 때 사용한다. 필요하거나 갖고 싶은 것을 나타내는 명사 뒤에 '주세요'를 붙인다. 문법적으로 '주세요' 앞에 있는 명사는 목적어이므로 명사 다음에 목적격 조사 '-을/를'을 쓰지만, 구어체에서 쓰이는 이 문형은 대개 '-을/를'을 생략해서 쓴다. 부탁하고자 하는 것의 개수를 나타낼 경우, 위의 예문과 같이 '주세요' 앞에 개수와 단위 명사를 쓴다. 이때 문장 구조는 '명사 + 수사 + 단위 명사 + 주세요'의 순으로 쓴다.

> **Tips** '-을/를'과 같은 목적격 조사를 생략해서 지도하는 데 의견이 분분하지만, 보통의 경우 초급 초반의 말하기에서는 '-을/를'을 생략시키고 쓰기에서는 생략시키지 않고 씁니다. '주세요'의 경우는 주로 구어체에서만 사용하는 문형이므로, '-을/를'을 생략시켜 연습하는 것이 더 자연스럽습니다.

02
예약해 주세요.
제 지갑을 찾아 주세요.
기다려 주세요.

상대방에게 어떤 행동을 하기를 요청하거나 부탁할 때, 그 행동을 나타내는 동사 어간에 '-아/어 주세요'를 붙여 쓴다. '-아/어 주세요'의 '-아/어'는 동사의 현재 시제 활용형 '-아/어요' 에서 '요' 앞에 붙는 어미 '-아/어'와 형태가 같다. 동사 어간이 '하다'의 '하-'인 경우 '-여'가 붙어 '해'로 바뀌고, 동사 어간의 마지막에 'ㅏ'나 'ㅗ'가 있는 경우 '-아'가 붙고, 그 외의 나머지 동사 어간에는 '-어'를 붙인다.

> **Tips** '주세요'를 지도할 때에는 두 손으로 물건을 받는 것과 같은 한국적인 몸짓을 가르쳐 주는 것이 좋습니다. 수업 시간에 매개어를 쓰지 않고 목표어인 한국어로 지도할 경우 이런 몸짓을 함께 함으로써 부탁의 의미를 분명하게 전달할 수 있으면서도 한국의 문화적인 관습도 보여줄 수 있습니다.

03

물 **좀** 주세요.
예약 **좀** 해 주세요.
제 지갑 **좀** 찾아 주세요.
좀 천천히 말해 주세요.

'-아/어 주세요'는 상대방에게 예의를 갖춰 무언가를 부탁할 때 사용하는데, 구어체에서 공손함을 보다 더 드러내고자 할 경우 '좀'을 넣어 표현한다. '좀'은 보통 목적격 조사 '-을/를'이 들어가는 위치에 넣을 수 있다. '예약하다, 시작하다'와 같은 '하다'로 끝나는 동사는 '하다' 앞에 '좀'이 들어간다. '천천히 말해 주세요'에서 '천천히'와 같은 부사어가 있는 문장에서는 그 부사어 앞에 '좀'을 넣는다.

> **Tips** 학습자는 '좀'이 들어간 문장을 약간 어려워하긴 하지만 실제 생활에서 많이 들었기 때문에 수업에서 매우 집중해서 연습합니다. '좀'을 넣어 지도할 때에는 '좀'이 들어가는 위치 때문에 어려워할 수 있는데, 한꺼번에 여러 가지를 제시하는 것보다는 목적격 조사 '-을/를'의 자리에 들어가는 것만 먼저 연습하고 이것이 익숙해진 후에 그 다음 단계로 넘어가는 것이 좋습니다. 교사의 지시대로 문장을 따라 읽는 연습을 할 때에도 '좀' 다음에 약간 쉬는 것까지 연습시키면서 지도하면 좋습니다.

04

다시 한 번 말**해 주세요**.
= 다시 한 번 말**해 주시겠어요?**

말하는 사람보다 상대방이 나이가 많거나 전혀 모르는 사람이라서 보다 공손하게 어떤 행동을 해 주기를 부탁하거나 요청할 때에는 '-아/어 주시겠어요?'를 사용한다. '-아/어 주시겠어요?'는 '-아/어 주세요'보다 더 조심스럽게 요청하는 느낌이 강하다.

> **Tips** '-아/어 주시겠어요?'를 지도할 때에는 문장 끝이 올라가는 억양을 손을 이용하여 시각적으로 알려주는 것이 좋습니다. 또한 '-아/어 주시겠어요?'를 사용할 때를 '-아/어 주세요'의 경우와 구분해서 알려줄 필요가 있는데, 지나가는 사람에게 길을 묻는다거나 잘 모르는 사람에게 미안한 부탁을 할 경우와 같이 조심스러운 경우로 한정해서 제시하면 좋습니다.

문형 정리 및 지도 Tips

05
A : 뭐 드릴까요?
B : 커피 주세요.

'드릴까요?'는 상대방이 자신에게 무언가를 해 달라고 부탁하거나 요청하기 전에 상대방에게 어떤 물건이나 행동을 제공하고자 할 때 상대방의 의향을 묻는 표현이다. 제공할 것이 사물이라면 '명사+드릴까요?'로, 행동이라면 동사 어간 뒤에 '-아/어 드릴까요?'를 붙여 사용한다. '-아/어 드릴까요?'로 상대방에게 의향을 묻는다면 상대방은 '-아/어 주세요'를 이용해서 대답하면 된다.

Tips '-아/어 드릴까요?'는 일상 생활에서 식당이나 가게 점원이 손님에게 어떤 것을 주문할지, 어떤 서비스를 원하는지 손님의 의향을 묻는 상황으로 제시하는 것이 좋습니다. 또한 '-아/어 드릴까요?'를 이용한 질문을 받았을 경우 공손하게 대답하는 것도 지도해서 학습자가 대화 상황에 맞는 대화 형식을 함께 익힐 수 있도록 하는 것이 좋습니다.

학습자 오류

1. 물이 주세요. → 물(을) 주세요.
   ☞ 구어체에서 주격 조사 '-이/가'와 목적격 조사 '-을/를'을 생략해서 말하던 학습자가 쓰기에서 조사 사용을 요구할 때 만들어내는 오류입니다. '주세요'와 같은 구어체에서 사용되는 문형은 쓰기에서도 대화에 쓰이므로 '-을/를'을 생략해서 자연스럽게 사용할 수 있도록 장려하는 것이 좋습니다.

2. 두 표 주세요. → 표 두 장 주세요.
   ☞ 서양 학습자의 경우 자신의 모국어 영향으로 '2 tickets'를 '두 표'라고 말할 때도 있습니다. 이를 방지하기 위해서는 '주세요'를 처음 제시할 때부터 '표 두 장 주세요'와 같이 요구하고 있는 명사를 먼저 사용한다는 점을 강조해야 합니다.

3. 다시 한번 말해 주세요? → 다시 한번 말해 주세요.
   ☞ '-아/어 주세요' 만을 학습했을 때에는 위와 같은 오류가 나오지 않지만, '-아/어 주시겠어요?'까지 학습한 다음에는 '주세요?'와 같이 문장 끝을 올리는 오류가 나옵니다. 그러므로 문형을 쓸 때 물음표 여부를 꼭 표기하고 억양 지도를 잊지 말아야 합니다.

4. 좀 이것을 가르쳐 주세요. → 이것 좀 가르쳐 주세요.
   ☞ '좀'이 들어가는 위치는 학습자들이 매우 어려워하기 때문에 위와 같은 오류가 나오게 됩니다. 목적격 조사 '-을/를'의 자리에 '좀'을 넣는 것을 말하기에서 중점적으로 연습하는 것이 필요합니다.

5. 책을 줘 주세요. → 책을 주세요.
   ☞ '주세요'가 동사 '주다'에서 파생된 형태이므로, '-아/어 주세요' 앞에 동사 '주다'를 이중으로 쓰지 않습니다. 그러므로 '줘 주세요'가 아니라 그냥 '주세요'가 됩니다.

6. 더 하나 주세요. → 하나 더 주세요.
   ☞ 일본인 학습자는 모국어의 영향으로 위와 같은 오류를 자주 범합니다. 일본인 학습자를 가르치는 교사라면 '주세요'를 제시할 때 이 점을 확인시켜 줘야 합니다.

수업1단계 도입

교사가 학습자에게 지난 날의 숙제를 했는지 묻고 숙제를 걷는다. 이때 교사는 두 손으로 달라는 몸짓과 함께 '주세요'를 사용해서 '숙제 주세요'라고 말한다. 상대방에게 어떤 물건을 달라고 요구하는 상황을 학습자가 알아차리도록 하는 것이 중요하다.

> **Tips** '주세요'를 도입할 때 두 손으로 물건을 주고 받는 몸짓을 지도해야 합니다. 특히 서양인 학습자에게는 '주세요'를 가르치면서 동시에 두 손으로 공손함을 표현하는 문화적인 요소도 제시하는 것이 좋습니다.

학습자가 '주세요'를 사용하는 상황을 이해하면, 교사는 학습자가 일상 생활에서 '주세요'를 말할 수 있는 상황, 예를 들면 무언가를 주문하는 상황을 몇 가지 선택한다. 커피숍이나 가게, 영화 매표소와 같은 장소에서 주문하는 상황을 예로 활용할 수 있다. 학습자를 두 명씩 짝을 지은 후, 한 학습자가 주문하고 상대방 학습자가 주문받도록 한다.

> **예**
> S 카페라테 주세요.
> T 네, 알겠습니다. 3,300원입니다.
> S (돈을 건네며) 여기요.
> T (계산 후 커피를 건네는 시늉을 하며) 여기 있습니다. 감사합니다.

학습자가 대화를 끝내면 이번에는 필요한 물건의 개수를 말하는 것을 도입한다. 이때 요구하는 물건의 종류에 따라 '개, 잔, 장'과 같이 단위 명사가 달라질 수 있음을 알려 준다. 제시되는 단위 명사는 몇 가지로 한정하여 학습자가 대화하는 데 방해되지 않도록 한다. 학습자가 물건의 개수를 말하는 것에 익숙해지면 '드릴까요?'도 지도해서 다음과 같이 대화를 진행시킨다.

> A : 카페라테 주세요.
> B : 몇 잔 드릴까요?
> A : 두 잔 주세요.
> B : 네, 알겠습니다.

| 수업2단계 | **제시 및 연습** |

> 준비물: 제시 그림 (부록), 플래시 카드

학습자가 부탁할 때 사용하는 표현으로 '주세요'를 이해하면, 상대방에게 어떤 행동을 해 주기를 부탁할 때 사용하는 문형으로 '-아/어 주세요'를 제시한다. 아래와 같은 그림 [부록 p.24] 을 제시하여 학습자가 상황을 쉽게 이해할 수 있도록 한다.

예		
	T	한국 사람이 너무 빨리 말해요. 잘 모르겠어요.
		이 사람이 한국 사람한테 어떻게 말해요?
	S	천천히 말해요.
	T	천천히 말해요. 주세요. (문장이 합쳐지는 것을 손으로 표시하며) 천천히 말해 주세요.
	S	천천히 말해 주세요.

학습자가 문형의 의미와 쓰임을 더 쉽게 이해하도록 교실 상황을 이용해서 부탁하는 상황을 다양하게 제시한다. 이름이 긴 학습자의 이름을 써 달라고 부탁하거나 연락처를 가르쳐 달라고 요청할 수 있다. 교사가 '-아/어 주세요'를 어떻게 말하는지 몇 차례 보여준 다음에는 학습자에게 부탁하는 상황을 나타내는 그림을 보여주면서 학습자가 직접 목표 문형을 사용하여 말하도록 한다.

> **Tips** 학습자에게 '-아/어 주세요'를 문자로 보여주기 전에 학습자가 상황을 보고 위의 예처럼 말하도록 교사가 주문하는 것이 좋습니다. 이때 교사가 주목해야 할 점은 학습자가 이 문형을 제대로 바꾸고 있는지가 아니라 상황을 이해하면서 문형을 사용하려고 시도하고 있는지입니다. 학습자가 위의 예를 보면서 자신의 머리 속에 이해한 내용을 실험해 볼 수 있도록 교사는 학습자에게 목표 문형을 사용해서 말해 볼 기회를 줄 필요가 있습니다. 비록 학습자가 형태적인 오류를 범하더라도 시도 자체가 의미 있는 것입니다.

학습자가 목표 문형을 사용해서 말해 본 것을 문자로 제시한다. 동사의 기본형에서 현재시제 활용형 '-아/어 주세요'로 활용되는 과정을 눈으로 확인한다.

문형 제시

1. 하다 ➡ 해요 ➡ 해요 주세요
2. 찾다 ➡ 찾아요 ➡ 찾아요 주세요
3. 기다리다 ➡ 기다려요 ➡ 기다려요 주세요
4. 돕다 ➡ 도와요 ➡ 도와요 주세요

플래시 카드로 학습자가 문형을 활용시키는 것을 연습한 다음에, '좀'을 넣어 더 공손하고 부드럽게 부탁하는 것을 제시한다. 이 연습을 위해서는 '사진을 찍다', '연락처를 가르치다'와 같이 [목적어+동사]로 이루어진 형태를 함께 제시하여 '좀'이 '-을/를' 대신에 들어가는 것을 시각적으로 확인할 수 있도록 한다. '천천히 말하다' 혹은 '빨리 오다'와 같이 부사+동사의 구조로 이루어진 형태는 따로 분리하여 마지막에 제시한다.

1. 사진을 찍다 → 사진을 찍어 주세요. → 사진 ⋀(좀) 찍어 주세요.

2. 빨리 가다 → ⋀(좀) 빨리 가 주세요. → 좀 빨리 가 주세요.

| 수업3단계 | **활동** |

활동1 사람들에게 부탁하기

준비물: 카드 (부록)

　학습자 두 명씩 짝을 짓고 문장 카드와 동사 카드 〔부록 p.25〕를 한 묶음씩 나눠준다. 문장 카드는 무언가를 부탁할 만한 상황을 나타내는 카드이고, 동사 카드는 그런 상황에서 상대방에게 부탁할 행동을 기본형으로 써 놓은 카드이다. 학습자는 문장 카드를 읽고 이런 상황에서 말할 수 있는 부탁 표현을 동사 카드에서 찾아 알맞은 형태로 활용시킨다.

　학습자가 상황이 쓰여 있는 문장 카드와 부탁이 쓰여 있는 동사 카드를 연결시킨 다음에는, 동사 카드를 모두 뒤집어 놓고 한 학습자가 문장 카드를 읽으면 다른 학습자가 상황에 맞는 부탁 표현을 적절하게 생각해서 말하도록 한다. 여기에서 중요한 것은 학습자가 뒤집어 놓은 동사 카드와 똑같이 말하는 것이 아니라 상황에 맞게 말하는 것이다.

　동사 카드를 보지 않고 상황 문장 카드에 맞는 부탁을 연습한 후에는, 학습자가 각각 동사 카드를 나눠 가진 후 상대방에게 상황을 말하면서 부탁하는 대화를 하게 한다. 이때 부탁하는 학습자는 '좀'을 넣어 더 공손하게 말할 수 있도록 한다. 부탁 받은 상대방 학습자는 이를 들어줄 것인지, 정중하게 거절한 것인지 선택해서 의사를 표현할 수 있도록 한다.

예
A 저, 죄송합니다만, 길을 잃어버렸어요.
　 길 좀 가르쳐 주세요.
B 네. 어디에 가세요?
A 인사동에 가요.
B (손으로 방향을 가리키며) 이쪽으로 쭉 가세요.

　학습자가 상황을 설명하면서 부탁하는 대화를 잘 수행하면, '-아/어 주시겠어요?'나 '-아/어 드릴까요?'를 이용하여 대화를 확장할 수 있도록 교사가 유도한다.

UNIT 12
오른쪽으로 가세요

문형 -(으)세요

용법 상대방에게 어떤 행동을 명령, 지시하거나 조언할 때

예문

01_ 오른쪽으로 가세요.
여기 앉으세요.

02_ 안녕히 주무세요.
여기 잠깐만 계세요.

03_ 연필을 빌리세요.
연필을 빌려 주세요.

04_ 시험 때에는 얘기하지 마세요.
수업 시간에는 먹지 마세요.

05_ A : 어떤 색이 좋아요? 선택하세요.
B : 빨간색으로 할게요.

06_ A : 내일 일찍 오세요.
B : 네, 일찍 올게요.

> **수업 전 단계** 문형 정리 및 지도 **Tips**

01

> 오른쪽으로 가세요.
> 여기 앉으세요.

'-(으)세요'는 상대방이 어떤 행동을 하도록 부드럽게 지시, 명령하거나 조언하는 상황에서 쓰인다. '-(으)세요'의 주어는 항상 2인칭인데 보통 생략된다. 동사 어간의 마지막이 모음으로 끝날 때 '-세요', 자음으로 끝날 때 '-으세요'가 붙는다.

> **Tips** 명령형 '-(으)세요'는 높임법의 주체 높임(29과 참조)의 현재 시제 활용형과 형태가 같으므로 학습자가 의미와 용법을 혼돈할 때가 있습니다. 그러므로 명령형 '-(으)세요'를 도입할 때에는 상대방에게 어떤 행동을 하도록 시키는 것을 직접 보여주는 것이 효과적입니다. 또한 학습자에게 매우 익숙한 장면, 예를 들면 노크하는 사람에게 들어오라고 하거나 음식을 권하는 장면을 제시하는 것도 학습자의 이해를 도울 수 있습니다.

02

> 안녕히 주무세요.
> 여기 잠깐만 계세요.

명령형 '-(으)세요'는 높임의 의미가 있는 '-시-'가 결합된 형태이다. '먹다(마시다), 있다, 자다, 말하다'와 같은 몇몇 동사는 존대의 의미가 있는 '-시-'와 결합했을 때 특별한 동사 '드시다, 계시다, 주무시다, 말씀하시다'로 바뀐다. 이런 동사의 활용형은 '드세요, 계세요, 주무세요, 말씀하세요'가 된다.

> **Tips** '먹다'에 높임의 의미가 결합되면 '드시다'와 '잡수시다'의 두 가지 형태로 바뀝니다. '잡수시다'는 극존칭의 느낌이 강해 보통의 경우 '드시다'가 널리 사용되므로, 초급에서는 '드시다'로 한정해서 지도하는 것이 좋습니다. 그러나 존댓말을 선수 학습으로 배우지 않았을 경우, 동사 '들다'에서 존대의 의미인 '-시-'를 따로 지도하고 '드시다'에서 '드세요'로 바뀌는 것을 보여주는 것은 학습자의 어려움을 배가시킬 수 있습니다. 학습자에게 매개어로 설명이 가능한 수업이 아니라면 이것을 몇몇의 동사에 한정되는 예외로 처리하여 '먹다'에서 '드세요'로 활용되는 것만 보여줄 수도 있습니다.

03
연필을 빌리세요.
연필을 빌려 주세요.

'-(으)세요'는 말하는 사람이 상대방에게 어떤 행동을 하게 하는 것으로, 그 행동을 함으로써 혜택을 보는 사람은 그 행동을 직접 수행한 상대방이 된다. 그러므로 '-(으)세요'는 지시하거나 명령, 혹은 상대방을 위해 조언을 하는 경우에 사용된다. 반면에, '-아/어 주세요'는 상대방에게 어떤 행동을 하게 하는 것은 동일하지만 그런 행동을 함으로써 혜택을 보는 사람은 말하는 사람인 부탁하는 사람이다. 그러므로 '-아/어 주세요'는 말하는 사람이 자신을 위해 상대방에게 부탁할 때 사용하게 된다.

> **Tips** 영어권 학습자나 일본어권 학습자 모두 자신의 모국어로 일대일 대응시켰을 때 '-(으)세요'와 '-아/어 주세요'의 구분이 명확하지 않기 때문에 수업에서 이런 문형이 사용되는 상황을 분명하게 제시해 주는 것이 중요합니다. '지시'와 '부탁'의 상황을 분명하게 제시하는 것이 학습자의 혼란을 최소화시키는 것입니다.

04
시험 때에는 얘기하지 마세요.
수업 시간에는 먹지 마세요.

상대방에게 어떤 행동을 하지 않도록 명령하거나 지시, 조언할 때에는 동사 어간 뒤에 '-지 마세요'를 붙여 사용한다.

> **Tips** 명령형 '-(으)세요'의 부정인 '-지 마세요'는 상대방에게 어떤 행동을 하지 못하도록 금지하는 '말다'에서 나온 것입니다. '-(으)세요'는 동사 어간의 마지막이 모음으로 끝나는지 자음으로 끝나는지에 따라 '-세요'나 '-으세요' 중의 하나로 선택되는 반면, '-지 마세요'는 이에 상관없이 동사 어간에 결합됩니다. '-(으)세요'와 '-지 마세요'를 함께 연습시킬 때에는 활용 방식이 달라지는 것을 주지시킬 필요가 있습니다.

문형 정리 및 지도 **Tips**

05

A : 어떤 색이 좋아요? 선택하세요.
B : 빨간색으로 할게요.

상대방이 '-(으)세요'를 사용하여 자신에게 무언가를 선택할 것을 요구할 때에는, 자신의 선택을 말하는 의미로 '-(으)ㄹ게요'를 사용한다. '-(으)ㄹ게요'는 동사 어간 뒤에 붙여 써서 말하는 사람의 의지를 나타내는 표현으로, 상대방에게 무언가 다짐하거나 약속할 때, 또는 자신의 결정을 말할 때 사용한다. 위와 같이 한정된 것 중에서 선택하라고 요구 받을 때에는 선택한 명사 뒤에 '-(으)로'를 덧붙여 '-(으)로 할게요'로 말한다.

Tips '-(으)ㄹ게요'는 형태상 '-(으)ㄹ 거예요'와 비슷하고 외국인 학습자의 모국어에 '-(으)ㄹ게요'에 해당하는 문형이 없기 때문에 어려워합니다. '-(으)ㄹ게요'는 1인칭 주어와만 결합되어 말하는 사람의 의지를 상대방에게 전하는 데 사용하고, '-(으)ㄹ 거예요'는 추측하거나 미래에 예정된 일을 서술할 때 사용합니다. 그러므로 '-(으)ㄹ게요'를 제시할 때에는 약속이나 선택을 말하는 것으로 상황을 한정하여 제시하는 것이 좋습니다.

06

A : 내일 일찍 오세요.
B : 네, 일찍 올게요.

상대방이 '-(으)세요'를 사용하여 지시 혹은 조언했을 때, 그에 대한 대답으로 그 지시를 받아들여 그대로 따르겠다는 의미로 '-(으)ㄹ게요'를 사용한다. 동사 어간의 마지막이 모음으로 끝나면 '-ㄹ게요'를, 자음으로 끝나면 '-을게요'를 붙인다.

Tips '-(으)세요'와 '-(으)ㄹ게요'가 함께 쓰이는 대화 상황을 분명히 한정해 준 후 연습시킬 필요가 있습니다. 한 사람이 지시나 조언을 해 주는 사람으로 '-(으)세요'를 사용해서 말하고, 다른 사람이 지시나 조언을 받아들이는 사람으로 '-(으)ㄹ게요'를 사용해서 말합니다. 대화 상황과 두 사람의 관계를 고려해 보면, 의사와 환자, 교사와 학생, 상담가와 상담 받는 사람과 같은 관계를 설정할 수 있습니다. 상황이 구체적일수록 학습자가 이 문형의 의미와 쓰임을 더 분명하게 이해하고 말할 수 있습니다.

학습자 오류

1 많이 먹으세요. → 많이 드세요.
- ☞ 학습자가 많이 범하는 오류입니다. 전형적인 관용 표현으로 음식을 권하는 상황에 항상 이 표현을 쓰도록 상황과 표현을 묶어 연습시키는 것이 좋습니다.

2 A : 실례합니다. 극장에 어떻게 가요?
B : 저기 사거리에서 오른쪽으로 가 주세요. → 오른쪽으로 가세요.
- ☞ 일본어에서는 '-아/어 주세요'와 '-(으)세요'의 구분이 없기 때문에 일본인 학습자가 이 부분에서 많은 오류를 범합니다. 길을 묻는 사람에게 조언을 해 주는 상황이므로 '가세요'로 말해야 합니다.

3 한국 친구를 많이 만들어세요. → 한국 친구를 많이 만드세요.
- ☞ 불규칙 동사 활용은 어떤 문형이든지 어려워하게 마련입니다. 특히 'ㄹ' 불규칙 동사는 '세요'에서 'ㅅ'때문에 'ㄹ'이 탈락되므로 'ㄹ'이 들어가는 동사를 따로 연습시켜 줘야 합니다.

4 (다른 사람에게 조언할 때) 텔레비전을 안 보세요. → 텔레비전을 보지 마세요.
- ☞ 명령문이나 청유문의 부정은 '않다'가 아니라 '말다'를 써야 합니다. 평서문으로 쓰인 높임법 '-(으)세요'의 부정은 '안 보세요'가 맞지만, 명령문으로 쓰인 '-(으)세요'의 부정은 '보지 마세요'가 되어야 합니다.

5 A : 어떤 음식 먹을까요? 주문하세요.
B : 저는 비빔밥을 먹어요. → 저는 비빔밥을 먹을게요.
C : 저는 김밥을 먹을 거예요. → 저는 김밥을 먹을게요.
- ☞ B와 같은 오류는 일본인 학습자가 많이 범하고, C와 같은 오류는 영어권 학습자가 많이 범합니다. 모두 각자의 모국어에 '-(으)ㄹ게요'에 대응하는 문형이 없기 때문입니다. '-(으)ㄹ게요'의 의미를 선택 및 약속의 의미로 분명하게 한정 지어 연습해야 합니다.

| 수업1단계 | **도입** |

교사가 학습자에게 '-(으)세요'를 이용하여 지시를 하고, 학습자는 교사의 지시에 따라 행동으로 옮기는 것으로 도입한다. 교사가 한 학습자를 호명해서 그 학습자에게 앞으로 나오라는 몸짓을 하면서 "앞으로 나오세요."라고 말한다. 학습자가 지시에 따르면 앞에 의자를 준비해 놓고 앉으라는 몸짓과 함께 "여기 앉으세요."라고 말한다. 처음에 학습자가 교사의 지시를 이해하지 못하고 머뭇거릴 수 있는데, 이때 교사는 학습자가 교사의 지시에 따라 행동할 수 있도록 다양한 몸짓과 신호로 학습자를 도와준다. 그 밖에도 "일어나세요." 혹은 "웃으세요." "오른쪽으로 가세요."와 같은 지시를 해서 학습자가 행동으로 옮기도록 한다.

> **Tips** 교사가 학습자에게 지시할 문장을 고를 때 신중하게 선택해야 합니다. 만약 학습자가 지시할 때 사용하는 단어를 잘 모른다고 판단하면, 교사가 교실에서 할 수 있는 지시문을 문자로 학습자에게 제시하고 학습자가 지시문을 읽으면 교사가 그 지시문을 따를 수 있습니다. 또한, '-아/어 주세요'를 부드럽게 지시할 때에도 쓸 수 있겠지만, 초급에서는 명확한 의미와 쓰임을 구별하기 위해 '-아/어 주세요'는 부탁으로, '-(으)세요'는 지시로 구분해서 지도하는 것이 좋습니다.

학습자가 '-(으)세요'를 무언가 지시를 내릴 때 사용하는 문형으로 이해하면, 교사는 전체 학습자를 대상으로 지시하고 학습자가 그 지시를 따르도록 한다. 특히 수업을 진행할 때 많이 사용하는 교실 지시어를 연습할 수 있다. 교실 지시어의 단어가 초급 수준에서 조금 어렵더라도 지시와 함께 동작을 하기 때문에 학습자가 충분히 이해할 수 있다.

"책을 펴세요."	"70쪽 글을 읽으세요."	"이름을 쓰세요."
"책을 덮으세요."	"CD를 잘 들으세요."	"손을 드세요."
"100쪽을 보세요."	"선생님을 따라 하세요."	"손을 내리세요."

학습자가 교실 지시문을 잘 이해할 수 있으면, "책을 보지 마세요."나 "쓰지 마세요."와 같이 교실에서 말할 수 있는 명령형 부정문 '-지 마세요'도 같이 제시한다.

| 수업2단계 | **제시 및 연습** |

제시1

| 준비물 | 동사 카드 (부록), 플래시 카드 |

교사는 '-(으)세요'를 사용해서 말하는 전형적인 상황 그림 부록 p.26 을 보여주면서 학습자가 관용적으로 쓰는 표현을 알고 있는지 확인한다. 예를 들어 누군가가 자신의 집이나 사무실에 방문했을 때 노크를 하면 어떻게 말하는지 묻는다.

학습자가 '들어오다'라는 동사를 모른다면 동사의 기본형을 제시해 줄 수 있다. 도입 단계에서 교사의 지시로부터 공통적으로 들었던 '-(으)세요'를 찾아내어 대답할 수 있도록 교사가 돕는다. 학습자가 "들어오세요."를 맞추면, 도입 단계에서 했던 교사의 지시를 동사의 기본형이 쓰여 있는 문자로 제시해서 학습자가 직접 '-(으)세요'를 결합시켜 바꾸게 한다.

문형 제시

1. 들어오다 ➡ 들어오**세요**
2. 앉다 ➡ 앉**으세요**

문형 제시가 끝난 다음에는 플래시 카드를 이용해서 3-4분간 연습시킨다. 학습자 두 명씩 짝을 지어 동사의 기본형 카드를 나눠 주고, 한 학습자가 '-(으)세요'를 사용해서 말하면 상대방 학습자가 그 지시에 따르도록 연습시킨다.

제시2

| 준비물 | 상황 그림 |

제시 및 연습

교사는 위의 그림을 보여주고 이런 상황에 어떻게 인사하는지 학습자에게 물어본다. "안녕히 가세요."나 "안녕히 계세요."와 같이 학습자가 이미 알고 있을 전형적인 인사말로 도입해서 동사 '먹다, 있다, 자다, 말하다'의 특별한 활용형을 보여준다.

문형 제시

1. 먹다(마시다) ➡ 드시다 ➡ 드세요
2. 있다 ➡ 계시다 ➡ 계세요
3. 자다 ➡ 주무시다 ➡ 주무세요
4. 말하다 ➡ 말씀하시다 ➡ 말씀하세요

Tips 언어 학습에서 학습자가 이미 알고 있는 것을 환기시키며 새로 학습하고 있는 것과 연결시키는 것이 매우 중요합니다. 동사 '먹다(마시다), 있다, 자다, 말하다'의 '-(으)세요'의 활용형도 학습자가 이미 알고 있는 인사말을 통해 학습하면 기억하기도 쉽고 사용하기도 쉽습니다.

제시3   준비물 상황 그림

학습자가 '-(으)세요'에 익숙해지면, 상대방에게 어떤 행동을 하지 말라는 금지의 문형인 '-지 마세요'의 의미와 문자, 쓰임을 제시한다.

"전화 통화하지 마세요."   "사진을 찍지 마세요."   "담배를 피우지 마세요."

문형 제시

1. 하다 ➡ 하지 마세요
2. 찍다 ➡ 찍지 마세요

| 수업3단계 | **활동** |

활동1 선택하기

준비물　활동지

여러 가지 상황에서 학습자에게 몇몇 선택 가능한 것을 제시하고 그 중에서 하나를 선택하라고 한다. 선택의 요구를 받은 학습자는 자신의 결정을 '-(으)로 할게요'를 사용해서 말할 수 있도록 한다.

> A : 무슨 음료수를 마시고 싶어요? 하나씩 선택하세요.
> B : 저는 커피로 할게요.

학습자를 두 명씩 짝을 지어주고 연습지에 색깔(빨간색, 파란색, 노란색, 까만색), 옷(스웨터, 셔츠, 재킷), 음식(한식, 일식, 중식, 양식)과 같이 선택 가능한 것 3-4가지씩 쓰여 있다. 학습자에게 어떤 것을 선택할지 물으면 다른 학습자는 자신의 선택을 말한다.

음료수
- 커피 ☐
- 주스 ☐
- 녹차 ☐
- 콜라 ☐

색깔
- 빨간색 ☐
- 파란색 ☐
- 노란색 ☐
- 까만색 ☐

음식
- 한식 ☐
- 중식 ☐
- 일식 ☐
- 양식 ☐

활동

활동2 역할극

준비물: 역할 카드, 활동지 (부록)

보다 부드러운 지시 중의 하나로 조언해 주는 상황을 설정한다. 의사와 환자, 교사와 선생님, 상담 선생님과 상담 받는 사람의 대화가 역할 카드로 제시된다.

상담해 주는 사람은 상담 받으러 온 사람에게 '-(으)세요'와 '-지 마세요'를 사용해서 주의사항을 말해주도록 한다. 상담 받으러 온 사람은 조언을 듣고 상담해 주는 사람의 주의사항을 지키겠다는 약속으로 '-(으)ㄹ게요'를 사용해서 다짐하도록 한다.

예

D 건강이 안 좋아요. 매일 30분씩 운동하세요.
P 네, 운동할게요.
D 그리고 채소를 많이 드세요.
P 네, 채소를 먹을게요.
D 그리고 술을 마시지 마세요.
P 네, 마시지 않을게요.
D 그리고 담배를 피우지 마세요.
P 네, 피우지 않을게요.
D 그리고 일찍 주무세요.
P 네, 일찍 잘게요.

학습자가 위와 같은 대화를 직접 만들어내기 어렵다고 생각하면, 이런 대화를 할 수 있도록 대화의 흐름을 보여줄 수 있는 대화 활동지 부록 p.27 를 제시한다. 그 대화는 '운동 O, 술 X'와 같이 간단하게 제시되어 있어 학습자가 쉽게 대화의 흐름에 따라 말할 수 있다.

UNIT 13
지금 집에 가고 있어요

문형 -고 있다 (진행 및 상태)
용법 어떤 행동이 진행되고 있거나 어떤 상황이나 상태가 계속되고 있는 것을 나타낼 때

예문

01_ 지금 집에 가고 있어요.
 요즘 테니스를 배우고 있어요.

02_ 진수 씨가 지금 청바지를 입고 있어요.
 저는 소영 씨를 잘 알고 있어요.

03_ 텔레비전을 안 보고 있어요.
 요즘 아르바이트를 하고 있지 않아요.
 진수 씨가 오늘 안경을 쓰고 있지 않아요.

04_ 어제 9시에 집에서 뉴스를 보고 있었어요.
 내일 1시에 회의를 하고 있을 거예요.

수업 전 단계 | 문형 정리 및 지도 Tips

01

지금 집에 가고 **있어요**.
요즘 테니스를 배우고 **있어요**.

'-고 있다'의 첫 번째 의미는 어떤 동작이 진행되고 있는 것을 나타낸다. 첫 번째 예문과 같이 발화 시점에서 하고 있는 동작의 진행을 강조한 것으로, '지금'과 같은 부사와 함께 사용된다. 행동임을 분명히 보여주는 동작 동사와 결합된다. 두 번째 의미는 일정 기간 반복적으로 하고 있는 습관적인 행동을 나타낼 때 사용한다. 두 번째 예문과 같이 '요즘'과 같은 부사와 함께 일정 기간 어떤 동작이 반복적으로 나타나는 것을 말할 때 사용한다.

> **Tips** ▶ 동작 진행의 의미로 쓰인 첫 번째 예문은 '지금 집에 가요.'와 같이 현재 시제로도 의미를 나타낼 수 있습니다. 그러므로 '-고 있다'를 제시할 때에는 먼저 말하고 있는 현 시점에서 진행되고 있는 동작을 강조하는 것으로 학습자에게 제시해야 합니다. '-고 있다'를 연습할 때에도 동작이 진행되고 있는 행동을 부각시켜 지도하면 학습자가 의미를 이해하기 쉽습니다.

02

진수 씨가 지금 청바지를 입고 **있어요**.
저는 소영 씨를 잘 알고 **있어요**.

'입다, 신다, 쓰다, 하다, 끼다'와 같은 동사 어간에 '-고 있다'를 붙여, 현재의 옷차림을 묘사할 때 쓴다. 문맥이 정확하게 주어지지 않을 경우, 위의 첫 번째 예문은 현재 옷을 입고 있는 진행의 의미를 나타내기도 하고, 착용한 결과, 즉 입고 있는 상태를 나타내기도 한다. '알다, 기억하다, 느끼다'와 같이 심리 동사에 '-고 있다'가 붙을 경우, 말하는 사람의 심리 상태를 주관적으로 나타낸다.

> **Tips** ▶ 옷차림을 묘사하는 연습을 할 때 옷차림마다 다르게 결합되는 동사(입다, 신다, 쓰다, 하다 등)를 반복적으로 연습할 필요가 있습니다. 나라마다 옷차림을 묘사하는 동사가 다르겠지만, 한국어의 경우 특정 신체 부위에 따라 다른 동사가 결합된다는 것(예: 발에는 '신다', 머리 부분에는 '쓰다')을 강조해야 나중에 혼란을 줄일 수 있습니다.

03
텔레비전을 **안** 보고 있어요.
요즘 아르바이트를 하고 **있지 않아요**.
진수 씨가 오늘 안경을 쓰고 **있지 않아요**.

'-고 있다'의 부정문은 동사 앞에 '안'을 붙이거나 동사 어간에 '-고 있지 않다'를 붙여 나타낸다. '-고 있다'의 의미는 동작의 진행, 습관적인 반복, 동작의 결과인 상태 등 여러 의미로 사용되지만, 그 부정문 형태는 같다.

> **Tips** '-고 있다'의 부정문이 '-고 없다'가 아니라는 점을 분명하게 알려줘야 합니다. 특히 '-(으)ㄹ 수 있다'를 배운 다음이라면 '있다'의 부정으로 '없다'를 말하기 때문에 부정문을 만들 때 오류가 많이 나타납니다.

04
어제 9시에 집에서 뉴스를 보고 **있었어요**.
내일 1시에 회의를 하고 **있을 거예요**.

'-고 있다'의 과거 시제 활용형은 '-고 있었어요', 추측은 '-고 있을 거예요'로 쓴다. '-고 있다'의 부정문인 '-고 있지 않다'에서 시제는 '않다'에 반영되므로, 과거는 '-고 있지 않았어요', 추측은 '-고 있지 않을 거예요'가 된다.

> **Tips** 한국어에서 '-고 있었어요'는 과거의 정확한 시점에 진행되고 있는 동작을 진술할 때에만 사용합니다. 그 밖에 일반적인 과거 사실을 진술할 때에는 과거시제 '-았/었-'를 사용합니다. 그러므로 '요즘 테니스를 배우고 있어요.'와 같은 습관적인 반복을 나타내는 문장을 1년 전의 사실로 말할 때에는, '1년 전에 테니스를 배우고 있었어요.'가 아니라 '1년 전에 테니스를 배웠어요.'로 써야 합니다.

문형 정리 및 지도 Tips

학습자 오류

1. 동생이 7시에 일어나고 있어요. → 동생이 7시에 일어나요.
   ☞ '일어나다, 눕다'와 같이 순간적으로 일어나는 동사는 동작의 진행을 나타내는 '-고 있다'와 결합될 수 없습니다. 이런 동사는 '일어나요, 누워요'와 같이 현재 시제 활용형으로 나타내면 됩니다.

2. 선생님이 의자에 앉고 있어요. → 선생님이 의자에 앉아 있어요.
   ☞ '앉다, 서다'와 같이 어떤 동작의 지속적인 상태를 나타내는 동사는 '-고 있다'와 결합될 수 없습니다. 이것은 상태를 묘사할 때 쓰는 '-아/어 있다'로 바꿔서 '앉아 있어요' 혹은 '서 있어요'로 써야 합니다. 학습자들이 많이 범하는 오류 중의 하나입니다.

3. 저는 결혼하고 있어요. → 저는 결혼했어요.
   ☞ 일본인 학습자가 위와 같은 오류를 자주 범합니다. 한국어에서 '결혼하다'라는 동사는 결혼을 시작한 과거 시점을 말함으로써 현재까지 결혼한 상태가 지속되고 있는 의미를 나타냅니다.

4. 민수 씨가 신발을 입고 있어요. → 민수 씨가 신발을 신고 있어요.
   ☞ 옷차림을 묘사할 때 영어권 학습자는 자신의 모국어에서 신체 부위별로 동사를 구분해서 사용하지 않기 때문에 위와 같은 오류를 범하곤 합니다. 한국어에서는 옷차림을 묘사할 때 신체 부위별로 다른 동사를 사용한다는 점을 연습시켜야 합니다.

5. 진수 씨가 바지를 신고 있어요. → 진수 씨가 바지를 입고 있어요.
   ☞ 일본어에서는 한국어와 비슷하게 신체 부위별로 동사를 다르게 적용하기는 하지만, 일본어는 한국어와 달리 옷의 상하를 구분하여 다른 동사로 말하기 때문에 일본인 학습자가 위와 같은 오류를 범하곤 합니다. 한국어에서는 옷의 상하를 구분하지 않고 옷에 관해서는 '입다'를 이용해서 말한다는 점을 제시해 주어야 합니다.

6. 친구가 청소를 하고 없어요. → 친구가 청소를 하고 있지 않아요.
   ☞ 친구가 현재 '청소를 하고 있는' 행위를 하지 않을 때, '-고 있다'에서 '있다'에 '-지 않다'를 붙여 동사 어간에 '-고 있지 않다'를 결합시켜 써야 합니다. 학습자들이 '있다'의 부정문 '없다'를 떠올리면서 이와 같은 오류를 범하지 않도록 미리 확인시켜 주는 것이 좋습니다.

7. 일본에 있을 때 매년 연말에 복권을 사고 있었어요. → 일본에 있을 때 매년 연말에 복권을 샀어요.
   ☞ 한국어에서는 과거의 특정 시점에 한정하여 당시의 동작 진행이나 그 기간 내에서의 반복성을 나타낼 때에만 '-고 있었다'를 사용할 수 있습니다. 그러므로 위의 예문처럼 과거의 특정 시점이 정해지지 않은 채 과거의 반복적인 행위를 진술할 때에는 과거 시제 '-았/었-'를 써야 합니다. 일본인 학습자가 자주 범하는 오류입니다.

> **수업1단계** 도입

교사는 학습자에게 동작의 진행을 보여주는 것으로 '-고 있다'를 도입한다. 예를 들어 교실에 있는 학습자 중에서 책을 보고 있는 학습자가 있다면, 그 학습자의 현재 동작에 학습자의 시선을 주목시켜 도입할 수 있다. 단, 지명된 학습자가 하던 행동을 멈추지 않고 지속하게 한다.

예

T 우리 반 사람 중에서 지금 누가 책을 보고 있어요?
S (반 전체를 확인한 후) 왕첸 씨요.
T 맞아요. 왕첸 씨가 지금 책을 보고 있어요.
 (반 전체를 둘러보면서) 우리 반 사람 중에서 지금 누가 쓰고 있어요?
S 유키코 씨가 지금 쓰고 있어요.
T 맞아요. 유키코 씨가 지금 쓰고 있어요.
 그럼, 선생님이 지금 뭐 하고 있어요?
S1 말하고 있어요.
S2 가르치고 있어요.

'-고 있다'의 의미는 외국인 학습자에게 간단하게 이해될 수 있지만, 교사가 '-고 있다'를 매개어 없이 동작의 진행이라는 의미로 제시할 때 어려움을 느낄 수 있다. 왜냐하면 실제로 한국어에서 동작의 진행을 나타낼 때 '-아/어요'와 '-고 있어요'가 혼용되어 쓰일 수 있기 때문이다. 따라서 '-고 있다'를 제시할 때에는 현재 눈 앞에 동작이 진행되고 있는 것을 대상으로 시각적으로 동작의 진행을 보여주는 것이 이해하기 쉽다. 특히 동작을 중단 없이 보여주는 것이 중요하다.

수업2단계 제시 및 연습

준비물: 영상 자료 (드라마나 영화)

제시1

만약 교사가 영상 자료(예: 드라마나 영화)를 준비할 수 있으면 그 자료를 이용해서 학습자에게 인물의 움직임을 가리키면서 어떻게 말하는지 확인한다. 단, 초급 단계에서 표현할 수 있을 정도의 움직임을 골라 '뭐 하고 있어요?'라고 묻도록 한다.

만약 교사가 영상 자료를 준비하지 못한다면, 직접 동작의 움직임을 판토마임처럼 보여주면서 묻는다. 예를 들면 교사가 무언가를 먹고 있는 동작을 보여주어 학습자가 '먹어요'와 달리 동작의 진행을 나타내는 '먹고 있어요'의 의미를 이해할 때까지 반복적으로 보여준다. 교사가 동작의 움직임을 자세하게 보여줄 수 있을 정도로 세밀한 묘사가 가능하다면 케이크를 잘라서 그 케이크를 먹는 동작을 보여주면서 무엇을 먹고 있는지 물을 수 있다. 이때 교사는 학습자가 쉽게 동작의 의미를 파악할 수 있도록 최대한 크고 정확하게 동작을 해야 한다.

학습자가 현재 진행 의미로 '-고 있다'를 이용하여 묘사할 수 있으면, 조금 전 사용했던 자료(영상자료나 동작의 움직임)를 되짚으면서 부정문 '-고 있지 않다'를 제시한다. 예를 들면 물을 마시고 있는 동작을 하고 있는 사람을 가리키면서 "자고 있어요?"라고 물으면 된다.

문형 제시

| 1 하다 ➡ 하고 있어요 | 3 보다 ➡ 보고 있지 않아요 |
| 2 먹다 ➡ 먹고 있어요 | 4 읽다 ➡ 읽고 있지 않아요 |

동작의 현재 진행의 의미를 제시한 다음에는 습관적으로 반복되는 동작에 대해서도 '-고 있다'를 이용해서 말하는 것을 제시한다. 예를 들면, 현재 다니고 있는 직장이나 하고 있는 아르바이트나 취미를 말할 때 '-고 있다'를 사용해서 말한다. 물론 이것도 현재 시제 활용형 '-아/어요'로 말할 수 있지만, 일정 기간 내 습관적으로 반복되는 동작에 '-고 있다'가 사용됨을 제시하는 것이다.

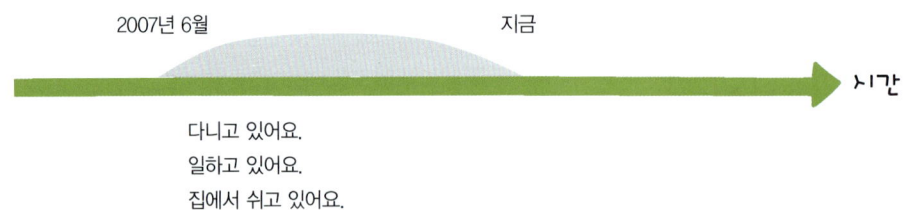

2007년 6월   지금
다니고 있어요.
일하고 있어요.
집에서 쉬고 있어요.

제시2

> 준비물: 제시 그림 (부록)

다음과 같이 그림 ˚부록 p.28 을 제시하고 옷차림을 묘사할 때에도 '-고 있다'를 사용함을 제시한다. 이때 영어권에서는 'wearing'으로 말할 수 있지만, 한국어에서는 신체 부위에 따라 사용되는 동사가 달라진다는 것을 알려 준다.

UNIT 13

그 외에도 옷차림을 말할 때 자주 표현되는 몇몇 동사(예: 시계를 차고 있어요, 넥타이를 매고 있어요, 가방을 메고 있어요)는 따로 알려준다. 또한 두 가지 동사로 쓸 수 있는 것(예: 안경-'쓰다/끼다')은 동사의 어떤 의미를 강조해서 말하는지에 따라 동사가 선택되어 사용됨을 알려 준다. 학습자가 옷차림을 묘사할 수 있게 되면 반 학습자의 옷차림에 대해 말하는 것을 연습한다. 이런 연습을 쉽게 끝내는 학습자라면 확장 연습으로 '벗다, 풀다, 빼다'와 같은 동사도 알려줄 수 있다. 다만, 이 모든 것을 한꺼번에 알려주지 않고 단계적으로 제시하고 연습시키면서 진행한다.

| 수업3단계 | **활동** |

준비물: 문장 카드

활동1 지금 뭐 하고 있어요?

    교사는 학습자에게 각기 다른 문장이 적혀 있는 카드를 나눠 준다. 그 카드에는 '지금 신문을 읽고 있어요'와 같이 간단한 동작 진행을 나타내는 문장이 적혀 있다. 교사는 학습자가 상대방 학습자에게 문장 카드를 보여주지 않은 채 그 문장에 나와 있는 동작을 행동으로 보여주어 상대방 학습자가 카드에 적혀 있는 문장을 맞추도록 한다. 상대방 학습자가 맞출 때까지 이해 되기 쉬운 동작으로 바꿔가면서 보여주어야 한다.

    반 학습자 전체를 만나는 활동이 한 번 끝나면, 이번에는 학습자 스스로 문장을 만들어서 행동으로 보여 주고 상대방 학습자에게 그 문장을 맞추도록 한다. 이때 교사는 '-고 있다'가 동사와만 결합될 수 있으므로 학습자가 형용사와 결합한 문장(예: '아프고 있어요')을 만들었다면 이를 수정해 주고 가능하면 동작성이 강한 동사와 결합된다는 것을 강조한다. 또한 학습자가 교실 내에서 쉽게 취할 수 있는 행동, 예를 들어 의자에 앉아 있거나 서 있는 행동을 했을 때 '앉아 있어요'나 '서 있어요'로 말할 수 있음을 알려준다.

    만약 학습자가 이런 활동을 쉽게 끝내면 확장 활동으로 두 가지의 동작을 동시에 하는 것을 연결시키는 문형 '-(으)면서'를 제시한다. '텔레비전을 보면서 밥을 먹고 있어요.'와 같은 문장을 교사가 말하지 않은 채 행동으로 보여 주어 학습자가 이 문장을 알아 맞추도록 한다. 이때 세 가지 이상의 동사를 한 문장으로 연결시키지 않도록 주의를 준다. 먼저 '-(으)면서'를 사용한 문장 카드를 나눠 주고 위의 활동과 같이 한 학습자가 행동으로 문장을 표현하면 상대방 학습자가 이것을 알아 맞추도록 한다. 활동이 끝나면 동작의 표현력이 뛰어난 학습자를 앞으로 불러 다양한 움직임을 하게 하고, 나머지 학습자는 눈 앞에서 진행되고 있는 동작을 묘사하도록 한다.

활동2 누가 책을 읽고 있어요?

준비물 | 활동지 (부록)

UNIT 13

A : 누가 책을 읽고 있어요?
B : 유키 씨가 책을 읽고 있어요.
A : 유키 씨가 안경을 쓰고 있어요?
B : 네, 맞아요.

A : 리사 씨가 사진을 찍고 있어요?
B : 아니요.
　　리사 씨가 사진을 안 찍고 있어요.
　　(=찍고 있지 않아요.)

　학습자 두 명씩 짝을 짓고 한 학습자에게 활동지 ㉮ 부록 p.29 를 주고, 다른 학습자에게 활동지 ㉯ 부록 p.65 를 준다. 이 활동은 자신이 모르는 사람의 이름을 상대방에게 물어 자신의 정보 결함을 채우는 것이다. 질문하는 학습자는 어떤 사람의 이름을 묻기 위해 그 사람이 하고 있는 행동이나 옷차림을 묘사해야 하고, 질문 받는 학습자는 묘사한 행동이나 옷차림을 듣고 자신이 갖고 있는 그림 중에서 해당 인물을 찾아 그 이름을 말해준다. 답을 들은 학습자는 답으로 생각되는 인물의 다른 옷차림을 다시 한번 확인하도록 교사가 시연을 보여준다. 활동 중에 자신의 연습지를 상대방에게 보이지 않도록 주의시킨다. 이 활동은 '-고 있다'를 이용하여 학습자가 의미를 확인할 수 있고, 동시에 상대방에게 이름을 말할 때 정확하게 발음하거나 발음을 듣고 제대로 쓸 수 있는 것도 연습할 수 있다.

　학습자의 활동이 끝나면 교사는 전체 그림을 하나씩 짚어가면서 학습자가 활동한 것이 맞는지 확인한다. 이때 위와 같이 부정문도 확인할 수 있다.

활동

활동3 요즘 하고 있는 것은?   준비물 활동지

반 전체 학습자의 근황을 조사하는 활동이다. 요즘 하고 있는 취미 활동이나 일에 대해 서로 묻고 답하게 한다. 교사는 활동지를 나눠 주고 학습자가 다음과 같이 대화를 진행하면서 반 전체 학습자의 근황을 조사하게 한다.

예
- T 요즘 뭐 하면서 지내요?
- S 저는 요즘 요리 학원에 다니고 있어요.
- T 그래요? 무슨 요리 학원에 다니고 있어요?
- S 한국 전통 요리를 배우고 있어요.
- T 언제부터 배웠어요?
- S 두 달 됐어요.
- T 일주일에 몇 번 가요?
- S 일주일에 한 번, 금요일에 가요.
- T 재미있겠네요.

교사는 학습자가 대화를 계속 이어갈 수 있도록 시작한 시기, 빈도를 묻는 질문과 그에 맞는 대답을 제시한다. 이때 학습자에게 나올 법한 질문의 종류를 묻는다. 학습자가 질문의 문장을 정확하게 만들어 내지 못하더라도 학원의 위치, 수강 시간, 수강료 등 물어보고 싶은 항목을 말하게 한다. 교사는 이에 해당하는 질문을 판서하여 알려 준다. 활동이 끝난 다음에 교사는 학습자가 조사한 내용 중에서 특별한 활동을 하고 있는 학습자를 찾아서 반 학습자가 그 학습자에게 이것저것 질문하고 대답을 듣는 것으로 활동을 마무리한다.

Tips 수업 활동을 할 때 목표 문형에 집중해서 활동을 고안하다 보면, 자칫 문형을 기계적으로 사용하게 되는 연습으로 빠지게 됩니다. 수업 활동은 학습자가 배운 목표 문형의 형태와 의미를 실생활로 전이시키기 이전에 교실에서 학습자가 자신이 이해한 것을 실험해 보고 틀리면서 연습해 보는 과정을 포괄합니다. 그러므로 목표 문형을 사용해서 말할 때 교사는 대화가 확장될 수 있는 영역까지도 고려해서 학습자가 교실 밖의 다양한 상황에서 적절하게 대처할 수 있도록 도와주어야 합니다.

UNIT 14
머리가 아프고 열이 나요

문형 -고

용법 어떤 일이나 상태를 나열해 말할 때, 또는 어떤 일의 시간적인 순차를 말할 때

예문

01_ 저는 한국 영화하고 한국 음식을 좋아해요.
  동생하고 저는 자주 전화해요.

02_ 머리가 아프고 열이 나요.
  (= 머리가 아파요. 그리고 열이 나요.)
  이 식당은 음식이 싸고 맛있어요.

03_ 운동하고 샤워해요.
  (= 운동해요. 그리고 샤워해요.)
  비가 그치고 해가 나요.

04_ 어제 영화를 보고 저녁을 먹었어요.
  어제 영화를 봤고 저녁을 먹었어요.

05_ 친구를 만나고 영화를 봤어요.
  친구를 만나서 영화를 봤어요.

06_ 주말에는 일하지 않고 쉬어요.
  주말에는 일하지 말고 쉬세요.

> **수업 전 단계** 문형 정리 및 지도 **Tips**

01 저는 한국 영화**하고** 한국 음식을 좋아해요.
동생**하고** 저는 자주 전화해요.

위 예문에서 좋아하는 대상을 두 개 이상 나열할 때 '한국 영화'와 '한국 음식'이라는 명사 사이에 '-하고'를 써서 'A+B'의 관계를 나타낸다. 이때 'B+A'와 같이 앞뒤를 바꿔 써도 그 의미는 같다. 나열된 명사 중에서 앞에 쓰인 명사 뒤에 '-하고'를 붙여 쓴다. 문어체나 격식체에서 같은 의미로 '-와/과'가 쓰이기도 하고, 격식 없는 사이에서 구어체 '-(이)랑'이 쓰이기도 한다.

> **Tips** 나열한 것을 합하는 의미로 '-하고', '-와/과', '-(이)랑'을 쓸 수 있는데, 모두 의미는 같으나 주로 사용되는 맥락이 다르므로, 한꺼번에 묶어 제시하는 것보다는 이를 구별해서 따로 제시하는 것이 좋습니다. 초급에서는 구어체에서 많이 사용되고 결합 방식이 비교적 간단한 '-하고'가 먼저 제시되는 경우가 많습니다.

02 머리가 아프**고** 열이 나요.
(=머리가 아파요. 그리고 열이 나요.)
이 식당은 음식이 싸**고** 맛있어요.

접속부사 '그리고'로 연결된 두 문장은 연결어미 '-고'에 의해 한 문장으로 이어져 'A+B'와 같이 나열된 문장이 된다. 이 두 문장은 'B+A'와 같이 앞뒤를 서로 바꿔 써도 그 의미는 동일하다. 이와 같이 형용사나 동사를 병렬적으로 써서 나열의 의미를 나타내고자 할 때, 앞 절에 서술어로 쓰인 동사나 형용사, '이다'의 어간에 '-고'를 붙여 쓴다. 나열의 의미를 강조할 때에는 강조되는 대상을 나타내는 명사 뒤에 '-도'를 써서 '머리도 아프고 열도 나요'와 같이 쓸 수 있다.

> **Tips** '-고'를 나열하는 의미로 처음 제시할 때에는 두 번째 예문과 같이 '형용사+형용사'로 구성된 문장을 먼저 제시하는 것이 이해하기 쉽습니다. 동사로 제시할 경우 어떤 일의 시간적 순차에 따른 연결(그리고 나서)로 해석될 여지가 있기 때문입니다. '-고'와 결합되는 형용사를 먼저 제시하고, 이후 '형용사+동사' 또는 '동사+동사'를 제시하면서 '도'를 함께 지도하면 나열의 의미가 훨씬 더 쉽게 전달될 것입니다.

03

운동하고 샤워해요.
(= 운동해요. 그리고 샤워해요.)
비가 그치고 해가 나요.

'-고'로 연결된 문장은 첫 번째 예문과 같이 앞 절의 동작 이후에 뒷 절의 동작이 이어지거나, 또는 두 번째 예문과 같이 앞 절의 상태가 뒷 절에 선행되어야 하는 관계로 연결된 것이다. 이때 '그리고'로 연결된 두 문장은 앞 뒤를 서로 바꿔 썼을 때(예: 샤워해요. 그리고 운동해요.) 동일한 의미가 되지 않는다. 이때 '그리고'는 시간의 순차적인 연결의 의미가 있으므로 '그리고 나서'로 해석된다. 또한 '-고' 앞에는 동사 어간만 결합될 수 있다.

> **Tips** '-고'의 의미가 나열과 시간의 순차성을 나타내는 것으로 나뉘는데, 학습자의 모국어에서도 같은 의미로 쓰이는 문형이 있기 때문에 이런 두 가지 의미를 쉽게 이해합니다. 그러나 나열의 의미로 쓸 때 두 문장의 연결을 'A+B'로 한 것과는 달리, 시간의 순차성의 의미로 쓸 때에는 '그리고'의 앞 문장과 뒷 문장에 시간을 써서 순차적인 의미를 강조하고 교사가 '그리고 나서'라고 반복적으로 얘기해 주는 것이 효과적입니다.

04

어제 영화를 보고 저녁을 먹었어요.
어제 영화를 봤고 저녁을 먹었어요.

첫 번째 예문은 나열의 의미로 해석될 수도 있고 시간의 순차적인 의미로 해석될 수도 있다. 그러나 두 번째 예문과 같이 '-고' 앞에 '-았/었-'이 결합될 경우 시간의 순차적인 의미로는 해석될 수 없으며 앞 절과 뒷 절은 독립성이 강조되어 나열의 의미로만 해석된다.

> **Tips** 초급에서는 '-고' 앞에 '-았/었-'과 같은 시제가 결합되지 않고 문장의 마지막에 결합되는 첫 번째 예문으로 제시하는 것이 좋습니다. 나열의 의미든 시간의 순차성의 의미든 첫 번째 예문 형태로 썼을 때 모두 문법에 맞는 문장이 되기 때문입니다. '-고' 앞에 '-았/었-'이 결합된 예는 중급에서 특정한 맥락에서 제시하면서 의미와 쓰임을 초급에서 배웠던 '-고'와 구분해 주는 것이 좋습니다.

문형 정리 및 지도 Tips

05 친구를 **만나고** 영화를 봤어요.
　　　친구를 **만나서** 영화를 봤어요.

　어떤 일의 시간적인 순차를 나타낼 경우 '-고'와 더불어 '-아/어서'도 쓰인다. 특히 앞 절에 쓰인 동사의 의미가 뒷 절의 동사에 영향을 미쳐 그 의미가 지속될 경우 '-고'가 아니라 '-아/어서'를 사용한다. 위의 예문에서 '만나고'는 친구를 만난 행위와 영화를 보는 행위가 별개로 구분되어 시간적인 차이를 갖게 되므로, 앞에서 만난 친구가 뒤에서 영화를 볼 때 같이 있는지 없는지 알 수 없게 된다. 반면에 '만나서'는 친구를 만난 행위가 영화를 보는 행위에도 지속적으로 영향을 미쳐 앞에서 만난 친구와 같이 영화를 봤다는 의미가 된다.

> **Tips**　이런 의미상의 미묘한 차이가 학습자의 모국어에 없기 때문에 학습자가 이해하기 어려워합니다. 따라서 처음에 '-고'를 시간의 순차적인 의미로 나타낼 경우에는, '-아/어서'를 써야 하는 예문을 빼고 제시하는 것이 좋습니다. 학습자가 '-고'로 연결시키는 것을 쉽게 사용하면, 그 이후 '-아/어서'로 연결했을 때 자연스러운 예문을 제시하는 것이 좋습니다. '-아/어서'를 제시할 때에는 위의 예문과 같이 의미를 쉽게 구분할 수 있는 좋은 예문을 준비해야 학습자가 쉽게 이해할 수 있습니다.

06 주말에는 일하**지 않고** 쉬어요.
　　　주말에는 일하**지 말고** 쉬세요.

　첫 번째 예문은 '주말에는 일하지 않아요. 그리고 쉬어요.'와 같이 두 개의 평서문이 한 문장으로 연결된 것이고, 두 번째 예문은 '주말에는 일하지 마세요. 그리고 쉬세요.'와 같이 두 개의 명령문이 한 문장으로 연결된 것이다. 평서문은 '않다' 부정문으로, 명령문은 '말다' 부정문으로 쓰이므로, 평서문 사이에 '-고'가 연결되면 '-지 않고', 명령문 사이에 '-고'가 연결되면 '-지 말고'가 된다.

> **Tips**　이 문장은 중급 학습자도 오류를 많이 만드는 것입니다. 학습자에게 '않다'와 '말다'의 쓰임을 분명히 구분해 주고 '그리고'로 연결된 두 문장에서 '-고'로 연결되는 것을 보여주면 쉽게 이해시킬 수 있습니다.

학습자 오류

1 저는 여행하고 음악하고 좋아해요. → 저는 여행하고 음악을 좋아해요.
선생님하고 학생하고 9시에 학교에 와요. → 선생님하고 학생이 9시에 학교에 와요.

☞ 명사와 명사 사이를 연결하는 '-하고'는 학습자가 쉽게 익혀 사용하지만, 위의 예문과 같이 '-하고'를 남용하는 경향이 있습니다. 이때에는 '저는 ○○을/를 좋아해요.'라는 단순한 문장에서 ○○ 대신에 '여행+음악'을 넣고 '+'의 의미를 '-하고'라고 말하게 하면 위와 같은 오류를 줄일 수 있습니다.

2 요즘 바빠고 시간이 없어요. → 요즘 바쁘고 시간이 없어요.

☞ '-고'가 동사나 형용사의 어간에 붙는다고 배워도 학습자가 '-아/어요'에 익숙해져서 위 예문과 같은 오류를 만듭니다. 그러므로 제시할 때 동사나 형용사의 기본형에서 '-고'가 결합되는 과정을 시각적으로 보여주는 것이 필요합니다.

3 학교에 가고 친구를 만났어요. → 학교에 가서 친구를 만났어요.

☞ '학교에 가요. 그리고 친구를 만나요.'의 의미는 일의 시간적인 순차를 나타내는 것으로, 학교에 도착한 후 거기에서 친구를 만난 것으로 해석하는 것이 자연스럽습니다. 이와 같이 앞 절 동사의 의미가 뒷 절과 별개의 의미로 해석되는 것이 아니라 뒷 절에도 영향을 미칠 때에는 '-고'가 아니라 '-아/어서'를 써야 합니다.

4 소파에 앉고 차를 마실 거예요. → 소파에 앉아서 차를 마실 거예요.

☞ '앉다'나 '서다'와 같은 상태 동사는 한 행위가 지속적으로 계속되는 의미를 나타냅니다. 위의 예문은 순차적으로 행동이 진행된 것으로 보아 '소파에 앉은 다음에 차를 마신다'고 해석될 수도 있습니다. 그러나 일반적으로 소파에 앉은 행위는 차를 마실 때에도 지속되므로 '앉다' 뒤에 '-고' 대신에 '-아/어서'를 쓰는 것이 자연스럽습니다.

5 다른 사람 이야기를 들어서 생각을 바꿨어요. → 다른 사람 이야기를 듣고 생각을 바꿨어요.

☞ 앞 절을 뒷 절의 원인으로 여겨 원인-결과에 사용하는 '-아/어서'를 연결하여 '들어서'로 쓰는 학습자가 많습니다. 그러나 '들어서'보다는 '듣고'로 쓰는 것이 더 자연스럽습니다. '-아/어서'의 앞 절인 '다른 사람의 이야기를 들은 것'이 뒷 절인 '생각을 바꾼' 필연적인 원인으로 간주되기 어렵습니다. 오히려 '다른 사람의 이야기를 들은' 후 그 결과로 '생각을 바꿨다'고 해석해야 합니다. 특히, 앞 절에 '듣다, 보다, 알다'와 같은 동사가 쓰일 경우, 뒷 절이 그 후에 진행된 결과의 의미를 뜻하므로 '-고'로 연결하는 것이 자연스럽습니다.

6 고기를 많이 먹지 않고 야채를 많이 드세요. → 고기를 많이 먹지 말고 채소를 많이 드세요.

☞ 위 문장은 '고기를 많이 먹지 마세요. 그리고 야채를 많이 드세요.'가 한 문장으로 된 것입니다. 뒷 절에 명령형 '-(으)세요'나 청유형 '-(으)ㅂ시다'가 있을 때, '말다' 부정문이 '그리고'와 연결되어 '-지 말고'가 되어야 합니다. 그리고 일본어에서 유래된 야채라는 단어보다는 채소로 지도합니다.

| 수업1단계 | **도입** |

학습자에게 익숙한 생활에 관련된 질문으로 도입한다. 먼저 명사와 명사를 연결한 'A+B' 형식의 질문으로 시작한다.

> **예**
> T 유키 씨, 아침에 뭐 먹었어요?
> S 저는 된장찌개를 먹었어요.
> T (교사는 손가락으로 하나 표시를 하면서) 된장찌개만 먹었어요?
> S 아니요, 김을 먹었어요.
> T (칠판에 판서 하면서) 된장찌개하고 김을 먹었어요?
> S 네, 된장찌개하고 김을 먹었어요.

> 유키 씨는 아침에 [   ] 을/를 먹었어요.
> 된장찌개
> 된장찌개 + 김
> 된장찌개 + 김 + 계란

학습자가 나열의 의미로 '-하고'를 이해한 다음에는 교사가 학습자에게 다음과 같은 질문을 해서 학습자가 자유롭게 말하도록 한다. 이때 밑줄 그은 부분은 '-하고'를 사용해서 'A+B' 혹은 'A+B+C' 와 같이 대답하게 한다.

> A : 무슨 음식을 좋아해요?
> B : ○+○+○을/를 좋아해요.

> A : 한국에서 어디에 여행 갔어요?
> B : ○+○+○에 여행 갔어요.

> **Tips** 나열의 의미로 '-하고'를 사용할 때에는 'A+B+C'를 말하면서 손가락으로 수를 세는 몸짓을 하면 학습자가 그 의미를 쉽게 이해합니다.

| 수업2단계 | **제시 및 연습** |

제시1

준비물: 제시 그림 (부록)

학습자에게 두 장의 그림 (부록 p.30) 을 보여준다. 두 장의 그림 사이에 '+' 표시를 넣어 나열의 의미로 두 그림이 연결된 것을 알려 준다. 여기에서는 '-하고'와 '-고'가 어떻게 다른지, 또한 각각 어떻게 두 문장이 연결되는지 보여준다. 명사와 명사를 나열의 의미로 연결하는 '+' 표시는 '-하고'이고, 형용사나 동사를 나열의 의미로 연결하는 '+' 표시는 '-고'라는 것을 학습자에게 제시한다.

그림1  +

그림2 +

머리가 아파요. 그리고 목이 아파요.
➡ 머리하고 목이 아파요.

머리가 아파요. 그리고 열이 나요.
➡ 머리가 아프고 열이 나요.

예

T 준 씨가 아파요. (그림1을 가리키며) 어디가 아파요?
S 머리하고 목이 아파요.
T (그림2를 가리키며) 준 씨가 어때요?
S 머리가 아파요. 그리고 열이 나요.
T (그림 아래에 형용사의 기본형을 보여주면서) 머리가 아프고 열이 나요.
S 머리가 아프고 열이 나요.
T 아파요. 그럼, 어떻게 해요?
S1 약을 먹어요.
S2 물을 많이 마셔요.
T 네, 맞아요. (동사의 기본형을 판서하면서) 약을 먹고 물을 많이 마셔요.
S 약을 먹고 물을 많이 마셔요.

문형 제시

1. 머리가 아파요. 그리고 열이 나요. ➡ 머리가 아프고 열이 나요.
2. 약을 먹어요. 그리고 물을 마셔요. ➡ 약을 먹고 물을 마셔요.

제시 및 연습

학습자 두 명씩 짝을 지어 '머리가 아프다 + 열이 나다'와 같이 형용사나 동사의 기본형으로 쓰여 있는 카드를 나눠 주고 학습자가 다음과 같이 연습하도록 한다. 학습자가 '-고'의 연결을 어려워하지 않으면, 조사 '-도'를 사용해서 나열의 의미를 강조하는 것도 지도할 수 있다.

> 머리가 아프다 + 열이 나다

A : 머리가 아파요. 그리고 열이 나요.
B : 머리 아프고 열 나요. → 머리도 아프고 열도 나요.

Tips 이런 연습은 학습자의 수준에 따라 교사가 난이도를 조절합니다. 예를 들어 학습자가 '-아/어요' 다음에 쓰인 '그리고'를 보고 한 문장으로 연결하는 것을 어려워한다면, 기본형이 쓰여 있는 카드를 보고 한 문장으로 연결하는 연습을 먼저 합니다. 반면에 이런 연습을 쉬워하는 학습자라면 한 명의 학습자가 카드를 집어 두 문장(예: 머리가 아파요. 그리고 열이 나요.)을 읽어주고, 상대방 학습자는 카드를 보지 않고 '-고'를 사용하여 한 문장으로 만드는 연습을 할 수도 있습니다.

제시2

어떤 동작이나 상태가 시간의 순차적 의미를 띠면서 '그리고'로 연결된 것을 제시한다. 이를 위해서는 한 학습자의 일상 생활을 묻고 시간을 표기하여 어떤 순서로 일이 진행되는지 보여 준다. 시간의 순차적 의미를 강조하기 위해 '그리고'는 '그리고 나서' 또는 '그 다음에'의 의미임을 분명하게 짚어 준다.

일단 학습자가 '그리고'로 연결된 두 문장이 시간적으로 앞뒤 행동이라는 것을 이해한 다음에, 판서해 놓은 두세 문장을 '-고'를 이용하여 한 문장으로 연결하도록 한다. 이때 네 가지 이상의 동사를 '-고'로 연결하지 않도록 주의를 준다. 또한 앞 절에 '가다, 오다' 동사가 쓰인 경우에 '그리고'로 연결될 때 '가서'와 '와서'로 연결되므로, 이 단계에서는 '가다, 오다' 동사가 나오지 않게 주의한다.

7:00
저녁을 먹다
고

7:30
텔레비전을 보다
고

9:00
책을 읽다

예	T	보통 수업 후 뭐 해요?
	S	저녁을 먹어요.
	T	(학습자의 대답을 칠판에 쓰면서) 몇 시에 저녁을 먹어요?
	S	7시에 먹어요.
	T	(시간을 표기하면서) 저녁을 먹어요. 그리고 나서 뭐 해요?
	S	텔레비전을 봐요.
	T	몇 시에 봐요?
	S	7시 30분에 봐요.
	T	(시간과 화살표를 가리키면서) 저녁을 먹고 (그리고 나서) 텔레비전을 봐요?
	S	네, 저녁을 먹고 (그리고 나서) 텔레비전을 봐요.

또한 시간의 순차성 의미를 띨 때 '-고' 앞에 시제를 나타내는 '-았/었-'이 나타나지 않는 것을 다음과 같이 지도한다. '지난 주말에 뭐 했어요?'와 같은 질문으로 학습자가 과거에 했던 일을 순차적으로 진술하게 한다. 이때 과거 시제 '-았/었-'을 '-고'의 앞에 붙이지 않고 문장의 마지막인 종결어미에 표시하는 것을 시각적으로 보여준다. '-(으)ㄹ 거예요'도 '-았/었-'과 마찬가지로 문장의 마지막인 종결어미에만 표시된다.

A : 지난 주말에 뭐 했어요?
B : 아침에는 영화를 봤어요. 그리고 점심식사 했어요.
　→ 아침에는 영화를 보고 점심식사 했어요.

A : 내년에 뭐 할 거예요?
B : 일을 끝낼 거예요. 그리고 여행을 갈 거예요.
　→ 일을 끝내고 여행을 갈 거예요.

문형 제시

1 공부해요.
공부했어요.　＋ 그리고 ➡ 공부하고
공부할 거예요.

2 먹어요.
먹었어요.　＋ 그리고 ➡ 먹고
먹을 거예요.

제시 및 연습

제시3

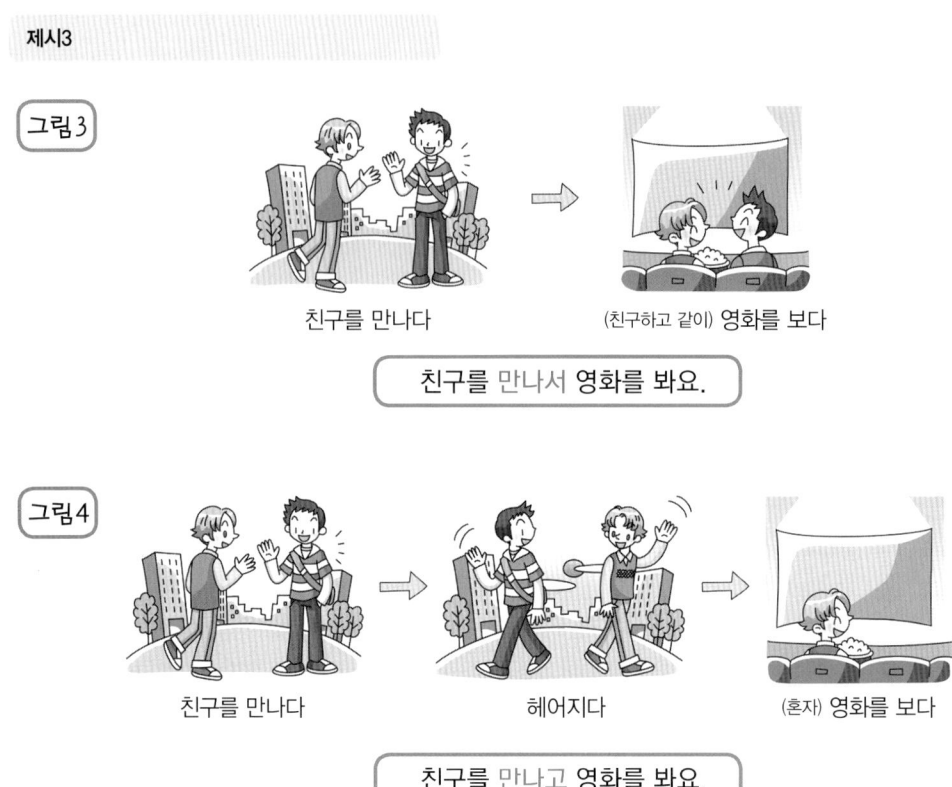

〈그림3〉과 같이 친구를 만나는 행위가 뒷 절의 영화를 보는 행위에 영향을 미치면 문장은 '-아/어서'로 연결되고 그 의미는 '앞서 만난 친구와 같이 영화 보는 것'으로 해석된다. 그러나 〈그림4〉와 같이 친구를 만난 행위가 뒷 절의 영화를 보는 행위에 영향을 미치지 않고 두 문장이 별개의 행동으로 간주되면, 문장은 '-고'로 연결되고 그 의미는 '친구를 만나고 그 이후 그 친구와 헤어진 후 혼자 영화를 보는 것'으로 해석된다. '가다, 오다'와 같은 동사는 뒤에 '그리고'가 연결될 때 대부분 뒤의 행위에 영향을 미치기 때문에 '가서, 와서'로 연결된다는 점도 알려준다.

수업3단계	**활동**

UNIT 14

활동1 나와 비슷한 친구 찾기   준비물 활동지 (부록)

　이 활동은 상대방 학습자에게 여러 가지 질문을 해서 그 대답을 듣고 자신과 비슷하게 대답을 한 친구를 찾는 활동이다. 학습자에게 활동지 부록 p.31 를 나눠 주고, 반 학습자를 만나서 상대방 학습자에게 질문하면 상대방 학습자는 그 질문에 자유롭게 대답하도록 한다. 단, 이때 대답하는 내용은 학습자가 자유롭게 대답한 것이지만, 대답 형식은 '-하고'나 '-고', '-아/어서' 중에서 하나를 이용해서 대답하도록 한다. 상대방 학습자의 대답을 들은 학습자는 그와 관련된 질문 두세 가지를 더 하도록 한다. 상대방과 자신의 대답이 같으면 '저도'라고 말하고, 자신의 대답과 다르면 '저는'이라고 말하도록 반응을 지도한다.

예		
	A	보통 주말에 뭐 해요?
	B	보통 주말에 친구를 만나서 영화를 봐요.
	A	저도 그래요. 보통 무슨 영화를 봐요?
	B	한국 영화를 봐요. 한국어 공부도 할 수 있어요.
	A	저는 보통 미국 영화를 봐요.
	B	그렇군요.

용어정리 드릴 연습

학습자가 배운 내용을 자연스럽게 말하려면, 먼저 입에 익어서 자동적으로 나올 수 있게 하는 자동화 과정이 필수적으로 요구됩니다. 입에 익지도 않은 것은 머리 속에 떠오르더라도 쉽게 입 밖으로 나오기 어렵기 때문입니다. 자동화 과정을 위한 효과적인 연습 중 하나는 교사에 의해 통제되고 계획된 연습 활동, 즉 드릴 연습(drill practice)입니다. 패턴화되어 있어 쉽게 따라 할 수 있는 드릴 연습은 말이 트이도록 연습해야 하는 초급에서 유용하게 사용될 수 있습니다.

반복 연습 (repetition drills)

교사의 발음 및 억양을 흉내 내면서 최대한 유사하게 반복적으로 따라 하는 연습입니다. 이때 교사는 문자 제시 없이 소리로만 제시하여 학습자가 소리에 더 집중하게 할 수도 있고, 문자 카드와 같은 제시 자료를 통해 학습자가 부담 없이 따라 할 수 있게 할 수도 있습니다. 반복 연습을 할 때에는 너무 빠르거나 느리지 않게, 보통의 속도를 유지해야 하며, 학습자가 모두 한 목소리로 참여할 수 있게 독려하면서 활기차게 연습해 나갈 수 있도록 리듬감 있게 진행해야 합니다. 다만, 이런 연습이 너무 기계적인 연습으로 흐르지 않도록 해야 하며, 단어에서 문장으로, 나아가 질문과 대답의 대화 형식으로 확장하면서 좀 더 의미 있는 연습이 되도록 하는 것이 중요합니다.

큐 (Que)를 활용한 대체 연습 (substitution drills)

큐를 이용한 연습은 초급의 간단한 대화 연습에서 많이 사용됩니다. 대화에서 학습자가 바꿔 말할 수 있는 것을 큐로 제시하여 학습자가 이를 대체하면서 대화를 반복적으로 연습하게 됩니다. 학습자에게 큐를 제시할 때에는 가능한 한 교재가 아니라 큐 자체를 칠판에 제시한다든지 연습지 또는 카드로 나눠 준다든지 해서, 학습자가 기계적으로 큐를 대체시키지 않고 현재 연습하고 있는 문장 또는 대화의 내용을 이해한 것에 큐를 통해 단어나 표현을 확장시켜 주도록 합니다.

정보 채우기 연습 (information-gap drills)

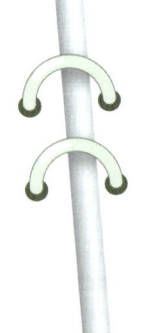

정보 채우기 연습은 학습자 두 명이 한 짝이 되어, 한 학습자가 알 수 없는 정보를 다른 학습자에게 물어 자신이 몰랐던 정보를 채워 나가는 활동입니다. 정보 채우기 연습은 반복 연습이나 대체 연습과는 달리, 학습자가 정보를 채우기 위한 질문을 만드는 표현 영역과 상대방 학습자의 대답을 알아 듣는 이해 영역이 요구되므로, 학습자 간의 상호작용을 활발하게 촉진시킬 수 있습니다. 교사가 정보 채우기 연습을 고안할 때에는 정보 내용이 너무 복잡하지 않도록 해야 합니다. 상대방이 말한 정보를 잘 알아들을 수 없을 경우 "다시 한번 말해 주시겠어요?"라고 말하도록 의사소통을 위한 전략을 가르치는 것도 중요합니다.

UNIT 15
요즘 일이 바쁘지만 오늘은 안 바빠요

문형 -지만

용법 앞 절과 반대되는 내용을 뒷 절에서 이어 말할 때

예문

01_ 요즘 일이 바빠요. 하지만 오늘은 안 바빠요.
= 요즘 일이 바쁘지만 오늘은 안 바빠요.

02_ 보통 일찍 일어나지만 오늘은 일찍 일어날 수 없어요.
이 식당은 맛있지만 너무 비싸요.
그 사람은 학생이지만 저녁에 아르바이트 해요.

03_ 주중에는 요리하지 않지만 주말에는 가끔 요리해요.
보통 채소를 많이 먹지 않지만 채소를 많이 먹어야 해요.
그 사람은 한국 사람이 아니지만 한국 문화에 대해 잘 알아요.

04_ 어제 친구하고 같이 식사했지만 오늘은 혼자 식사해요.
옛날에는 생선을 먹지 않았지만 요즘에는 먹어요.
요즘 바쁘겠지만 이번 주말에는 한번 만나요.

수업 전 단계 | 문형 정리 및 지도 Tips

01

요즘 일이 **바빠요. 하지만** 오늘은 안 바빠요.
= 요즘 일이 바쁘**지만** 오늘은 안 바빠요.

'-지만'은 앞 절과 반대되는 내용을 뒷 절에서 이어 말할 때 쓴다. 위 예문에서와 같이 '-지만'은 '그렇지만' 혹은 '하지만'으로 연결된 두 문장을 한 문장으로 연결할 때 쓴다. '-지만'을 중심으로 하여 앞 절과 뒷 절은 '요즘'과 '오늘', '바빠요'와 '안 바빠요'로 내용상 대비된다. 대비되는 것을 강조하려면 '요즘'과 '오늘' 뒤에 '-은/는'을 써서 '요즘은'과 '오늘은'으로 쓸 수 있다.

> **Tips** '-지만'의 의미를 '하지만'으로 연결된 문장에서 도출하려면, 이전 학습에서 접속 부사를 사용하여 짧은 문장들이 연결되는 것을 연습해 두는 것이 중요합니다. 이런 연습이 선행되었다면 접속 부사로 연결되는 복문을 연습할 때 학습자가 의미를 쉽게 이해한 상태에서 활용 방식 자체에 집중할 수 있습니다.

02

보통 일찍 일어나**지만** 오늘은 일찍 일어날 수 없어요.
이 식당은 맛있**지만** 너무 비싸요.
그 사람은 학생**이지만** 저녁에 아르바이트해요.

'-지만'은 동사, 형용사, '이다'의 어간 뒤에 붙어 사용된다. 어간의 마지막이 모음으로 끝나든 자음으로 끝나든 상관 없이 '-지만'을 붙인다. '-지만'은 구어체와 문어체에서 모두 자주 사용된다. 구어체에서 상반된 내용을 연결하는 대조의 의미로 '-지만' 대신에 '-(으)ㄴ/는데'을 사용할 수도 있다.

> **Tips** 동사, 형용사의 어간이 자음으로 끝나는 경우, 뒤에 '-지만'이 연결될 때 경음화되는 발음을 유의해서 지도해야 합니다. 예를 들면 '먹다'의 '먹' 뒤에 '-지만'이 연결되면 [먹찌만]으로, '입다'의 '입' 뒤에 '-지만'이 연결되면 [입찌만]으로 발음되는 것을 교사가 짚어 주는 것이 필요합니다.

03

주중에는 요리하**지 않지만** 주말에는 가끔 요리해요.
보통 채소를 많이 먹**지 않지만** 이제는 채소를 많이 먹어야 해요.
그 사람은 한국 사람**이 아니지만** 한국 문화에 대해 잘 알아요.

'-지만'의 부정문은 동사나 형용사 앞에 '안'을 쓰거나 어간 뒤에 '-지 않지만'을 붙여 쓴다. 예를 들어 동사 '먹다'의 경우, '안 먹지만' 혹은 '먹지 않지만'으로 쓴다. '이다'의 부정문은 '-이/가' '아니다' 뒤에 '지만'이 붙은 형태인 '-이/가 아니지만'이 붙는다.

> **Tips** 초급의 초반이라면 짧은 부정문을 사용해서 말하는 '안 먹지만'의 형태로 연습하지만, 초급의 후반이나 중급에 들어가면 '먹지 않지만'과 같이 긴 부정문도 말할 수 있어야 합니다. 이때에도 '않지만'을 발음할 경우 [안치만]과 같이 격음화가 되는 것을 알려 주고 연습시켜야 합니다.

04

어제 친구하고 같이 식사**했지만** 오늘은 혼자 식사해요.
옛날에는 생선을 먹**지 않았지만** 요즘에는 먹어요.
요즘 바쁘**겠지만** 이번 주말에는 한번 만나요.

'-지만'의 앞 절에 '-았/었-'이나 '-겠-'이 올 수 있다. 앞 절에 '-았/었-'이 결합될 경우 동사, 형용사, '이다'의 어간에 '-았/었지만'이 붙고, 앞 절에 '-겠-'이 결합될 경우 동사, 형용사, '이다'의 어간에 '-겠지만'이 붙는다.

> **Tips** 한국어 초급 문형에서 연결어미 중에 시제를 표기하지 않는 경우(예: '-아/어서')에 익숙해진 학습자는 연결어미 앞에 시제를 결합시키는 것을 어려워합니다. 그래서 시제와 관련된 오류가 자주 나옵니다. '-지만'과 같이 앞에 '-았/었-'이나 '-겠-'이 쓰이는 어미는 제시 단계에서 이런 선어말 어미를 넣을 수 있음을 강조하고 연습하는 단계에서 충분히 연습해야 오류를 줄일 수 있습니다.

문형 정리 및 지도 Tips

학습자 오류

1 좋은 사람을 만나고 싶으지만 어려워요. → 좋은 사람을 만나고 싶지만 어려워요.

☞ '-지만'과 같이 자음으로 시작되는 문형은 앞에 결합되는 어간이 모음으로 끝나든 자음으로 끝나든 어간 뒤에 '-지만'을 바로 붙여 써야 합니다. 하지만 학습자들은 어간이 자음으로 끝날 경우 '으'가 붙는 다른 한국어 문형(예: '-(으)면')을 일반화시켜 위와 같은 오류를 범하기도 합니다. 문형을 제시해 줄 때부터 '-지만'으로 제시하고, '으지만'이 안 되고 '-지만'으로 써야 한다는 것을 짚어 줘야 합니다.

2 어제 친구한테 많이 전화하지만 전화 안 받았어요. → 어제 친구한테 많이 전화했지만 전화 안 받았어요.

☞ '-지만' 앞에는 과거 시제 '-았/었-'이 붙어 '-았/었지만'으로 써야 한다는 점을 강조해서 형태적인 오류를 줄여야 합니다.

3 옛날에는 커피를 좋아했지 않지만 지금은 좋아해요. → 옛날에는 커피를 좋아하지 않았지만 지금은 좋아해요.

☞ '-지만'의 부정문은 '-지 않지만'이 되는데, 이때 시제는 '않다'에 결합하게 됩니다. 그러므로 '-았/었지 않지만'이 아니라 '-지 않았지만'이 되어야 합니다.

| 수업1단계 | **도입** |

준비물: 상황 그림 (부록)

UNIT 15

그림1 — 맛있다
그림2 — 비싸다

교사는 상황 그림 (부록 p.32)을 보여주면서 다음과 같이 문형을 도입한다.

예

T (첫 번째 그림을 보여주면서) 이 음식 알아요?
S 닭고기예요.
T 맞아요. 닭고기가 맛이 어때요?
S 맛있어요.
T 네, 닭고기가 정말 맛있어요. 하지만 (두 번째 그림을 보여주며 놀라는 표정) 너무 비싸요. 닭고기가 정말 맛있지만 너무 비싸요.
S 닭고기가 정말 맛있지만 너무 비싸요.
T 한국 음식 중에서 어떤 음식이 맛있지만 너무 비싸요?

Tips 위와 같이 내용에 초점을 둔 질문을 받은 학습자는 새로운 문형 형태에 대한 부담 없이 내용, 여기에서는 앞 절과 뒷 절의 대조적인 의미에 더 집중하게 됩니다. 처음에는 형태와 의미 중에서 의미에 초점을 두어 학습자에게 제시하고, 일단 학습자에게 목표 문형에 대한 의미 혹은 개념이 형성되면 형태적인 연습을 통해 유창성과 정확성을 동시에 기를 수 있도록 연습시키는 것이 중요합니다.

-지만

| 수업2단계 | **제시 및 연습** |

준비물 문장 카드

　동사나 형용사 어간에 '-지만'을 결합한 앞 절을 학습자에게 보여주고 뒷 절에 의미상 자연스럽게 올 수 있는 내용을 보기 중에서 고르도록 한다.

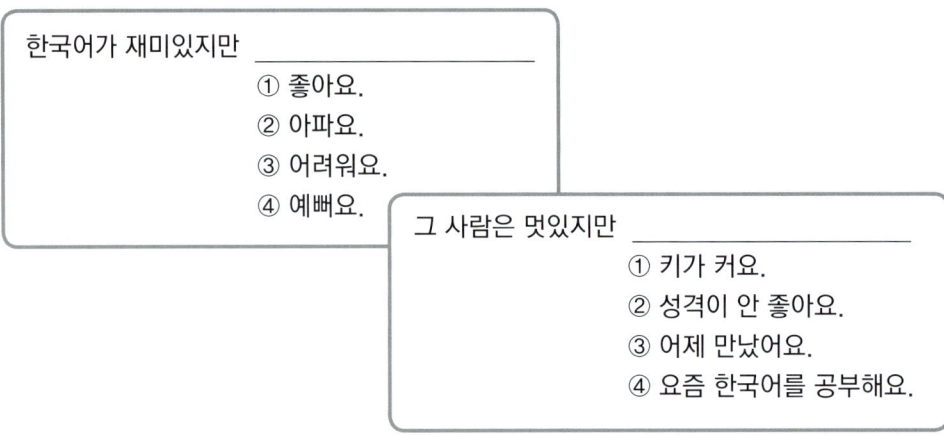

　학습자 두 명씩 짝을 짓고 문장 카드를 나눠준다. 학습자가 도입 단계에서 익힌 대조의 의미를 해당 문장 카드에서 찾도록 한다. 학습자 스스로 자기주도적인 학습을 할 수 있도록 학습자에게 기회를 주는 것이 중요하다. 이 연습이 끝나면 교사는 학습자가 선택했던 문장을 확인한다.
　교사는 학습자가 완성한 문장을 맞추면서 대조적인 내용을 연결하는 것에 학습자가 주의집중하도록 한다. 또한 각 문장에서 반복적으로 나오는 '-지만'이라는 형태에 학습자가 주목하도록 교사가 강조한다. 학습자가 '-지만'의 의미와 형태를 연결시키면 교사는 동사나 형용사의 기본형에서 '-지만'이 결합되는 것을 시각적으로 보여준다. 이때 발음이 경음화(예: [먹찌만], [듣찌만])되거나 격음화(예: [안치만])되는 것도 알려준다.

활용형 연습이 끝나면 '-지만' 앞에 과거 시제 '-았/었-'을 결합한 '-았/었지만'을 제시해 준다.

어제 숙제를 했어요. 하지만 오늘 안 가져왔어요.
→ 했지만

문형 제시

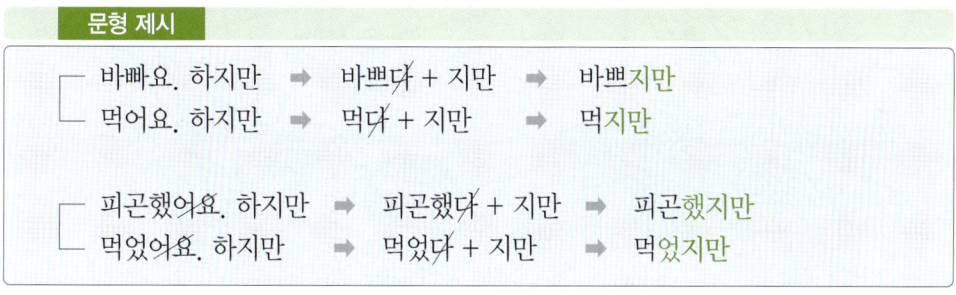

학습자가 형태와 의미를 분명하게 인지한 다음에는, '피곤하지만'과 같이 '-지만'의 뒷 절을 학습자가 만들어 보도록 한다. 연습 후에 학습자들이 만든 문장을 발표시켜 다른 학습자와 단어 및 표현을 공유하도록 한다. 물론 학습자 중에서 의미를 잘못 이해한 경우에는 이 기회를 통해 수정해 준다.

매일 운동하지 않지만 _____.

날씨가 좋지만 _____.

어제는 추웠지만 _____.

친구를 만났지만 _____.

수업3단계	**활동**

활동1 어떤 팀이 더 많이 문장을 완성하나?   준비물 문장 카드

'-지만'의 뒷 절만이 쓰여 있는 카드를 보고 앞 절을 완성하는 활동이다. 반 전체를 두 편으로 나누어 팀을 만든다. 교사는 '-지만'의 뒷 절이 쓰여 있는 종이를 학습자에게 제시하면 학습자는 자연스러운 의미가 되도록 앞 절을 만들어낸다. 두 팀이 돌아가면서 한 문장씩 만들어낸다. 문장의 의미와 형태가 모두 맞아야 된다. 하나의 문장 카드를 돌아가면서 계속 문장을 만들 수 있는 팀이 이긴다.

> **Tips** 교사는 학습자의 주의집중을 높이고 흥미를 유지시키기 위해 다양한 교수 방법이나 학습 활동을 고안해서 수업에 활용하게 마련입니다. 게임은 수업의 재미를 배가시키는 대표적인 활동 중의 하나입니다. 다른 학습자와의 경쟁은 약간의 긴장감을 유지하며 학습 활동에 집중할 수 있게 합니다. 그러나 게임을 수업에 응용할 때 게임도 협동학습의 일환임을 강조해서 학습자가 승리욕을 너무 내세우지 않도록 해야 합니다. 또한, 교사는 게임을 통해 강화되는 학습 내용이 어떤 것인지 고려하여 게임을 고안해서, 게임이 자칫 재미로만 빠지지 않게 하는 것이 중요합니다.

활동2 나와 비슷한 친구 찾기

준비물 | 카드 (부록)

학습자를 두 명씩 짝을 짓고 카드 부록 p.33 를 각 그룹별로 다르게 나눠 준다. 학습자들은 주어진 대상을 비교하는 내용을 '-지만'을 이용하여 카드에 쓴다. 비교 내용은 많을수록 좋다. 교사는 활동이 진행되는 중에 돌아다니면서 학습자가 만들어내는 문장을 확인한다.

이후 비교 내용을 정리한 것을 발표하게 한다. 교사는 발표한 문장의 의미와 형태가 맞는지 전체 학습자와 확인한다. 한 팀의 발표 내용에 대해 교사는 다른 팀의 학습자가 자신의 견해를 밝히거나 상대방의 견해에 동감 혹은 반대 생각을 표명하는 의사소통 전략을 지도한다.

> 의사소통 전략에 필요한 표현
> - "그렇긴 해요."
> - "글쎄요."

> A : 학교 수업은 비싸지만, 언어 교환은 돈이 필요 없어요.
> B : 그렇긴 해요. 하지만 학교 수업은 문법을 많이 배울 수 있지만, 언어 교환은 문법을 배울 수 없어요.

Tips 교사는 초급에서부터 학습자가 이런 대화에서 전략적으로 사용할 수 있는 표현을 제시해 주는 것이 필요합니다. 그래야 학습자가 자신이 말하고자 하는 내용을 효과적으로 표현할 수 있습니다. 자유로운 의견을 나누는 활동에서 최소한의 의사소통 전략의 틀을 학습자에게 제공하는 것이 유연한 대화를 만들어 나가는 데 중요한 역할을 합니다.

용어정리 교실 활동의 유형 ①

교실 활동은 교사가 얼마나 많은 학습자를 대상으로 수업을 해야 하는지, 학습자가 어떤 성향을 갖고 있는지, 교사가 수업의 어느 단계에서 어떤 목적을 위해 교실 활동을 선택할지, 또 연습시킬지에 따라 다양하게 달라질 수 있습니다. 여기에서는 교실 활동을 교사가 학습자를 어떤 단위로 연습시킬지에 따라 크게 반 전체 활동, 그룹 활동, 짝 활동, 개별 활동으로 나눠 설명하겠습니다.

반 전체 활동

반 전체 활동은 교사가 학습자의 관심을 집중시켜야 할 때 주로 선택됩니다. 수업 단계로 보자면, 교사가 학습자에게 그림이나 비디오, 파워포인트와 같은 시각 자료를 제시한다든지 문법 항목을 설명하고자 할 때, 또는 드릴 연습의 초반에 단순하고 기계적인 연습을 할 때 사용될 수 있습니다. 학습자 또한 교사에게 주목한 상태이므로 교사가 전달하고자 하는 것을 단시간 내에 전달받을 수 있다는 장점을 갖습니다.

다만, 교사가 반 전체를 대상으로 하기 때문에 학습자의 개별적인 차이를 알아차리기 어려우므로 개별적인 피드백을 주기 어렵고, 학습자의 수업 참여의식이나 책임감이 떨어질 수 있기 때문에 수업이 자칫 수동적으로 될 우려도 있습니다. 그러므로 반 전체 활동을 할 때에는 교사가 목소리의 크기 및 속도에 변화를 주어 학습자가 지루하지 않게 하는 것이 중요합니다.

그룹 활동

그룹 활동은 교사가 3~4명의 학습자를 그룹별로 묶어, 학습자에게 더 자유롭게 자신의 생각을 말할 수 있는 기회를 주고자 할 때 주로 선택됩니다. 토론에서 학습자 서로의 의견을 자유롭게 말할 때, 또는 공통의 과제를 해결해야 하는 협동 학습을 할 때, 단어나 표현을 복습하면서 게임을 할 때 그룹 활동을 이용할 수 있습니다. 만약 말을 잘 하지 않으려는 소극적인 학습자가 있다면, 그룹 활동은 수업을 원활하게 진행하기 위해 적극적으로 활용될 수 있습니다. 학습자의 개인차가 있을 때에도 그룹별로 활동 진행 속도를 다르게 하여 학습 차를 반영한 수업을 할 수도 있습니다. 학습자 또한 반 전체 활동에 비해 그룹 활동에서 같은 그룹끼리의 소속감을 느끼며 과제에 더 적극적으로 임하게 됩니다.

그러나 교사가 특별한 자극을 주지 않는다면 말을 안 하려는 학습자는 그룹 내에서 계속 말을 안 해도 되는 상황에 놓일 수도 있고, 성향이 맞지 않는 학습자끼리 그룹을 지어줬을 때 불협화음이 생길 가능성도 배제할 수 없습니다. 그러므로 그룹 활동을 시킬 때에는 교사가 그룹 별로 학습자 각각의 역할을 부여하여 학습자가 책임감을 갖고 활동에 임하도록 할 필요가 있습니다. 예를 들어 토론을 한다면 학습자 각자가 사회자 및 정리자, 발표자 등의 역할을 맡아, 어떤 학습자도 배제되지 않고 적극적으로 토론에 참여할 수 있게 합니다. 그룹 활동의 원활한 진행을 위해 발화 순서와 같은 구체적인 지침에 대해서 교사가 미리 말해 주는 것도 좋습니다.

(182쪽에서 계속)

UNIT 16
잠을 못 자서 피곤해요

문형 -아/어서, -(으)니까

용법 어떤 일이나 상태의 원인을 말하거나 이유를 강조해서 말할 때

예문

01_ 잠을 못 자요. 그래서 피곤해요.
  = 잠을 못 자서 피곤해요.
02_ 비싸서 카메라를 못 샀어요.
  감기에 걸려서 학교에 안 갔어요.
  지하철이 편리해서 자주 이용해요.
  존 씨는 교포라서 듣기를 잘해요.
03_ 어제 늦게 자서 오늘 늦게 일어났어요. (O)
  어제 늦게 잤어서 오늘 늦게 일어났어요. (X)
04_ (1) 비가 와서 날씨가 추워요. (O)
  비가 오니까 날씨가 추워요. (O)
  (2) 시험이 있어서 열심히 할게요. (X)
  시험이 있으니까 열심히 할게요. (O)
05_ (1) 영수증도 필요해서 같이 넣어 주세요. (X)
  영수증도 필요하니까 같이 넣어 주세요. (O)
  (2) 매일 한식을 먹어서 오늘은 중식을 먹을까요? (X)
  매일 한식을 먹으니까 오늘은 중식을 먹을까요? (O)
06_ 제주도는 작년에 갔으니까 올해는 경주에 가고 싶어요.
  제가 할 테니까 걱정하지 마세요.
  피곤할 테니까 일찍 주무세요.

수업 전 단계 | 문형 정리 및 지도 Tips

01

잠을 못 **자요. 그래서** 피곤해요.
= 잠을 못 **자서** 피곤해요.

'-아/어서'는 어떤 일이나 상태의 원인을 나타낼 때 사용한다. 위의 예문은 '잠을 못 잔' 상태에서 자연스럽게 귀결되는 '피곤한' 상태를 나타낸 것이다. 원인과 결과를 나타내는 두 문장이 '그래서'에 의해 한 문장으로 연결될 때 '-아/어서'가 쓰인다.

> **Tips** 영어에서는 원인을 나타내는 절이 앞 절이나 뒷 절 어느 곳에 와도 상관 없기 때문에, 몇몇 영어권 화자는 간혹 '피곤해요. 잠을 못 자서'라고 말하는 학습자도 있습니다. 물론 이 문장도 구어체에서는 의미가 통하나 '-아/어서'가 쓰인 문장 구조를 지도할 때에는 원인이 결과 앞에 오는 것으로 가르쳐야 합니다. 그러므로 '-아/어서'를 도입할 때 위와 같이 두 문장이 '그래서'로 한 문장으로 이어지는 것을 보여줘서, 원인에 해당하는 절이 '-아/어서'의 앞 절에 위치한다는 것을 강조해 줄 필요가 있습니다.

02

비싸서 카메라를 못 샀어요.
감기에 **걸려서** 학교에 안 갔어요.
지하철이 편리**해서** 자주 이용해요.
존 씨는 교포**라서** 듣기를 잘해요.

'-아/어서'는 동사, 형용사의 어간에 붙어서 활용된다. 위의 예문과 같이 '하다'로 끝나는 용언은 어간 '하-'에 '-여서'가 붙어 '해서'로 활용된다. 어간의 마지막에 모음 'ㅏ' 또는 'ㅗ'가 있으면 '-아서'가 붙고, 그 외는 '-어서'가 붙는다. '이다'의 경우 '-이어서'나 '-(이)라서'로 활용되는데, 구어체에서는 '-(이)라서'가 많이 사용된다.

> **Tips** '-아/어서' 문형에서 '-아/어'는 현재 시제 활용형 '-아/어요'에서 '요'를 제외한 '-아/어'와 형태가 같습니다. 그러므로 '-아/어서'를 학습자에게 제시할 때 기본형에 '-아/어서'가 각각 결합되는 것을 따로 가르치기보다는, 학습자에게 익숙한 '-아/어요'에서 '요'를 뺀 나머지 '-아/어'에 '서'를 붙이는 것으로 지도하는 것이 좋습니다. 예를 들면 '해요. 그래서'와 같은 두 문장에서 '요. 그래'가 생략되고 '해서'가 되는 것을 시각적으로 보여주면 학습자가 쉽게 이해할 수 있습니다.

03

어제 늦게 **자서** 오늘 늦게 일어났어요. (O)
어제 늦게 **잤어서** 오늘 늦게 일어났어요. (X)

'-아/어서'의 앞 절에는 '-았/었-'이나 '-겠-'이 결합되지 않는다. 그러므로 시제는 '-아/어서'의 뒷 절에서만 반영되며, '-아/어서'의 앞 절은 시제가 결합되지 않는다. 위의 예문에서도 '잤어요. 그래서'가 한 문장으로 연결될 때 과거 시제를 나타내는 '-았/었-'이 결합되지 않고 현재 시제일 때와 마찬가지로 '자서'가 된다.

> **Tips** 모든 언어권 학습자가 앞 절과 뒷 절의 시제를 일치시켜 '잤어서'와 같이 과거 시제를 결합하는 오류를 자주 범합니다. 따라서 '-아/어서'를 지도할 때 교사는 앞 절에 시제가 결합되지 않는 것을 여러 예문을 통해 분명하게 제시해 주고 강조해야 합니다.

04

(1) 비가 **와서** 날씨가 추워요. (O)
    비가 **오니까** 날씨가 추워요. (O)
(2) 시험이 있**어서** 열심히 할게요. (X)
    시험이 있**으니까** 열심히 할게요. (O)

원인과 결과의 관계를 잇는 '-아/어서'는 뒷 절에 평서문이 올 때 '-(으)니까'와 바꿔 쓸 수 있으나 의미상 약간의 차이가 있다. 예문 (1)의 위 문장은 비가 오는 상황에서 자연스럽게 귀결되는 추운 날씨를 말하는 것으로 인과 관계를 나타내고, 예문 (1)의 아래 문장은 날씨가 추운 이유를 비가 왔기 때문이라고 생각하는, 말하는 사람의 주관적인 생각을 강조하는 인상이 강하다. 그러므로 예문 (2)에서와 같이 뒷 절에 말하는 사람의 의지를 나타내는 '-(으)ㄹ게요'가 쓰였을 때 앞 절에 '-아/어서'를 쓰면 자연스럽지 못하며, 말하는 사람의 주관적인 이유를 밝히는 '-(으)니까'를 사용하는 것이 자연스럽다.

> **Tips** '-아/어서'와 '-(으)니까'의 의미는 미묘하게 차이가 나나, 이 의미 차이를 초급 수업에서 학습자에게 전달하기 쉽지 않습니다. 초급 수업에서 이런 차이를 학습자에게 설명하면 학습자를 더 혼란스럽게 만들 수 있습니다. 다만, 교사가 적절한 예문을 선정할 때 '-아/어서'는 일반적인 상식에 기반을 둔 인과 관계로, '-(으)니까'는 말하는 사람의 주관을 넣어 말하는 이유로 상황을 나눠 정리해 두는 것이 필요합니다. 초급에서는 '-아/어서'와 '-(으)니까'의 의미가 같다고 제시하고, 많은 예문을 접한 중급 이후에 학습자가 어색한 문장을 만들었을 때 이런 차이를 설명하고 구체적으로 정리해 주는 것이 좋습니다.

문형 정리 및 지도 Tips

05
(1) 영수증도 필요**해서** 같이 넣어 주세요. (X)
영수증도 필요하**니까** 같이 넣어 주세요. (O)
(2) 매일 한식을 먹**어서** 오늘은 중식을 먹을까요? (X)
매일 한식을 먹**으니까** 오늘은 중식을 먹을까요? (O)

뒷 절에 명령문이나 청유문이 쓰이면 앞 절에 이유를 설명할 때 '-아/어서'를 쓰지 않고 '-(으)니까'를 쓴다. 명령문이나 청유문은 어떤 일이나 상태에 대해 객관적으로 진술하는 것이 아니라 말하는 사람의 기호나 판단을 진술하는 것이므로, 그 이유를 말할 때 말하는 사람의 주관을 강조하는 '-(으)니까'를 쓴다. '-(으)니까'는 동사, 형용사, '이다'의 어간에 직접 붙어 사용되는데, 어간의 마지막이 모음으로 끝날 경우 '-니까'를, 자음으로 끝날 경우 '-으니까'를 붙여 쓴다.

> **Tips** 청유문은 제안의 의미와 기능을 담은 모든 문형을 말하기 때문에, '-(으)ㅂ시다'뿐만 아니라 '-(으)ㄹ까요?'나 '-는 게 어때요?'와 같은 문형도 포함됩니다. 명령문도 '-(으)세요'뿐만 아니라 완곡한 지시나 부탁할 때 쓰이는 '-아/어 주세요'도 포함됩니다. 그러므로 교사가 '-아/어서'의 뒷 절에 쓰이지 못하는 형태로 청유문 '-(으)ㅂ시다'와 명령문 '-(으)세요'만 제시하지 말고 제안과 명령의 의미를 담은 여러 문형을 포함해서 제시해 주는 것이 필요합니다.

06
제주도는 작년에 **갔으니까** 올해는 경주에 가고 싶어요.
제가 **할 테니까** 걱정하지 마세요.
피곤**할 테니까** 일찍 주무세요.

'-(으)니까'의 앞 절에는 시제와 같은 선어말 어미를 나타낼 수 있다. 그러므로 '-(으)니까' 앞에 과거 시제가 쓰여 '-았/었으니까'를 쓰고, 자신의 의지를 말하거나 앞으로 일어날 일에 대해 추측할 때에는 '-(으)ㄹ 테니까'를 쓴다. '-아/어서'의 앞에 시제를 결합하지 않는 것과 대조된다.

> **Tips** '하다'로 끝나는 용언은 어간에 '-아/어서'를 결합했을 때 '해서', '-(으)니까'를 결합했을 때 '하니까'로 활용형이 다릅니다. 또한 과거 시제를 결합했을 때에도 '해서'와 '했으니까'로 다르게 나타납니다. 이 때문에 초급 학습자에게 '-아/어서'와 '-(으)니까'를 한꺼번에 제시하면 어려워합니다. 대부분의 초급 교재에서는 두 문형을 따로 가르칩니다. 교사는 자신이 지도하고 있는 학습자의 수준을 고려하여, '-아/어서'와 '-(으)니까'를 같은 수업에서 가르칠지, 시제 결합을 한꺼번에 가르칠지 결정해야 합니다. 교사의 판단에 따라 따로 제시되었다면, 이후에 '-아/어서'와 '-(으)니까'의 형태적, 의미적 차이를 비교해서 정리해 줘야 합니다.

학습자 오류

1. 물을 많이 마시서 배불러요. → 물을 많이 마셔서 배불러요.
    - ☞ 학습자가 동사의 기본형 어간에 '-서'만을 붙여 하는 실수입니다. 기본형 어간에 '-아/어서'가 결합되는 것을 시각적으로 보여준 후 반복적인 연습을 해야 합니다.

2. 어제 갑자기 일이 생겼어서 회사에 못 갔어요. → 어제 갑자기 일이 생겨서 회사에 못 갔어요.
    - ☞ '-아/어서' 앞에는 과거 시제가 붙지 않습니다. 학습자가 많이 만드는 오류이므로 강조하면서 확인시켜 줄 필요가 있습니다.

3. 저는 언제나 시간이 있어서 연락하세요. → 저는 언제나 시간이 있으니까 연락하세요.
    - ☞ '-아/어서' 뒤에는 명령문이 올 수 없습니다. 명령문 앞 절에서 이유를 말할 때 '-(으)니까'로 바꿔 써야 합니다.

4. 점심시간이어서 같이 밥 먹을까요? → 점심시간이니까 같이 밥 먹을까요?
    - ☞ '-아/어서' 뒤에는 청유문이 올 수 없습니다. 청유문의 문형이 여러 가지 있으므로 오류가 나왔을 때 다시 한번 정리해 주는 것도 좋습니다.

5. 이렇게 만났으니까 반가워요. → 이렇게 만나서 반가워요.
    - ☞ 뒷 절에 '반갑다, 고맙다, 기쁘다'와 같은 감정을 나타내는 형용사가 나오고 그 앞 절에 이유를 나타낼 때에는 '-아/어서'를 씁니다.

6. 어제 학생증을 받으니까 오늘부터 도서관에서 공부할 거예요. → 어제 학생증을 받았으니까 오늘부터 도서관에서 공부할 거예요.
    - ☞ '-아/어서' 앞에 과거 시제가 붙지 않기 때문에 의미가 같다고 제시된 '-(으)니까'도 과거 시제가 붙지 않는 다고 생각합니다. 그러나 '-(으)니까' 앞에는 '-았/었-'이나 '-겠-'이 모두 붙습니다.

7. 이 김밥은 집에서 먹으니까 포장해 주세요. → 이 김밥은 집에서 먹을 테니까 포장해 주세요.
    - ☞ 이유를 말하는 부분에서 말하는 사람이 김밥을 지금이 아니라 나중에 집에서 먹을 것이라는 의미를 나타내므로 '-(으)ㄹ 테니까' 혹은 '-(으)ㄹ 거니까'로 써야 합니다.

8. 친구하고 노래를 불렀어요. 그럼, 여러분이 기분이 좋았어요. → 친구하고 노래를 불렀어요. 그래서 모두 기분이 좋았어요.
    - ☞ 영어의 'so'가 조건을 나타내기도 하고 인과관계를 나타내기도 해서 영어권 학습자가 이와 같은 오류를 만들어 냅니다. '그래서'와 '그러면'을 쓸 때 앞 절과 뒷 절의 관계를 들어 그 차이를 보여줘야 합니다.

9. 저는 지금 제가 좋아하는 한국에서 공부하고 있는데 지금 생활에 만족하고 있어요.
    → 저는 지금 제가 좋아하는 한국에서 공부하고 있어서 지금 생활에 만족하고 있어요.
    - ☞ '-(으)ㄴ/는데'는 말하는 사람이 하고자 하는 말을 하기 이전에 전제될 만한 상황이나 배경을 제시할 때 사용합니다. 위 예문에서 앞 절에 해당하는 '자기가 좋아하는 한국에서 공부하고 있는' 현실은 뒷 절의 '현재 생활에 만족하고 있는 것'에 대한 원인으로 간주될 수 있습니다. 이때에는 인과 관계에서 사용되는 '-아/어서'를 쓰는 것이 더 자연스럽습니다.

수업1단계 도입

교사는 학습자의 신변에서 쉽게 접할 수 있는 내용을 이용해서 질문한다. 특히 질문할 때에는 '왜'를 이용해서 학습자가 현재의 동작이나 상태에 대한 원인이나 이유를 말하도록 한다.

예
T 유키 씨, 왜 한국어를 공부해요?
S 한국 사람하고 얘기하고 싶어요.
T 한국 사람하고 얘기하고 싶어요. 그래서 한국어 공부해요.
   (천천히 말해서 학습자를 주목시키면서) 한국 사람하고 얘기하고 싶어서 한국어 공부해요.
S 네, 한국 사람하고 얘기하고 싶어서 한국어 공부해요.

위와 같은 질문은 모든 학습자가 질문 받아본 경험이 있으므로 쉽게 이해할 수 있다. 교사는 학습자가 옆의 짝과 이 질문을 주고받으면서 대답하도록 한다. 이때 학습자가 '그래서'를 사용한 두 문장으로 말해도 괜찮고, 목표 문형인 '-아/어서'를 사용한 한 문장으로 말해도 괜찮다.

옆의 짝과 질문을 주고받은 다음에는 교사 주도로 대답을 확인한다. 대답을 확인할 때에는 형태적인 부분보다는 '왜'에 대한 답을 하는 의미적인 부분에 더 초점을 두어 확인한다. 학습자의 답을 듣고 형태적인 교정을 가해서 교사가 다시 고쳐 묻는다. 마지막 단계에서는 학습자가 의미적인 부분만 이해하는 것에 그치지 않고 형태적인 측면에 관심을 기울이도록 교사는 다른 학습자가 대답한 내용을 전체 학습자가 다시 대답하게 한다.

Tips   '-아/어서'는 어떤 행동을 하게 된 이유나 그런 상태가 나오게 된 원인을 말할 때 사용되므로, 수업에서도 먼저 어떤 행동이나 상태를 진술한 다음에 '왜?'라는 질문을 해서 그 원인이나 이유를 찾아가는 것으로 도입하는 것이 학습자가 문형의 의미를 이해하는 데 도움이 됩니다.

| 수업2단계 | **제시 및 연습** |

준비물 제시 그림 (부록)

제시1

교사는 학습자에게 제시 그림 `부록 p.34` 을 보여주고 '왜'라는 질문을 해서 학습자가 그 원인이나 이유를 생각해 보도록 유도한다. 만약 제시 그림이 없다면 학습자 상황을 이용해서 질문할 수도 있다. 예를 들어 학습자 중에서 결석한 학습자가 있다면 그 학습자가 결석한 이유에 대해 다른 학습자들이 생각하도록 유도할 수도 있고, 반 학습자나 교사 자신의 상태(예: 기분이 좋아요)를 놓고 다른 학습자들이 그 이유를 생각하도록 유도할 수도 있다.

예

T	이 사람이 왜 피곤해요?
S1	잠을 못 잤어요.
T	잠을 못 잤어요. 그래서 피곤해요. 잠을 못 자서 피곤해요?
S1	네, 잠을 못 자서 피곤해요.
S2	일이 많아요.
T	일이 많아요. 그래서 피곤해요. 일이 많아서 피곤해요.
S2	네, 일이 많아서 피곤해요.
S3	공부 많이 해서 피곤해요.
T	그래요? 공부 많이 해서 피곤해요?

-아/어서, -(으)니까

제시 및 연습

　제시 그림을 두세 가지 더 보여주면서 학습자가 그림에 나타난 상황의 원인이나 이유를 생각하도록 한다. 학습자는 의미에 집중하면서 대답할 것이고, 교사는 그 대답에서 형태적인 측면을 강조하면서 되받아 말한다. 학습자가 '-아/어서'의 의미와 형태를 연결할 수 있을 때까지 소리로 반복해서 제시한 후, 문자를 보여주어 학습자가 시각적으로 목표 문형을 확인할 수 있도록 한다.

　문형을 제시할 때에는 '그래서'로 연결한 두 문장을 보여준 후 이것이 '-아/어서'를 사용하여 한 문장으로 이어지는 것을 보여준다. '그래서' 앞 문장이 과거 시제일 때에도 '-아/어서'를 연결하면 현재 시제와 동일한 형태라는 점도 강조한다.

　학습자가 활용형을 문자로 확인한 다음에 교사는 학습자에게 '왜'를 이용하여 여러 질문을 해서 학습자의 대답을 이끌어 낸다. 이때 학습자가 대답할 때까지 시간이 약간 걸리더라도 머리 속으로 문형이 어간과 결합되는 과정을 떠올리면서 대답할 수 있도록 교사는 충분히 기다린다.

> **Tips** 언어교육 연구에서 교사가 질문한 다음 학습자가 대답할 때까지 짧게는 2~3초, 길게는 10초까지 기다리는 것이 좋다고 합니다. 교사가 학습자의 대답을 기다리지 못하고 질문한 다음에 대답까지 하는 것은 학습자의 참여를 이끌어 내기 어렵게 합니다. 다만, 학습자가 정말 답을 모른다고 생각될 때에는 다른 사람에게 먼저 답하게 한 후, 다시 그 학습자에게 돌아와서 대답할 기회를 주는 것이 좋습니다.

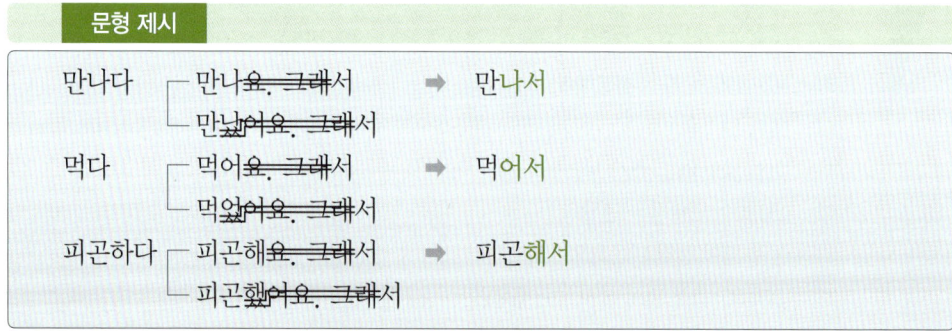

제시2

왜 화가 났어요?

친구가 안 와서 화가 났어요.
= 안 오니까

그림 `부록 p.34` 을 보고 학습자에게 "왜"라는 질문을 던져서 학습자가 '-아/어서'를 이용하여 대답하게 한다. 교사는 학습자의 대답을 받아 '-(으)니까'로 바꿔서 반복해서 말한다. 이렇게 대답을 바꿔 말하는 것을 몇 차례 반복해서 보여주어 '-아/어서'와 '-(으)니까'가 '왜'에 대한 대답으로 사용됨을 보여준다.

학습자가 '-(으)니까'의 의미를 인지한 다음에는 학습자에게 다음과 같은 질문이 쓰여 있는 연습지를 배부한다. 그 질문에 '-(으)니까'로 대답할 수 있는 보기도 함께 제시해 준다.

> 왜 화가 났어요?
> ① 친구하고 싸웠으니까
> ② 친구가 거짓말을 했으니까
> ③ 친구가 약속 시간에 안 오니까

학습자는 옆의 학습자와 함께 자신이 생각하는 대답을 하면서 질문·대답을 이어간다. 교사는 학습자가 말한 대답을 확인하면서 '-(으)니까'가 활용되는 것을 전체 학습자에게 보여준다.

학습자가 '-(으)니까'를 이용한 대답을 잘 하면 이번에는 과거 사실이나 상태에 대한 이유를 말하도록 '어제 왜 전화 안 했어요?'와 같이 질문한다. 학습자의 대답을 들은 후에는 '-(으)니까' 앞에 '-았/었-'을 결합하여 '-았/었으니까'로 활용되는 것을 보여준다.

문형 제시

만나~~다~~	➡ 만나 + 니까	➡ 만나니까
먹~~다~~	➡ 먹 + 으니까	➡ 먹으니까
피곤하~~다~~	➡ 피곤하 + 니까	➡ 피곤하니까
만나다	➡ 만났~~어요~~ + 으니까	➡ 만났으니까
먹다	➡ 먹었~~어요~~ + 으니까	➡ 먹었으니까
피곤하다	➡ 피곤했~~어요~~ + 으니까	➡ 피곤했으니까

제시 및 연습

제시3

위의 그림을 학습자에게 보여 주면서 그림 속의 인물이 그렇게 말하는 이유를 추측하도록 한다. 학습자가 시제를 의미에 맞게 사용하면서 대답할 수 있도록 지도한다. 학습자의 대답을 칠판에 판서한다. 학습자가 의미에 맞게 대답한 답 중에서 '-(으)니까'만 사용될 수 있고, '-아/어서'로 사용될 수 없음을 보여준다.

아이가 자서 조용히 해 주세요.
자니까

부탁의 '-아/어 주세요'나 지시의 '-(으)세요', 제안의 '-(으)ㄹ까요?' 앞에서 이유를 말하는 것으로 '-아/어서'가 올 수 없음을 강조한다.

> 수업3단계　**활동**

활동1 이유 설명하기　　　　　　　　　　　　　　　　　　준비물　대화 카드 (부록)

　학습자 두 명씩 짝을 짓고 대화가 쓰여 있는 카드 부록p.35 를 나눠 준다. 카드를 집은 학습자는 상대방 학습자에게 카드의 맨 위에 있는 질문을 한다. 질문 받은 학습자는 '-아/어서'를 이용하여 이유를 대답한다. 그러면 카드를 갖고 있는 학습자는 카드에 쓰여 있는 명령문이나 청유문을 말하면서 '-(으)니까'를 이용하여 이유를 설명한다. 상대방 학습자는 그렇게 하겠다는 뜻을 밝힌다. 대화의 흐름은 다음과 같이 진행되는데, 활동하기 이전에 학습자가 혼란스럽지 않도록 교사가 시연을 보여 준다.

```
A 왜 숙제를 못 했어요?
B 　　　　　서 못 했어요.
A 　　　　　니까 꼭 숙제하세요.
B 네, 그럴게요.
```

T : 폴 씨, 왜 숙제를 못 했어요?
S : 요즘 시간이 없어서 못 했어요.
T : 문법을 연습해야 하니까 꼭 숙제하세요.
S : 네, 그럴게요.

　학습자끼리 활동을 할 때 교사는 교실을 돌아다니면서 '-(으)니까'의 결합 형태와 시제를 제대로 활용하고 있는지, 의미에 맞게 대화를 진행하고 있는지 점검하도록 한다. 활동이 끝난 다음에 몇몇 짝 활동의 대화를 학습자 전체에게 보여주고 이에 대해 교사가 피드백을 제공하도록 한다.

활동

활동2 왜?

준비물 연습지

　학습자는 반 전체 학습자를 대상으로 다음과 같은 질문에 대한 이유를 조사한다. 학습자 수준과 활동 시간에 따라 교사는 활동에 약간의 변형을 줄 수 있다. 학습자 각각에게 모두 다른 질문을 줄 수도 있고 같은 질문을 줄 수도 있다. 학습 속도가 빠른 반을 지도할 때에는 내용에 초점을 맞춰 각각 다른 질문을 주어 어떤 답이 많이 나왔는지 조사 내용을 발표하도록 한다. 학습 속도가 느린 반을 지도할 때에는 질문의 수를 늘리고 학습자 전체에게 동일한 질문을 주어 답의 형태를 연습하도록 할 수 있다. 이때에도 몇몇 학습자에게 어떤 답이 제일 기억에 남는지 조사 결과를 물을 수 있다.

질문	친구1	친구2	친구3
❶ 왜 한국어를 공부해요?			
❷ 왜 이 학교를 선택했어요?			
❸ 요즘 왜 바빠요?			
❹ 왜 늦게 자요?			

UNIT 17
운동을 한 다음에 샤워를 해요

문형 -기 전에, -(으)ㄴ 다음에/후에

용법 시간의 선후 관계를 나타낼 때

예문

01_ 운동을 해요. 그 다음에 샤워해요.
= 운동을 한 다음에 샤워해요.

02_ (아까) 손을 씻은 다음에 식사했어요.
이따가 수업이 끝난 후에 친구에게 전화할 거예요.

03_ 저는 자기 전에 일기를 써요.
수업이 끝나기 전에 선생님께 물어 보세요.

04_ 친구한테 얘기하기 전에 다시 생각할 거예요.
밥을 먹기 전에 드라마가 시작했어요.

수업 전 단계 | 문형 정리 및 지도 Tips

01

> 운동을 해요. 그 다음에 샤워해요.
> = 운동을 한 다음에 샤워해요.

'-(으)ㄴ 다음에'는 앞 절에서 어떤 행동이나 사건이 완료된 이후에 뒷 절에서 그 다음의 행동이나 사건이 일어나는 것을 표현할 때 쓴다. '-(으)ㄴ 다음에'의 앞 절과 뒷 절에 있는 행동이나 사건은 시간상 겹쳐지지 않는다. '-(으)ㄴ 다음에' 대신에 시간적인 선후 관계를 나타낼 수 있는 '-(으)ㄴ 후에'나 '-(으)ㄴ 뒤에'를 사용할 수도 있다. 구어체에서는 '-(으)ㄴ 다음에'가 '-(으)ㄴ 후에'보다 더 많이 쓰인다.

Tips '-(으)ㄴ 다음에'를 제시할 때에는 제시된 행동의 선후 관계를 누구나 알 수 있고 동의할 만한 예로 제시해서 학습자가 이를 쉽게 인지할 수 있도록 하는 것이 중요합니다. 예를 들어 위의 예문에서 누구도 '샤워한 다음에 운동해요.'라고 상식적으로 생각하지 않기 때문에, '운동하다'와 '샤워하다'의 동사만 제시해도 학습자가 그 선후 관계를 쉽게 이해할 수 있습니다.

02

> (아까) 손을 씻은 다음에 식사했어요.
> 이따가 수업이 끝난 후에 친구에게 전화할 거예요.

'-(으)ㄴ 다음에'는 동사 어간 뒤에 붙는다. 동사 어간의 마지막이 모음으로 끝나면 '-ㄴ 다음에', 자음으로 끝나면 '-은 다음에'가 붙는다. 위의 예문과 같이 '-(으)ㄴ 다음에'의 앞 절에 '아까'나 '이따가'와 같은 시간을 나타내는 표현이 쓰여 의미상 과거나 미래를 나타낼 수 있지만, 형태적으로는 과거나 미래를 나타낼 때에도 '-(으)ㄴ 다음에/후에'를 동일하게 쓴다. '-(으)ㄴ 다음에'의 '-(으)ㄴ' 자체가 완료의 의미를 지니므로 '-(으)ㄴ 다음에' 앞에 시제를 나타내는 '-았/었-'이나 '-겠-'과 같은 것이 결합될 수 없다. '-(으)ㄴ 다음에'의 앞 절과 뒷 절의 주어는 달라도 된다.

Tips '-(으)ㄴ 다음에'를 연습시킬 때에는 하루 일과를 말해 보는 연습을 하는 경우가 많습니다. 그러나 이런 연습은 대부분 '-(으)ㄴ 다음에'의 앞뒤 문장의 주어가 같은 경우입니다. '-(으)ㄴ 다음에'는 앞 절과 뒷 절의 주어가 서로 다를 때에도 사용되므로, 다른 주어가 쓰인 두 상황을 연결한 그림이나 예문을 한 문장으로 만드는 연습을 하는 것도 필요합니다.

03
저는 자기 전에 일기를 써요.
수업이 끝나기 전에 선생님께 물어 보세요.

'-기 전에'는 어떤 행동이나 일이 시작되거나 완료되기 전의 일을 서술할 때 사용한다. '-기 전에'의 앞 절에 시간상 나중의 일이 먼저 나오고 '-기 전에'의 뒷 절에 시간상 이전의 일이 나온다.

> **Tips** '-기 전에'가 어떤 행동이나 일이 시작되기 전의 일을 나타낼 때에는 '일기를 쓴 다음에 자요.'와 같이 시간의 흐름대로 기술한 다음에, 이런 시간의 흐름을 거슬러 올라가는 것으로 '-기 전에'를 도입하면 이해하기 쉽습니다. 그러나 연습 단계에서는 두 번째 예문과 같이 어떤 것이 진행되어 완료되기 이전의 일도 '-기 전에'로 표현함을 학습자에게 보여주는 것이 필요합니다. 앞 절과 뒷 절의 주어가 다른 문장을 '-기 전에'로 연결하는 것도 보여줘야 합니다.

04
친구한테 얘기하기 전에 다시 생각할 거예요.
밥을 먹기 전에 드라마가 시작했어요.

'-기 전에'는 동사 어간과 결합한다. 동사 어간의 마지막이 모음으로 끝나든 자음으로 끝나든 상관 없이 '-기 전에'를 결합하면 된다. '-기 전에' 앞에도 '-(으)ㄴ 다음에'와 같이 시제를 나타내는 어미 '-았/었-'이나 '-겠-'이 결합될 수 없다. '-기 전에'의 앞 절과 뒷 절의 주어가 다를 수 있다.

> **Tips** '-기 전에' 앞에는 동사와 결합하는 것을 강조해 줄 필요가 있습니다. 특히 영어권 학습자는 영어에서처럼 'be+형용사'와 같은 서술어(예: be sick)를 생각하면서 '아프기 전에'로 바꿔 '-기 전에' 앞에 형용사를 결합시키는 오류를 자주 범합니다. 한국어에서는 '-기 전에' 앞에 형용사를 쓸 수 없기 때문에 형용사를 동사로 만들어 주는 과정이 필요합니다. '-아/어지다' 혹은 다른 동사를 써서 바꿔야 합니다. 앞의 경우라면 '아파서 병이 심해지기 전에'로 바꿔야 합니다.

문형 정리 및 지도 **Tips**

학습자 오류

1. 운동을 했은 다음에 잤어요. → 운동을 한 다음에 잤어요.
    - ☞ '-(으)ㄴ 다음에'의 '-(으)ㄴ' 안에 완료의 의미가 있기 때문에 이 문형 앞에 '-았/었-'과 같은 과거 시제는 결합될 수 없습니다.

2. 교실에 한 시간 있은 다음에 나갈 거예요. → 교실에서 한 시간 공부한 다음에 나갈 거예요.
    - ☞ 형용사나 '있다'와 같이 상태를 나타내는 용언 뒤에는 '-(으)ㄴ 다음에'를 쓰지 않습니다. 그러므로 위의 문장은 교실에서 '공부한 다음에'나 '쉰 다음에'와 같이 다른 동사로 바꾸어야 합니다.

3. 수업 다음에 뭐 할 거예요? → 수업 후에 뭐 할 거예요?
    - ☞ 동사 뒤에는 '-(으)ㄴ 다음에'와 '-(으)ㄴ 후에'가 모두 사용될 수 있지만, 명사 뒤에는 '다음에'가 올 수 없고 '후에'만 올 수 있습니다. 명사를 기준으로 시간의 앞뒤를 나타낼 때에는 한자어 '전(前)'과 '후(後)'가 짝을 이뤄 사용됩니다.

4. 날씨가 덥기 전에 에어컨을 사야 해요. → 날씨가 더워지기 전에 에어컨을 사야 해요.
    - ☞ '-기 전에' 앞에는 동사만 결합될 수 있기 때문에 형용사인 '덥다'는 동사로 바뀌어야 합니다. 그러므로 '덥다'에 '-아/어지다'를 결합하여 동사인 '더워지다'로 바꿔야 합니다.

5. 시간이 없기 전에 빨리 일을 끝내세요. → 시간이 다 되기 전에 빨리 일을 끝내세요.
    - ☞ '없다'도 형용사와 같이 상태를 나타내는 용언이므로 '-기 전에' 앞에 쓸 수 없습니다. 그러므로 의미상 '시간이 다 되기 전에'로 고쳐야 합니다.

6. 선생님이기 전에 뭐 했어요? → 선생님이 되기 전에 뭐 했어요?
    - ☞ '-기 전에' 앞에 '이다'를 결합하는 것이 어색합니다. '선생님이 되다'로 바꿔 써야 합니다.

| 수업1단계 | **도입** |

교사는 다음과 같이 학습자에게 질문한다.

> 예
>
> T 수업이 몇 시에 끝나요?
> S 12시에 끝나요.
> T 수업이 12시에 끝나요. 그 다음에 뭐 해요?
> S 점심을 먹어요.
> T 수업이 끝난 다음에 점심을 먹어요?
> S 네, 수업이 끝난 다음에 점심을 먹어요.
> T (다른 학습자들을 보며) 수업이 끝난 다음에 뭐 해요?

학습자가 수업 후에 무엇을 하는지 물어보고 대답할 만한 보기를 함께 제시한다. 학습자는 형태 활용에 대한 부담 없이 보기 중에서 자신에게 해당되는 답을 말한다.

> 수업이 끝난 다음에 뭐 해요?
> ① 수업이 끝난 다음에 점심을 먹어요.
> ② 수업이 끝난 다음에 집에 가요.
> ③ 수업이 끝난 다음에 회사에 가요.
> ④ 수업이 끝난 다음에 친구에게 전화해요.

자신에게 해당되는 답이 없는 학습자에게는 자신의 이야기를 만들어서 대답하게 한다. 이때에는 교사가 "수업이 끝난 다음에 뭐 해요?"라고 다시 한번 물어 학습자가 갖고 있는 형태에 대한 부담을 줄여준다. 전체 학습자를 대상으로 했던 교사의 질문을 학습자끼리 서로 묻고 답하게 한다.

수업2단계 제시 및 연습

제시1

교사는 한 학습자에게 "수업이 끝난 다음에 뭐 해요?"라고 도입에서 했던 질문을 하고, 그 학습자의 대답을 칠판에 판서한다. 학습자가 목표 문형인 '-(으)ㄴ 다음에'를 써서 대답하지 않아도 된다. 교사가 '그 다음에 뭐 해요?'라고 질문했을 때 질문의 의미가 이후의 행동에 대해 묻는 것임을 학습자가 알아차리면 된다.

예

- T 폴 씨, 수업이 끝난 다음에 뭐 해요?
- S 점심을 먹어요.
- T (그림의 화살표를 가리키면서) 점심을 먹은 다음에 뭐 해요?
- S 도서관에서 공부해요.
- T (학습자의 답을 판서하고 그 옆에 화살표를 그리며) 도서관에서 공부한 다음에 뭐 해요?
- S 도서관에서 공부한 다음에 친구를 만나요.

학습자의 대답을 판서한 것을 보고 전체 학습자를 대상으로 다시 질문하여 전체 학습자가 목표 문형을 이용해서 학습자의 대답을 다시 말하도록 한다. '-(으)ㄴ 다음에'를 쓸 때 화살표를 가리켜서 이후의 행동을 진술하는 것임을 학습자가 시각적으로 확인할 수 있도록 한다.

Tips '-(으)ㄴ 다음에'를 이용해서 다음 행동을 묘사할 때 세 가지 이상의 동사를 한 문장으로 연결하지 않도록 주의를 줘야 합니다. 또한 '가다' 동사는 '-(으)ㄴ 다음에' 앞에 잘 쓰이지 않으므로 '간 다음에'로 만들지 않도록 교사가 주의해서 예를 제시해야 합니다.

문형 제시

1. 보다 ➡ 본 다음에
2. 먹다 ➡ 먹은 다음에

학습자가 '-(으)ㄴ 다음에'의 의미와 형태를 묶어 이해한 다음에는 학습자끼리 서로의 생활에 대해서 묻고 답하도록 한다. 학습자끼리 질문·대답을 끝내면 이를 발표하게 하고 학습자의 발표 중에 'ㄷ' 불규칙(듣다 → 들은 다음에), 'ㄹ' 불규칙(놀다 → 논 다음에)이 나온다면 그 활용형을 확인시킨다. 교사는 발표 내용의 일부를 판서해 놓았다가 이를 예로 들어 반 전체 학습자에게 질문한다.

'씻은 다음에 자요'와 같이 화살표가 있을 때 시간의 선후 관계를 나타내는 것임을 확인시킨 다음에, 화살표의 방향을 반대로 하고 손가락으로 그림과 화살표를 가리키면서 '자기 전에 씻어요.'라는 문장을 제시한다. 이미 발표했던 내용이었기 때문에 학습자는 교사의 손가락의 움직임이 시간을 거슬러 가는 의미임을 이해할 수 있다. 학습자에게 '저녁을 먹기 전에 뭐 해요?'와 같이 질문한 후, 학습자가 '-기 전에'를 이용하여 대답하도록 다시 한번 확인해 준다.

> **Tips** 위와 같은 예는 두 가지 행동의 흐름을 화살표로 표현한 것입니다. 그러므로 교사는 학습자가 '-기 전에'의 뒷 절에 사건이 완료된 것(예: 숙제가 끝났어요)을 써서 점심을 먹기 전에 '숙제가 끝났어요.'와 같은 예를 만들어 내지 않도록 예문을 선정할 때 조심해야 합니다.

문형 제시

1. 보다 ➡ 보기 전에
2. 먹다 ➡ 먹기 전에

| 수업3단계 | **활동** |

준비물 활동지 (부록)

활동1 저도! 저는!

학습자 두 명씩 짝을 짓고 다음과 같은 활동지 부록p.37 를 이용하여 서로에게 질문하게 한다. 질문 받은 학습자는 질문의 의미에 맞게 목표 문형인 '-(으)ㄴ 다음에'나 '-기 전에'를 써서 대답한다. 질문했던 학습자는 상대방 학습자의 대답을 들은 다음에 자신의 상황과 비교해서 그 대답의 내용이 같은지 다른지 반응한다. 자신도 같다는 것을 나타낼 때에는 '저도'를, 자신은 다르다는 것을 나타낼 때에는 '저는'을 사용한다.

❽ 한국을 떠나기 전에 한국을 여행할 거예요.

❾ 물을 마신 후에 식사를 시작해요.

❿ 밥을 먹은 후에 커피를 마셔요.

⓫ 이를 닦은 후에 세수를 해요.

⓬ 수업이 끝난 후에 꼭 복습을 해요.

⓭ 한국어를 배운 후에 한국에서 일할 거예요.

A : 한국을 떠나기 전에 한국을 여행할 거예요?
B : 네, 저는 혼자 한국 여기저기를 여행 가고 싶어요.
A : 저는 한국 사람 집에 한번 방문하고 싶어요.
B : 그렇군요.

A : 한국어를 배운 후에 한국에서 일할 거예요?
B : 네, 저는 한국에서 일하고 싶어요.
A : 저도 한국에서 일하고 싶어요.
B : 그래요?

학습자가 이런 연습을 쉬워하면, 교사는 'A 아니면 B'라는 선택의 의미를 담고 있는 문형을 제시해서 학습자가 대화를 확장해서 대답할 수 있도록 한다. A와 B가 명사라면 명사 사이에 '-(이)나'를 쓰고, 동사라면 동사 사이에 '-거나'를 쓴다. 형태적으로는 까다롭게 보일 수 있지만 선택의 의미는 쉽게 이해할 수 있기 때문에 학습 진도가 빠른 학습자라면 시도할 만하다.

예
A 어디를 여행하고 싶어요?
B 제주도나 부산에 가고 싶어요.
A 여행 준비는 어떻게 해요?
B 친구한테 물어보거나 인터넷에서 찾아요.

UNIT 18
사진을 찍을 때 김치라고 말해요

문형 -(으)ㄹ 때

용법 어떤 행동이나 상황이 계속되는 동안이나 그 시각을 나타낼 때

예문

01_ 저는 잘 때 무서운 꿈을 꿔요.
사진을 찍을 때 '김치'라고 말해요.

02_ 아플 때는 집에서 쉬어야 해요.
혼자 있을 때마다 가족 생각이 나요.
생일 때 가족하고 식사해요.

03_ 대학교에서 공부할 때 그 친구를 만났어요.
= 대학교에서 공부했을 때 그 친구를 만났어요.

04_ 일본에 갈 때 옛날 친구를 만났어요.
일본에 갔을 때 옛날 친구를 만났어요.

수업 전 단계 | 문형 정리 및 지도 Tips

01

저는 **잘 때** 무서운 꿈을 꿔요.
사진을 **찍을 때** '김치'라고 말해요.

'-(으)ㄹ 때'는 앞 절의 어떤 행동이나 상황이 일어난 시각이나 그것이 계속되는 동안을 나타낼 때 사용한다. 위의 예문에서 '잘 때'와 같이 자는 행동이나 상황이 계속되는 동안을 나타낼 때에는 '자는 동안에' 혹은 '자면서'와 같은 의미를 나타낸다. 또한 '사진을 찍을 때'와 같이 사진을 찍는 행동이나 상황이 일어난 시간 혹은 지점을 나타낼 때에는 '사진을 찍는 그 시각에'라는 의미를 나타낸다.

> **Tips** '-(으)ㄹ 때'의 의미가 '-는 동안에'나 '-(으)면서', 혹은 '-(으)면'과 의미상 겹칠 수 있기 때문에, 매개어를 사용하지 않고 한국어로 직접 수업할 때에는 좋은 예문을 선정하는 것이 중요합니다. 예를 들면 '밥을 먹을 때 텔레비전을 봐요.'라는 문장은 '밥을 먹으면서 텔레비전을 봐요.'로 이해될 수도 있기 때문에 '-(으)ㄹ 때'를 도입하기에 좋은 예문이라고 할 수 없습니다. 그러므로 '-(으)ㄹ 때'를 도입할 때에는 '어떤 행동이나 상황이 일어난 그 시각'이라는 의미로 먼저 도입하는 것이 좋습니다.

02

아플 때는 집에서 쉬어야 해요.
혼자 있을 **때마다** 가족 생각이 나요.
생일 때 가족하고 식사해요.

'-(으)ㄹ 때'는 동사, 형용사와 결합한다. 어간의 마지막이 모음으로 끝날 때 '-ㄹ 때'를, 자음으로 끝날 때 '-을 때'를 붙여 쓴다. '때' 뒤에는 '마다, 부터, 까지'와 같은 조사가 붙어 '반복, 시발점, 완료'의 의미를 더하기도 한다. '이다' 뒤에 '-(으)ㄹ 때'가 붙어 '일 때'로 활용된다. 다만, 점심이나 학생, 생일과 같은 몇몇 명사 뒤에 '이다'를 쓰지 않고 바로 '때'를 붙여 '점심 때, 학생 때, 생일 때'라고 쓸 수 있는데, 이런 예는 매우 제한적이다.

> **Tips** 특히 명사 뒤에 '때'를 사용하는 것은 초급 학습자가 접할 수 있는 빈도수가 높은 것 서너 가지로 한정하여 제시하는 것이 좋습니다. 그렇지 않으면 학습자의 오류가 계속 나오게 됩니다. '휴가 때, 생일 때, 크리스마스 때, 학생 때, 점심 때'로 한정하여 제시할 수 있습니다.

03
대학교에서 공부**할 때** 그 친구를 만났어요.
= 대학교에서 공부**했을 때** 그 친구를 만났어요.

'-(으)ㄹ 때'는 앞 절의 시제와 관계 없이 뒷 절의 시제와 같은 시간대를 나타낸다. 그러므로 앞 절에 '대학교에서 공부할 때'로 썼을 때, 뒷 절에 '그 친구를 만나요.'가 오면 앞 절의 시제는 현재 시점과 같은 시간대이고, 뒷 절에 '그 친구를 만났어요.'가 오면 앞 절의 시제는 과거 시점과 같은 시간대이다. 뒷 절에 과거 시제가 쓰였을 때 앞 절에 '-았/었-'을 붙여 시제를 일치시켜 줄 수도 있다. 즉, 뒷 절에 과거 시제가 쓰였을 때에는 앞 절에 '-(으)ㄹ 때'와 '-았/었을 때'를 바꿔 쓸 수 있게 된다. 다만, '-(으)ㄹ 때'의 앞 절에 추측의 '-겠-'은 붙을 수 없다.

> **Tips** 학습자들은 자신의 모국어 영향 때문에 앞 절과 뒷 절의 시제를 맞추려는 시도를 자주 하게 됩니다. 그러므로 초급에서는 뒷 절을 과거 시제로 쓸 때 앞 절도 과거 시제로 쓰는 것으로 먼저 제시하는 것이 학습자의 혼란을 줄일 수 있습니다.

04
일본에 **갈 때** 옛날 친구를 만났어요.
일본에 **갔을 때** 옛날 친구를 만났어요.

'가다, 오다, 타다'와 같은 동사는 동사 자체의 의미상 '-(으)ㄹ 때'와 '-았/었을 때'의 의미가 달라진다. '-(으)ㄹ 때'가 결합된 '갈 때'는 가는 중이라는 진행의 의미를 표현한 것이고, '-았/었을 때'가 결합된 '갔을 때'는 이미 도착한 완료의 의미를 표현한 것이다. 위의 예문에서 '갈 때'는 '가는 도중에'라는 의미로 비행기에서 친구를 만났다는 의미가 되고, '갔을 때'는 '도착했을 때'의 의미로 일본에 도착해서 친구를 만났다는 의미가 된다.

> **Tips** '-(으)ㄹ 때'와 '-았/었을 때'의 의미의 차이를 학습자에게 보여줄 때에는 학습자가 쉽게 이해할 수 있도록 그림을 제시하여 이해시키면 좋습니다. '갈 때'는 '가는 도중에'의 의미가, '갔을 때'는 '도착했을 때'의 의미가 나타날 수 있는 그림이 필요합니다. 또한, 학습자가 직접 예문을 만들면서 의미 차이를 만들어 내는 연습도 병행해야 합니다.

문형 정리 및 지도 Tips

학습자 오류

1 **주말 때** 친구를 만날 거예요. → 주말에 친구를 만날 거예요.
☞ 명사 뒤에 '때'를 쓰는 경우를 한정해서 말해 주지 않으면 이와 같은 실수를 많이 범하게 됩니다. 한정된 몇몇 경우를 제외하고는 시간을 나타내는 조사 '-에'를 사용하도록 지도합니다.

2 유럽을 여행했을 때 피자를 처음 **먹어요**. → 유럽을 여행했을 때 피자를 처음 먹었어요.
☞ 위의 예문은 의미상 과거의 경험을 진술하는 것이므로 문장 전체의 시제는 과거가 되어야 합니다. 이때 문장 전체의 시제는 '-(으)ㄹ 때'의 뒷 절에 붙어야 하므로, '먹어요'가 아니라 '먹었어요'가 되어야 합니다. '유럽을 여행했을 때'처럼 앞 절에 과거 시제가 쓰였을 때에는 뒷 절에 과거 시제만 써야 합니다.

3 지하철을 **탔을 때** 문 앞에서 넘어졌어요. → 지하철을 탈 때 문 앞에서 넘어졌어요.
☞ '타다' 동사의 경우 '탈 때'는 승차하는 과정에서 넘어졌다는 말이고, '탔을 때'는 승차한 다음에 지하철 안에서 넘어졌다는 말입니다. 시제에 따라 의미가 달라지는 경우는 상황을 나타내는 그림이나 동작으로 제시하는 것이 이해하기 쉽습니다.

4 학교에 도착할 때 교실에 사람이 없었어요. → 학교에 도착했을 때 교실에 사람이 없었어요.
☞ '도착하다, 떠나다, 가다/오다'와 같은 이동을 나타내는 동사는 '-(으)ㄹ 때'와 결합했을 때 '진행'의 의미를, '-았/었-'과 함께 쓰여 '완료'의 의미를 나타냅니다. 위의 예문은 학교에 도착해서 교실 상황을 안 것을 진술하는 것이므로 '도착했을 때'라고 써야 합니다.

5 일하는 시간에 **전화하는** 때는 밖에서 하세요. → 일하는 시간에 전화할 때는 밖에서 하세요.
☞ '-(으)ㄹ 때'를 학습한 직후에는 이런 오류가 거의 나오지 않지만, 관형절 동사 현재 '-는'을 배운 다음에 이런 오류가 자주 나옵니다. '-(으)ㄹ 때'를 문형으로 묶어 제시하고 반복적으로 형태를 연습하는 것이 필요합니다.

| 수업1단계 | **도입** |

교사는 학습자에게 익숙한 상황을 예로 들어 제시하면서 이런 상황에서 어떤 말을 할 수 있는지 묻는다.

예
T (카메라를 들고) 사진을 찍어요. 그때 서양 사람들은 '치즈'라고 말해요. 맞아요?
S 네, 맞아요.
T 그럼, 사진을 찍어요. (강조한다.) 그때 한국 사람들은 뭐라고 말해요?
S 김치.
T 네, 맞아요. 한국 사람들은 사진을 찍을 때 김치라고 말해요.
S 한국 사람들은 사진을 찍을 때 김치라고 말해요.

위와 같이 학습자가 한국에서 접할 만한 상황을 제시하면 학습자는 자신이 겪었던 경험을 이용해서 대답할 수 있기 때문에 자신 있게 말할 수 있다. 또한, 학습자가 이런 정보를 모르고 있다면 한국 문화를 알릴 수 있는 기회가 될 수도 있기 때문에 유용하기도 하다. 교사는 아래와 같은 질문을 준비해 놓는다.

- 말을 걸 때 뭐라고 말해요?
- 전화를 끊을 때 뭐라고 말해요?
- 처음 사람을 만날 때 뭐라고 인사해요?
- 친구와 헤어질 때 뭐라고 인사해요?

| 수업2단계 | **제시 및 연습** |

제시1

준비물: 제시 그림 (부록), 플래시 카드

학습자가 '그때'라는 의미와 앞에서 제시한 '-(으)ㄹ 때'의 사용 맥락을 이해하게 되면, 다음과 같은 그림으로 학습자가 이미 알고 있는 동사나 형용사의 기본형으로 '-(으)ㄹ 때'를 써서 말할 수 있도록 한다.

주다   받다

Tips 그림의 아래에 동사나 형용사의 기본형을 써 주어 제시하면, 학습자는 활용형과 그 발음에 더욱 주의를 기울입니다.

예
T 마크 씨가 생일이에요. 리에코 씨가 마크 씨한테 선물을 줄 때 뭐라고 말해요?
S 선물을 줄 때 "생일 축하합니다."라고 말해요.

문형 제시

1 주다 ➡ 줄 때
2 받다 ➡ 받을 때

학습자가 플래시 카드를 이용한 구두 연습으로 '-(으)ㄹ 때'의 활용 연습을 끝내면, 교사는 다음과 같은 그림 부록 p.38 으로 '-(으)ㄹ 때'의 쓰임을 보여준다.

일정한 시간대에 계속되는 일이나 상태를 나타내는 그림을 제시하고 학습자에게 다음과 같은 질문을 해서 자유롭게 대답하도록 유도한다. 학습자가 '-(으)ㄹ 때'의 형태와 의미를 확실하게 이해했다면, 학습자끼리 질문과 대답을 주고받을 수 있도록 한다.

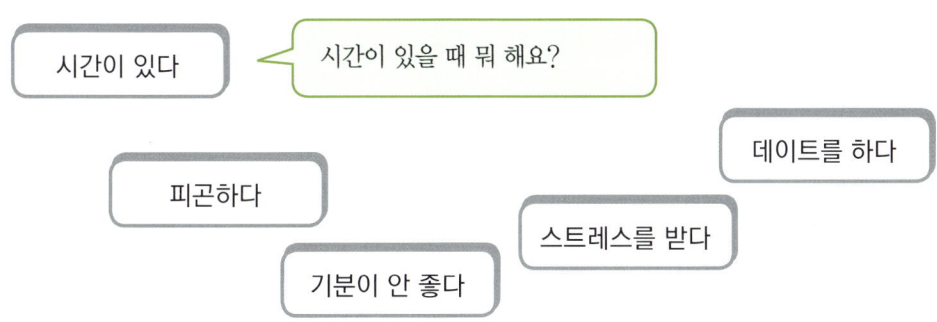

제시 및 연습

제시2

'-(으)ㄹ 때' 앞에 '-았/었-'을 결합한 '-았/었을 때'도 위와 비슷하게 제시할 수 있다.

> **예**
> T 폴 씨, 언제 한국어 공부를 처음 시작했어요?
> S 6개월 전에 한국어 공부를 시작했어요.
> T 한국어 공부를 시작했어요. 그때 뭐가 제일 어려웠어요?
> 한국어 공부를 시작했을 때 뭐가 제일 어려웠어요?
> S 한국어 공부를 시작했을 때 발음이 제일 어려웠어요.
> T 그래요? 그럼, 한국에 처음 왔을 때 한국어 할 수 있었어요?
> S 한국에 처음 왔을 때 한국어를 몰랐어요. 그래서 조금 힘들었어요.
> T 힘들었을 때 어떻게 했어요?
> S 힘들었을 때 한국 친구가 도와줬어요.

문형 제시

1. 먹다 ➡ 먹었을 때
2. 시작하다 ➡ 시작했을 때

활용형을 연습한 후에는 주어진 문장을 '-았/었을 때'를 이용하여 다음과 같이 서로의 경험에 대해 질문·대답을 주고받도록 한다.

한국 음식을 처음 먹다

A : 한국 음식을 처음 먹었을 때 어땠어요?
B : 한국 음식을 처음 먹었을 때 너무 매웠어요.
A : 그때 뭐 먹었어요?
B : 김치찌개를 먹었어요.
A : 지금도 김치찌개가 매워요?
B : 지금은 괜찮아요.

한국 친구를 처음 사귀다

한국어를 처음 배우다

한국에서 처음 쇼핑하다

제시3

'가다/오다' 동사가 결합된 '갈 때'와 '갔을 때'가 의미 차이가 있음을 그림을 통해 학습자에게 제시한다.

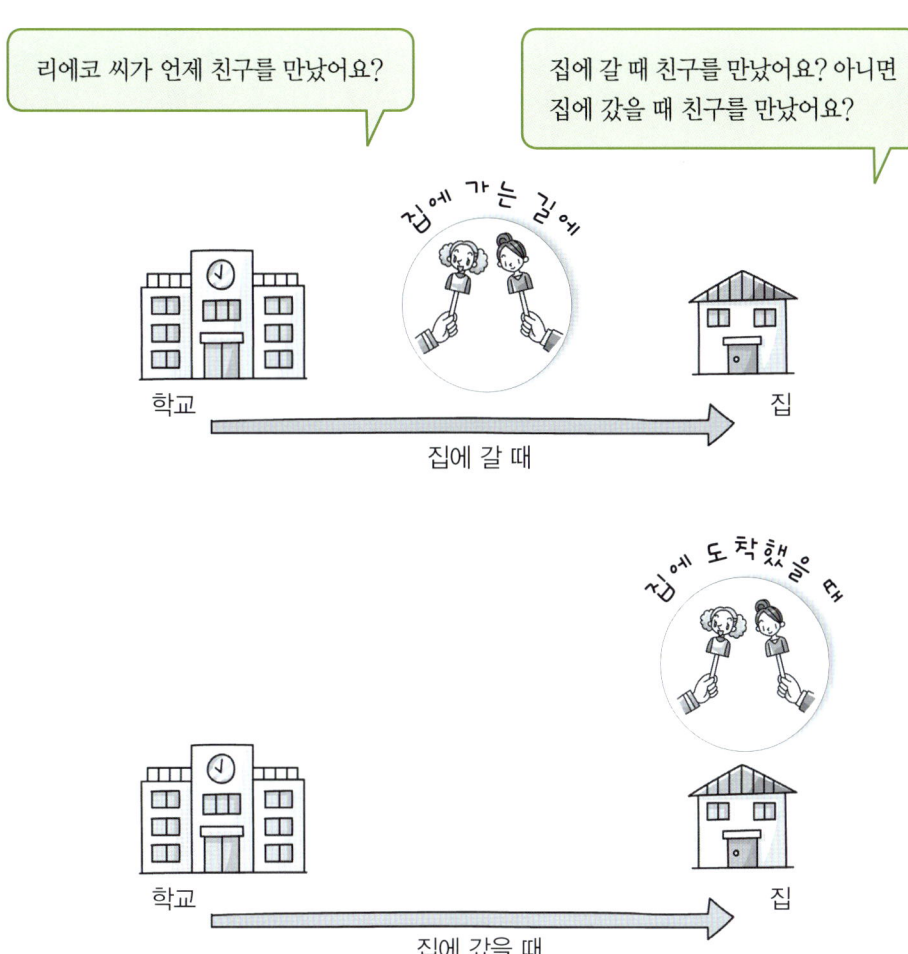

'돌아가다, 나오다'와 같이 '가다/오다'가 결합된 복합 동사도 '-(으)ㄹ 때'와 '-았/었을 때'를 결합했을 때 의미가 달라짐을 알려 준다.

> 수업3단계　**활동**

준비물　활동지 (부록)

활동1 이럴 때에는?

학습자에게 질문이 쓰여 있는 활동지 `부록 p.39` 를 나눠주고 학습자끼리 서로 질문과 대답을 주고받을 수 있도록 한다. 연습지에 쓰여 있는 것을 바탕으로 학습자가 '-(으)ㄹ 때'를 이용하여 상대방 학습자에게 질문을 해야 한다. 상대방 학습자의 대답을 듣고 추가 질문을 할 수 있도록 교사가 시연을 보여준다.

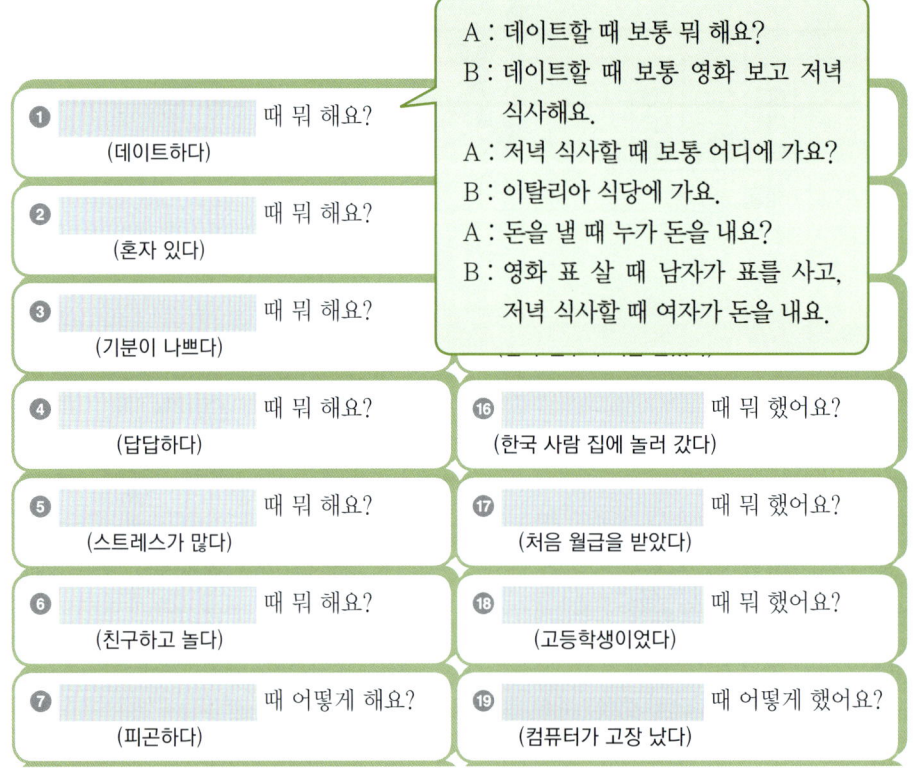

① _____ 때 뭐 해요? (데이트하다)
② _____ 때 뭐 해요? (혼자 있다)
③ _____ 때 뭐 해요? (기분이 나쁘다)
④ _____ 때 뭐 해요? (답답하다)
⑤ _____ 때 뭐 해요? (스트레스가 많다)
⑥ _____ 때 뭐 해요? (친구하고 놀다)
⑦ _____ 때 어떻게 해요? (피곤하다)

⑯ _____ 때 뭐 했어요? (한국 사람 집에 놀러 갔다)
⑰ _____ 때 뭐 했어요? (처음 월급을 받았다)
⑱ _____ 때 뭐 했어요? (고등학생이었다)
⑲ _____ 때 어떻게 했어요? (컴퓨터가 고장 났다)

A : 데이트할 때 보통 뭐 해요?
B : 데이트할 때 보통 영화 보고 저녁 식사해요.
A : 저녁 식사할 때 보통 어디에 가요?
B : 이탈리아 식당에 가요.
A : 돈을 낼 때 누가 돈을 내요?
B : 영화 표 살 때 남자가 표를 사고, 저녁 식사할 때 여자가 돈을 내요.

활동2 언제?

　다양한 인간 감정을 드러내는 표정을 나타낸 그림을 학습자가 볼 수 있게 칠판에 붙인다. 학습자를 두 명씩 짝 지어 주고 그림을 보면서 질문을 주고받게 한다. 한 학습자가 '언제'라는 의문사를 이용하여 질문하면, 상대방 학습자는 '-(으)ㄹ 때'를 이용해서 자유롭게 대답한다.

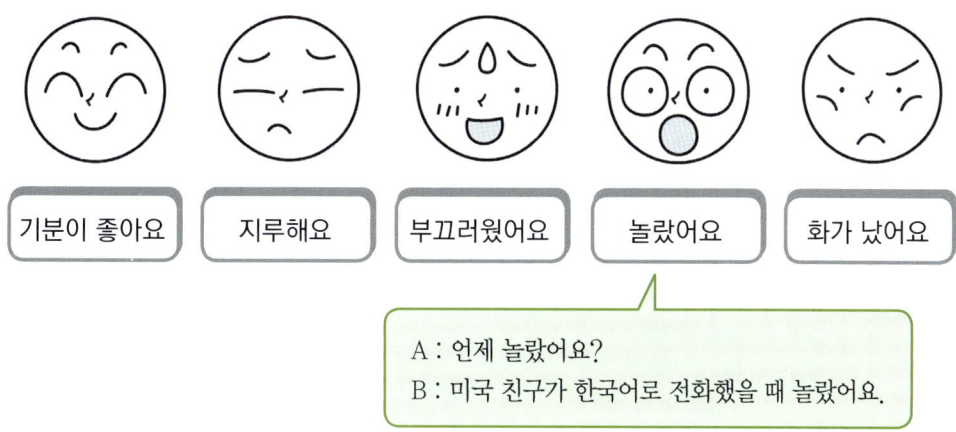

　학습자가 그림을 보고 질문과 대답을 쉽게 만들어 내면 다음 단계에는 그림 없이 글자로만 상황을 제시한다.

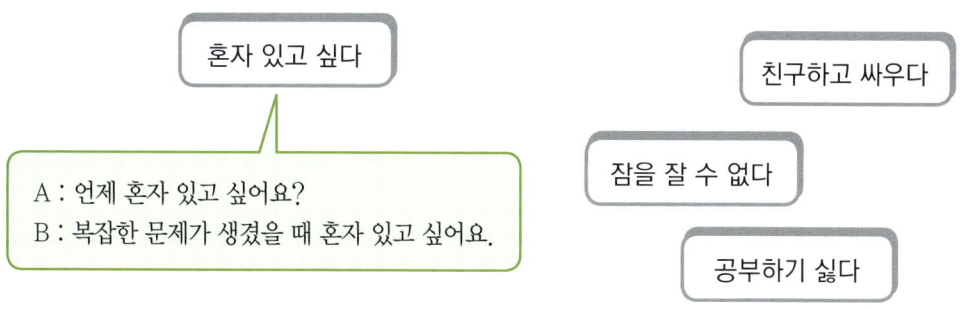

짝 활동

두 명의 학습자가 한 단위가 되는 짝 활동은 상대방과의 의사소통을 중시하는 언어 수업에서 선호되는 활동입니다. 수업 단계로 보면 교사가 제시 또는 설명을 한 후 학습자가 연습하는 단계에서 주로 활용됩니다. 교사의 입장에서는 학습자의 개인 차를 민감하게 반영하여 짝을 지을 수 있으며, 짝을 바꾸는 것을 통해 활동에 변화를 줄 수도 있습니다. 또한 반 전체 활동에서 놓치게 되는 학습자 주도적인 학습을 짝 활동에서 직접적으로 구현할 수 있습니다. 학습자의 입장에서는 말하지 않고는 짝 활동이 불가능하므로 다른 활동에 비해 상대적으로 말할 수 있는 기회를 가장 많이 부여 받게 됩니다. 학습자의 협동 학습을 통해 수업 참여와 학습 효과를 높일 수 있고 더욱 활발한 수업 분위기를 만들 수 있습니다.

반면에, 짝 활동은 교사가 통제력을 제대로 발휘하지 못할 경우 자칫 시끄러운 수업 분위기가 되기 쉬우며, 사람이 많은 경우 교사가 피드백을 줄 시기를 놓칠 수도 있습니다. 정확성을 좋아하는 학습자라면 교사가 아닌 학습자와 계속 대화하는 짝 활동에 불안해 할 수도 있습니다. 그러므로 교사는 짝 활동을 할 동안에 학습자의 짝 활동을 잘 관찰하여 적절한 피드백을 제때 줄 수 있어야 합니다. 또한 학습자의 국적 및 선호를 고려하여 짝을 지어 줄 필요가 있습니다. 물론 짝 활동을 원활하게 하기 위해 활동 전에 시연을 보여주거나 짝 활동 시간을 알려 주는 것과 같은 지침도 미리 제시하여 학습자가 짝 활동에서 어떤 것에 집중해야 하는지 알려 줘야 합니다.

개별 활동

교실 수업이라고 해도 학습자 개별 활동은 매우 중요하게 활용될 수 있습니다. 읽기나 듣기와 같은 수업에서 일정 정도의 정보를 입력할 때, 또는 교사의 질문에 대답해야 할 때, 다른 학습자를 만나 의견을 묻기 전 자신의 생각을 정리하거나 자신의 답을 미리 써 볼 때, 복습 때 자신이 아는 것과 모르는 것을 구별할 때 개별 활동은 매우 효과적입니다. 학습자가 조용해지는 것에 불안감을 느끼는 초보 교사는 개별 활동에서 학습자 스스로 시험, 확인하는 시간이 매우 중요하다는 점을 되새길 필요가 있습니다.

그러나 개별 활동을 많이 할수록 수업에서의 협동 학습이 줄고 수업 분위기가 가라앉을 수 있으므로 교사가 너무 오랫동안 개별 활동에 시간을 할애하는 것은 좋지 않습니다. 특히 동양권 학습자가 많은 반일 경우 개별 활동은 학습자가 수동적인 자세를 보이게 할 수도 있으므로 주의할 필요가 있습니다.

UNIT 19
돈이 있으면 세계 여행을 가고 싶어요

문형 -(으)면

용법 조건을 말하거나 가정하여 말할 때

예문

01_ 오른쪽으로 가면 은행이 보여요.
= 오른쪽으로 가요. 그러면 은행이 보여요.
시간이 없으면 다음 주에 만나요.

02_ 주말에 눈이 오면 아이들이 좋아할 거예요.
돈이 있으면 세계 여행을 가고 싶어요.

03_ 혼자 있을 때 아프면 힘들어요.
자주 연습하지 않으면 잊어버리게 될 거예요.
학생이면 10% 할인이 돼요.
학생이 아니면 할인이 안 돼요.

04_ 처음부터 열심히 공부했으면 좋았을 텐데…
다시 만날 수 있었으면 좋겠어요.

> **수업 전 단계** 문형 정리 및 지도 Tips

01
> 오른쪽으로 **가면** 은행이 보여요.
> (= 오른쪽으로 가요. 그러면 은행이 보여요.)
> 시간이 **없으면** 다음 주에 만나요.

'-(으)면'은 조건-결과를 나타내는 문장에서 사용된다. '-(으)면'의 앞 절에 조건을 나타내고 뒷 절에는 그 조건에 따른 행동이나 상황이 나온다. 위 예문에서 첫 번째 문장의 의미는 오른쪽으로 가는 행동을 하면 뒤따라 은행이 보인다는 것이고, 두 번째 문장의 의미는 시간이 있으면 이번 주에 만나지만 시간이 없으면 다음 주에 만나는 것이다.

> **Tips** 한국어에서는 조건을 나타내는 절을 '-(으)면'의 앞 절에만 쓸 수 있는 반면에 영어에서는 조건절을 앞 절과 뒷 절에 모두 쓸 수 있으므로, 영어권 화자의 오류가 종종 나옵니다. 그러므로 '-아/어서'와 마찬가지로, '-(으)면'을 지도할 때에도 조건을 먼저 제시하고 '그러면'으로 두 문장을 이어준 다음에 앞 절에 조건이, 뒷 절에 결과가 나온다는 점을 강조해야 합니다.

02
> 주말에 눈이 **오면** 아이들이 좋아할 거예요.
> 돈이 **있으면** 세계 여행을 가고 싶어요.

'-(으)면'은 불확실하거나 아직 이루어지지 않은 것, 혹은 불가능한 것을 가정할 때에도 사용된다. '-(으)면'의 앞 절에 가정하는 내용이 나오고, 뒷 절에 그 가정에 따른 결과가 나온다. 위 예문의 첫 번째 문장의 의미는 주말에 눈이 올지 아직 모르겠지만, 만약 눈이 온다고 가정하면 아이들이 좋아할 것이라는 것이다. 두 번째 문장의 의미는 현재 돈이 없지만 돈이 많이 있다고 가정하면 세계 여행을 가고 싶다는 의미이다. 이런 가정 상황을 강조하려면 앞 절의 맨 앞에 '만약'과 같은 부사를 덧붙여 말할 수 있다.

> **Tips** '-(으)면'을 사용한 예문을 제시할 때에는 의미상 다른 문형과 바꿔 사용할 수 없는 좋은 예문을 선택하는 것이 중요합니다. 예를 들면 '음악을 들으면 행복해요.'라는 문장은 '음악을 들을 때 행복해요.'라는 문장으로 바꿔도 의미 차이를 알아차리기 어렵습니다. 그러므로 '-(으)면'을 제시할 때에는 조건이나 가정으로만 해석되는 예문으로 도입하는 것이 좋습니다.

03

혼자 있을 때 아프**면** 힘들어요.
자주 연습하**지 않으면** 잊어버리게 될 거예요.
학생**이면** 10% 할인이 돼요.
학생**이 아니면** 할인이 안 돼요.

'-(으)면'은 동사, 형용사, '이다'의 어간 뒤에 붙는다. 어간의 마지막이 모음으로 끝나면 '-면'을, 자음으로 끝나면 '-으면'을 붙인다. 동사와 형용사의 부정은 동사나 형용사 앞에 '안'을 사용하거나 어간에 '-지 않으면'을 붙여 나타낸다. '이다'의 부정은 '-이/가 아니다'에 '-(으)면'을 붙여 '-이/가 아니면'으로 된다.

> **Tips** '-지 않으면'을 발음할 때 받침 'ㅎ'이 뒤의 모음과 연결되어 소리가 약해지기 때문에 'ㅎ' 소리가 거의 나지 않는다는 것을 지도해야 합니다. 학습자는 발음에 민감하므로, 교사는 발음이 표기와 달라질 때마다 학습자가 이해할 수 있도록 주의집중 시키는 것이 필요합니다.

04

처음부터 열심히 공부**했으면** 좋았을 텐데…
다시 만날 수 있**었으면** 좋겠어요.

'-(으)면'의 앞 절에 '-았/었-'이 붙어 '-았/었으면'이 되면, 과거 혹은 현재 사실과 반대되는 상황을 가정하는 의미가 된다. '-았/었으면'이 '-(으)면'에 비해 가정의 느낌이 더 강하고, 그만큼 말하는 사람의 감정, 예를 들면 안타까워하거나 소망하는 것을 더 잘 드러낸다. 위의 예문에서 첫 번째 문장은 과거에 일어났던 사실과 반대되는 것을 가정하면서 안타까움을 드러내는 것이다. 두 번째 문장은 현재 다시 만날 가능성이 희박하지만 다시 만날 수 있다면 좋겠다는 소망을 드러낸 것이다.

> **Tips** '-았/었으면'은 형태적으로는 '-(으)면' 앞에 '-았/었-'을 결합하여 과거 사실의 반대 상황을 가정하는 의미로 사용된다. '-았/었으면'은 뒷 절에 '좋겠어요'나 '-(으)ㄹ 텐데'와 같은 특정한 문형과 함께 쓰여 말하는 사람의 주관적인 느낌을 표현하는 것으로 제시하는 것이 학습자가 더 쉽게 이해할 수 있습니다.

문형 정리 및 지도 Tips

학습자 오류

1 한국에 한번 가세요. <u>그러니까</u> 알 수 있어요. → 한국에 한번 가세요. 그러면 알 수 있어요.
- ☞ 앞 문장이 뒷 문장의 조건의 의미로 쓰였을 때에는 '그러니까'가 아니라 '그러면'이 되어야 합니다. 이런 오류는 영어권 화자와 일본어권 화자가 모국어를 직역해서 만들어낸 오류입니다. 초급의 초반을 제외하고는 한국어 문형과 모국어 번역을 일대일 대응시키는 습관에서 벗어날 수 있도록 교사가 도와주어야 합니다.

2 <u>아이들이 좋아하면</u> 눈이 와요. → 눈이 오면 아이들이 좋아해요.
- ☞ 영어에서 조건절이 앞 절이나 뒷 절에 자유롭게 올 수 있기 때문에 영어권 화자들이 이런 오류를 범하게 됩니다. 한국어에서 조건절은 항상 '-(으)면'의 앞 절에 온다는 점을 영어권 학습자에게 강조해서 알려 줄 필요가 있습니다.

3 마이클 씨 전화번호를 <u>알으면</u> 가르쳐 주세요. → 마이클 씨 전화번호를 알면 가르쳐 주세요.
- ☞ 'ㄹ'불규칙은 학습자가 어려워하는 불규칙 중의 하나입니다. 'ㄹ' 다음에 '으'가 올 수 없다는 것을 알려 주면 위와 같은 실수가 줄어듭니다.

4 시간이 있으면 여행을 <u>갔어요</u>. → 시간이 있으면 여행을 갈 거예요.
　　　　　　　　　　　　　　시간이 있었으면 여행을 갔을 거예요.
- ☞ '-(으)면'의 뒷 절에는 원칙적으로 과거 시제를 쓸 수 없습니다. '-(으)면'의 앞 절은 조건이나 가정을 나타내므로 뒷 절에는 앞 절의 조건이나 가정이 실현되었을 때 따른 결과를 추측하는 형태로 써서 '-(으)ㄹ 거예요'를 많이 씁니다. 문맥에 따라 교사의 오류 수정 방향도 달라질 수 있습니다.

5 이번 크리스마스에 눈이 <u>왔으면 좋아요</u>. → 이번 크리스마스에 눈이 왔으면 좋겠어요.
- ☞ '-(으)면'의 앞 절에 '-았/었'을 결합하여 소망을 밝히는 의미로 사용하려면, '-았/었으면'의 뒷 절에 '좋아요'가 아니라 추정의 의미를 담은 '좋겠어요'를 써야 합니다. 학습자에게 소망을 밝히는 기능으로 '-았/었으면 좋겠어요'를 하나의 문형으로 묶어서 연습시킬 수 있습니다.

수업1단계	**도입**

준비물 : 도입 그림

교사는 두 장의 그림을 차례대로 보여주고 학습자에게 그림 상황에 맞게 말해 보도록 한다.

예

T　(첫 번째 그림을 보여주며) 지금 돈이 많이 없어요.
　　하지만 (두 번째 그림을 보여주며) 상상해요. 돈이 많이 있어요. 그러면 뭐 하고 싶어요?
S1　한국 대학교에서 유학하고 싶어요.
T　왕첸 씨는 돈이 많이 있으면 한국 대학교에서 유학하고 싶어요?
S1　네, 돈이 많이 있으면 한국 대학교에서 유학하고 싶어요.
T　좋아요. 그럼 유키 씨는요?
S2　저는 세계 여행을 하고 싶어요.
T　유키 씨는 돈이 많이 있으면 세계 여행을 하고 싶어요?
S2　네, 돈이 많이 있으면 세계 여행하고 싶어요.

학습자가 '-(으)면'의 의미를 이해했다면 옆의 학습자와 함께 위와 같은 질문(예: 돈이 있으면 뭐 하고 싶어요?)을 서로 묻고 답하게 한다. 질문과 대답이 끝난 다음에 두세 명의 학습자의 대답을 들으면서 '-(으)면'을 사용한 문장의 예를 학습자에게 제시한다.

수업2단계	**제시 및 연습**

준비물: 제시 그림 (부록), 플래쉬 카드

교사는 다음 그림 `부록 p.40` 을 보여주면서 다음과 같이 질문해서 이후의 결과를 학습자가 생각해서 말하도록 한다.

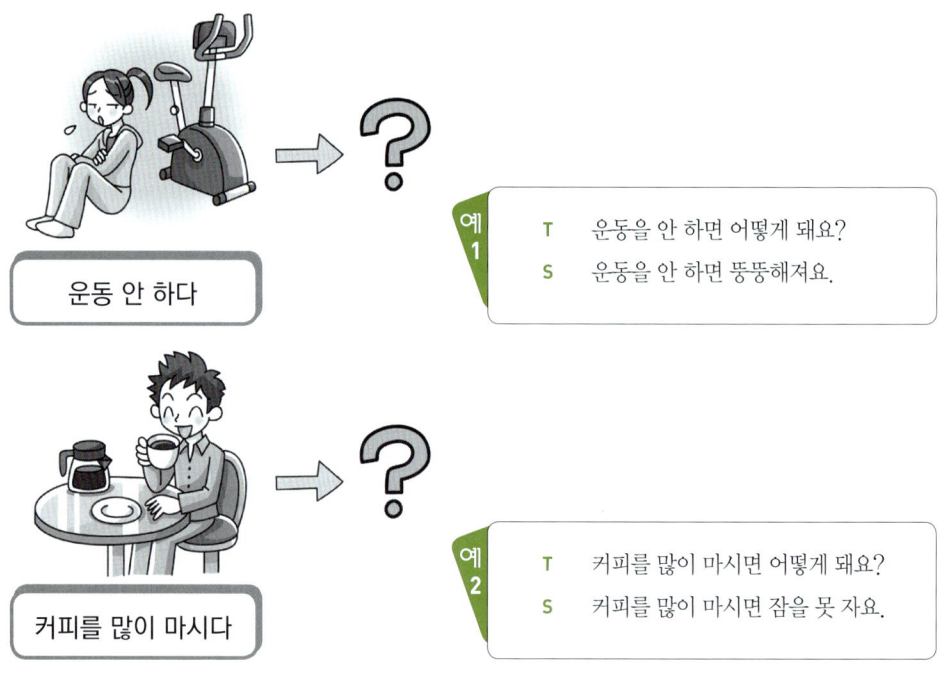

운동 안 하다

예1
T 운동을 안 하면 어떻게 돼요?
S 운동을 안 하면 뚱뚱해져요.

커피를 많이 마시다

예2
T 커피를 많이 마시면 어떻게 돼요?
S 커피를 많이 마시면 잠을 못 자요.

학습자가 조건과 결과의 관계를 이해했다면 기본형에서 '-(으)면'이 어떻게 결합되는지 시각적으로 보여준다. 그 다음에 교사가 문자로 제시할 때 기본형(하다) 카드를 보여주고 이것을 활용형(하면)으로 발음한다. 학습자도 교사처럼 기본형 카드를 보고 '-(으)면'을 결합하여 활용시키는 연습을 2~3분 계속한다.

문형 제시

1. 하다 ➡ 하면
2. 있다 ➡ 있으면

> 수업3단계 **활동**

> 준비물 카드 (부록)

활동1 문장 연결하기

　학습자 두 명씩 짝을 짓고 색으로 구별되는 두 종류의 카드 〔부록 p.41〕를 나눠 준다. 녹색 카드에는 '-(으)면'의 앞 절이 기본형으로 제시되어 있고, 회색 카드에는 '-(으)면'의 뒷 절이 쓰여 있다. 학습자는 색깔 별로 카드를 분류해 놓고 의미에 맞도록 조건이 쓰여 있는 카드와 결과가 쓰여 있는 카드를 연결하도록 한다. 연결할 때 조건과 결과의 카드는 '-(으)면'을 써서 한 문장으로 잇게 한다. 제일 빨리 문장 잇기를 끝낸 그룹이 게임에서 이긴다.

　학습자 세 명씩 묶어 주면 같은 카드로 다른 방식의 게임을 할 수도 있다. 한 학습자가 조건 카드를 읽으면, 다른 두 명의 학습자는 알맞은 결과 카드를 빨리 골라 한 문장으로 완성한다. 먼저 '-(으)면'을 넣어 문장을 완성하는 학습자에게 카드를 준다. 카드를 많이 모은 학습자가 최종 승자이다.

　의미에 맞게 카드를 맞춰 놓는 것이 끝나면, '-(으)면'의 뒷 절인 결과 부분의 카드를 뒤집는다. 학습자는 앞 절을 보고 의미에 맞게 뒷 절을 자유롭게 만들도록 한다. 이것이 끝나면 반대로 '-(으)면'의 앞 절인 조건 부분의 카드를 뒤집는다. 같은 방법으로 뒷 절을 보고 의미에 맞게 앞 절을 만들도록 한다. 이때 학습자가 새롭게 만들어 내는 문장은 이전의 카드에 쓰여 있던 문장이 아니라 학습자가 새로 만든 문장이어야 한다. 활동이 끝나면 학습자가 만든 예를 몇 가지 발표하게 하고 피드백을 준다.

활동

준비물 지도 ㉮, ㉯

활동2 길 찾기

　두 명의 학습자가 서로 다른 정보가 쓰여 있는 지도를 들고 만난다. 한 학습자가 자신이 가고자 하는 곳의 위치를 상대방 학습자에게 묻고, 상대방 학습자가 길을 설명하는 것을 듣고 자신의 지도에 그 위치를 표시한다. 이 활동은 학습자가 서로 협동하면서 정보 채우기(information-gap)를 하는 활동으로, 간단한 정보가 표기된 지도를 이용하여 길을 설명할 때 필요한 표현을 학습자가 정확하게 말하고 이해할 수 있는지를 목표로 삼는 것이다. 이 활동이 끝나면 학습자의 오류를 수정해 주어 학습자의 정확성을 높여 주도록 한다.

A : 은행에 어떻게 가요?
B : 북쪽으로 쭉 가면 약국이 보여요.
　　그 약국에서 오른쪽으로 가면 왼쪽에 은행이 있어요.

　간단한 지도를 이용한 활동이 끝나면 좀더 복잡한 지도를 반 전체 학습자에게 나눠 준다. 학습자는 반 학습자 모두를 만나서 길을 물어서 자신이 가고자 하는 곳의 위치를 알아 내야 한다. 두 번째 활동을 하기 전에 교사는 알면 좋을 만한 확장 표현을 알려 주어 학습자가 활동에서 유용하게 사용할 수 있도록 돕는다.

　활동을 진행하는 동안에 교사는 오류 수정을 하지 않고 학습자가 활동에 몰입할 수 있도록 한다. 활동이 끝나면 학습자 중에서 몇몇 학습자의 시연을 보면서 피드백을 준다.

> **의사소통 전략에 필요한 표현**
> - 이 길을 따라 가면 편의점이 나와요.
> - 우체국 옆의 옆 빌딩에 있어요.
> - 그 근처에 지하철 역이 있어요?
> - 몇 번 출구예요?

　Tips　학습자가 교실 밖에서 유창하게 한국어를 구사하기 위해서 교사는 학습자가 교실 내에서 충분히 연습할 수 있도록 하는 것도 중요하지만, 항상 교실 내 활동이 교실 밖으로 연계될 수 있도록 수업을 설계하는 것도 중요합니다. 또한 한국어 모어 화자와 성공적으로 커뮤니케이션을 해 낼 수 있게 다양한 말하기 전략을 지도하는 것도 중요합니다. 이 밖에도 한국어 모어 화자와 대화할 때 두려워하지 않도록 용기와 자신감을 북돋아주는 것도 교사의 중요한 역할입니다.

UNIT 20
한국에 공부하러 왔어요

문형 -(으)러, -(으)려고

용법 어떤 행동의 목적이나 의도를 나타낼 때

예문

01_ 지금 회사에 일하러 가요.
한국에 공부하러 왔어요.

02_ 식당에 밥 먹으러 왔어요.
한국에서 일하려고 공부해요.

03_ (1) 의사가 되러 대학에 갔어요. (X)
의사가 되려고 대학에 갔어요. (O)
(2) 늦지 않으러 택시를 타고 가요. (X)
늦지 않으려고 택시를 타고 가요. (O)

04_ 영화 보러 갑시다. (O)
영화 보려고 갑시다. (X)

수업 전 단계 | 문형 정리 및 지도 Tips

01
> 지금 회사에 일하러 가요.
> 한국에 공부하러 왔어요.

'가다/오다/다니다'와 같은 이동 동사의 직접적인 목적을 나타낼 때, 이동 동사 앞에 '-(으)러'를 붙여 나타낸다. '-(으)러' 앞에는 목적을 나타내는 동작 동사의 어간이 온다. 위의 예문에서 회사에 가는 행위의 목적은 일하는 것이고, 한국에 온 목적은 공부하기 위한 것이다. '-(으)러'는 '가다/오다'와 같은 이동 동사와 같이 쓰이므로 목적지를 나타내는 장소 명칭과 조사 '-에'를 함께 사용하는 경우가 많다.

> **Tips** 한국어에서는 '회사에 일하러 가요.'와 '일하러 회사에 가요.'를 모두 쓸 수 있습니다. 그러나 영어권 화자는 '회사에'와 같이 장소를 나타내는 부사어가 자유롭게 이동되는 것을 어려워합니다. 그러므로 초급 단계에서는 혼란을 줄이기 위해 '-(으)러 가요'를 하나의 형태로 묶어 제시하는 것도 좋은 방법입니다. 그리고 '-일하러 가요' 앞에 장소를 나타내는 조사로는 '-에서'가 아니라 '-에'가 쓰인다는 점을 연습을 통해 익숙해지도록 짚어 주어야 합니다.

02
> 식당에 밥 먹으러 왔어요.
> 한국에서 일하려고 공부해요.

어떤 행동의 목적을 나타낼 때, '-(으)러' 이외에도 '-(으)려고'를 쓸 수 있다. 다만, '-(으)러' 뒤에는 '가다/오다'와 같은 이동 동사만 오는 반면, '-(으)려고' 뒤에는 '가다/오다'를 포함한 모든 동작 동사가 온다. 위의 예문에서 한국에 온 목적을 말할 때 '-(으)러'를 사용하지만, 한국에서 공부하려는 의도나 목적을 말할 때에는 '-(으)러' 대신에 '-(으)려고'를 사용한다. 이때 '-(으)러'와 '-(으)려고'의 앞 절과 뒷 절의 주어는 같다.

> **Tips** '가다/오다' 동사가 쓰였을 경우, 의도나 목적을 나타낼 때 '-(으)러'와 '-(으)려고'를 모두 사용할 수 있으므로 학습자는 언제 어떤 문형을 쓰는 것이 좋은지 궁금해합니다. 전통 문법에서는 '-(으)러 가다'와 '-(으)려고 가다' 사이에 차이를 두고 설명하는 경우도 있는데, 외국인 학습자는 그 차이를 인식하기 어렵습니다. 초급 학습자에게는 '가다/오다' 동사의 경우 '-(으)러'와 함께 쓰고, 그 외의 동사는 '-(으)려고'를 쓰라고 구분 지어 주는 것이 학습자의 혼란을 줄여 줄 수 있습니다.

03

(1) 의사가 되러 대학에 갔어요. (X)
　　의사가 되려고 대학에 갔어요. (O)
(2) 늦지 않으러 택시를 타고 가요. (X)
　　늦지 않으려고 택시를 타고 가요. (O)

'-(으)러 가다' 앞에 오는 목적을 나타내는 동사는 동작성이 강한 동사가 온다. '-(으)러' 앞에는 '되다'처럼 상태를 나타내는 동사나 '-지 않다'와 같은 부정형은 사용할 수 없다. 반면에, '-(으)려고' 앞에는 상태 동사나 부정형이 자유롭게 올 수 있다. 그러므로 문장의 서술어로 '가다'가 쓰였다고 해도, 목적을 나타내는 앞 절의 동사로 예문 (1)처럼 상태 동사가 쓰이거나 예문 (2)처럼 부정형이 쓰일 경우 '-(으)러' 대신에 '-(으)려고'를 써야 한다. 또한 '-(으)러'와 '-(으)려고' 앞에는 '-았/었-'이나 '-겠-'을 쓸 수 없다.

> **Tips** '-(으)러'와 '-(으)려고'는 단순히 앞 뒤에 오는 동사가 제약된다는 형태적인 차이뿐만 아니라 그에 따른 의미적인 차이도 있습니다. 그러나 '-(으)러'와 '-(으)려고'의 차이를 한꺼번에 제시하면 학습자가 사용하기 어렵습니다. 그러므로 교사는 이 두 문형을 한꺼번에 비교하면서 가르칠지, 아니면 위와 같은 동사 제약을 고려하여 상황을 한정시켜 따로 제시할지 결정해야 하며, 이런 차이를 반영한 연습지를 준비해서 학습자가 오류를 만들어 내지 않도록 해야 합니다.

04

영화 보러 갑시다. (O)
영화 보려고 갑시다. (X)

'-(으)러' 뒤에는 평서문뿐만 아니라 명령문, 청유문이 모두 올 수 있는 반면, '-(으)려고' 뒤에는 명령문, 청유문이 올 수 없다. '-(으)려고'는 말하는 사람의 의도를 나타내기 때문에 다른 사람에게 행동을 유발하는 명령문이나 청유문과 함께 사용될 수 없다.

> **Tips** 수업에서 '-(으)러' 뒤에 명령문, 청유문이 올 수 있는 점을 연습시키기 위해 '-(으)러'는 조언이나 제안하는 상황에서 사용하는 연습을 해 주는 것이 좋습니다. 이와 달리, '-(으)려고'는 질문 받았을 때 답해야 하는 상황에서 사용하는 연습을 해야 합니다.

문형 정리 및 지도 Tips

> **학습자 오류**

1 한국어를 배우고 싶으러 한국에 왔어요. → 한국어를 배우러 한국에 왔어요.
☞ '-(으)러' 앞에는 뒷 절인 '한국에 왔어요'의 이유가 아니라 목적에 해당하는 것이 와야 합니다. 즉, 한국에 와서 앞으로 할 행위가 와야 합니다. 또한 '-(으)러' 앞에는 동작 동사만이 쓰일 수 있습니다.

2 한국에서 일하러 한국어를 배워요. → 한국에서 일하려고 한국어를 배워요.
☞ '-(으)러' 뒤에는 '가다, 오다'와 같은 이동 동사가 결합되지만, 위의 예문과 같이 '배우다'와 같은 동사가 올 때에는 '-(으)려고'가 결합되어야 합니다.

3 회사에 일하러 출근해요. → 회사에 일하러 가요.
☞ '-(으)러'의 뒤에는 '가다/오다'와 같은 이동 동사가 결합되는데, 이때 이동 동사라고 해도 한자어로 된 동사(예: 출근하다, 출발하다 등)는 사용될 수 없습니다. '나가다/들어오다'와 같은 '가다/오다'가 결합된 복합 동사나 '다니다'와 같은 왕래를 나타내는 동사만이 '-(으)러' 뒤에 올 수 있습니다.

4 일 안 하러 집에 가요. → 쉬러 집에 가요.
　　　　　　　　　　일 안 하려고 집에 가요.
☞ '-(으)러' 앞에는 '가다/오다'의 직접적인 목적을 나타내는 동작성이 강한 동사가 오므로, '안'과 같은 부정형이나 '있다'와 같은 상태 동사는 올 수 없습니다. '-(으)려고' 앞에는 동사의 부정형이나 상태 동사가 올 수 있는 것과 대조적입니다. 그러므로 위의 예문은 두 가지 형태로 수정될 수 있습니다.

5 식당에서 밥을 먹으러 가요. → 식당에 밥을 먹으러 가요.
☞ 동작 동사 앞에 쓰인 장소 명사 뒤에 '-에서'가 붙는다고 배우기 때문에 '먹다' 앞에 쓰인 '식당' 뒤에도 '-에서'를 붙여 오류를 만든 것입니다. 이것을 방지하기 위해서는 식당에 가는 그림을 먼저 도입한 후 '왜 식당에 가요?'라는 질문을 제시하고 '-으러 가다'를 하나의 문형으로 묶어 주어 식당에 '먹으러 가요'로 대답하는 연습을 하는 것이 좋습니다.

6 외국인 등록을 하려고 이 신청서에 기입해 주세요. → 외국인 등록을 하려면 이 신청서에 기입해 주세요.
☞ '-(으)려고' 뒤에는 '-(으)세요'와 같은 명령문이나 '-(으)ㅂ시다'와 같은 청유문이 쓰일 수 없습니다. 위의 예문에서 등록하려는 의도를 강조하려면 앞 절에 그 행동의 목적을 나타낼 때 '-(으)려고' 대신에 '-(으)려면'을 써야 합니다.

7 건강해지러 체육관에 가요. → 건강해지려고 체육관에 가요. / 건강을 위해 운동하러 체육관에 가요.
☞ '-(으)러 가요' 앞에는 능동적이고 동작성이 강한 동사만 오기 때문에 '건강해지다'와 같이 상태를 나타내는 동사가 오지 않습니다. 이때에는 문장의 서술어가 '가다/오다'가 쓰여도 '-(으)려고'로 써야 합니다.

| 수업1단계 | **도입** |

준비물: 제시 그림

교사는 다음 그림을 차례대로 보여주면서 학습자가 이 그림을 문장으로 연결해서 말할 수 있도록 한다. 그림을 보여주면서 식당에 가는 행위의 목적을 학습자가 인지할 수 있도록 적절하게 질문해서 학습자에게 대답을 끌어낸다.

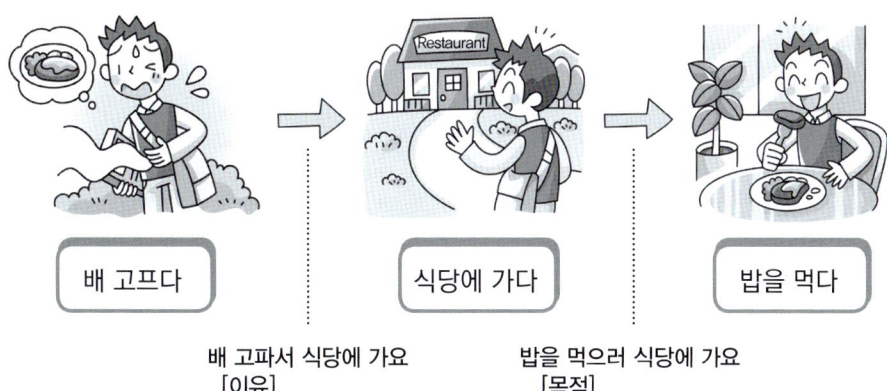

예

T (첫 번째 그림을 보여주며) 너무 배가 고파요. 그래서 이 사람이 어디에 가요?
S 식당에 가요.
T 네, 맞아요. (두 번째 그림을 보여주며) 배가 고파서 식당에 가요.
   그런데 왜 식당에 가요? 식당에 가면 뭐 할 수 있어요?
S 밥 먹어요.
T 맞아요. (세 번째 그림을 보여주며) 왜 식당에 가요? 밥을 먹으러 식당에 가요.
S 밥을 먹으러 식당에 가요.

Tips "왜 식당에 가요?"라고 물으면 학습자가 그 이유(예: 배가 고파서 식당에 가요)에 대해 답할 수 있습니다. 처음에 '-(으)러'를 도입할 때 학습자가 어떤 행동을 하는 이유(-아/어서)와 목적(-으려고)을 혼동하곤 합니다. 그때에는 첫 번째 그림(배 고파하는 그림)을 식당에 가는 두 번째 그림 전에 붙여 주어 시간의 흐름상 식당에 가기 이전의 것임을 보여주는 것이 좋습니다. 식당에 가는 목적은 식당에 가서 할 수 있는 행위인 세 번째 그림(밥을 먹는 그림)으로, 목적은 시간의 흐름상 식당에 가는 행위 이후에 나옴을 확인시켜 줍니다. 이런 시간적인 전후 관계를 이해해야 어떤 행위(식당에 가다)의 이유와 목적을 구분할 수 있습니다.

| 수업2단계 | **제시 및 연습** |

제시1

　학습자가 어떤 행위의 이유와 목적이 구별됨을 이해한 다음에는 목적지에 해당하는 장소 그림을 보여주면서 학습자가 그 목적지에 가는 행위의 목적에 대해 말하도록 한다. 이때 한 그림에 대해 학습자가 여러 가지로 목적을 추측해서 대답하도록 유도한다. 학습자가 목적에 해당하는 동사를 말하면 학습자의 대답을 판서한다. 학습자가 말한 목적을 '-(으)러'를 이용해서 한 문장으로 만들어 제시한다.

준비물: 장소 그림, 동사 그림

왜 공원에 가요?
① 친구를 만나러 가요.
② 운동하러 가요.
③ 사진을 찍으러 가요.

문형 제시

1. 친구를 만나다 ➡ 친구를 만나러 가요
2. 사진을 찍다 ➡ 사진을 찍으러 가요

　학습자가 어딘가로 가는 행위의 목적을 '-(으)러 가다'를 이용해서 표현한다는 것을 익힌 후에, 학습자에게 여러 장소를 제시하고 그 장소에 왜 가는지 서로 묻고 답하게 한다. 이때 물어볼 수 있는 질문은 "왜 공원에 가요?" 혹은 "뭐 하러 공원에 가요?"가 된다.

제시2

학습자에게 그림 (부록 p.42) 을 보여주면서 이유와 목적을 구별해서 말하도록 한다.

-아/어서
다리가 아파서…
돈이 있어서…
늦어서…
⋮

택시를 타다

-(으)려고
빨리 가려고…
편하게 가려고…
⋮

예
- T 왜 택시를 타요?
- S 늦어서 택시를 타요.
- T 맞아요. 택시 타면 빨리 갈 수 있어요.
- S 네. 빨리 가요.
- T ('-(으)려고'를 강조하면서) 빨리 가려고 택시를 타요?
- S 빨리 가려고 택시를 타요.

행위의 목적에 대해 묻고 있지만, 사용할 수 있는 문형이 달라지는 것에 학습자가 주의집중 할 수 있도록 '-(으)려고'를 천천히 분명하게 말하면서 제시한다. 동사 '가다, 오다'가 아닌 경우 목적을 말할 때에는 '-(으)려고'를 사용해야 함을 학습자에게 알려준다. 이번에도 친구를 만나는 행위의 목적은 이후에 벌어질 행위인 영화를 보는 것이라는 점을 다시 한번 강조한다.

A : 왜 커피숍에 가요?
B : 친구를 만나러 커피숍에 가요.
A : 왜 친구를 만나요?
B : 같이 영화를 보려고 친구를 만나요.

문형 제시

1. 영화를 보다 ➡ 영화를 보려고
2. 사진을 찍다 ➡ 사진을 찍으려고

수업3단계 활동

준비물 설문조사지 (부록)

활동1 우리 반 사람들은 왜?

우리 반 사람들이 왜 이런 행동을 하는지 그 목적을 조사하는 활동이다. 학습자에게 설문조사지 부록 p.43를 한 장씩 나눠 주고 반 전체 학습자를 만나서 조사하게 한다. 질문 받은 학습자는 목적을 말할 때 '-(으)러'나 '-(으)려고'를 이용해서 말해야 한다. 활동이 끝나면 반 학습자가 가장 많이 대답한 목적을 하나씩 발표하도록 한다.

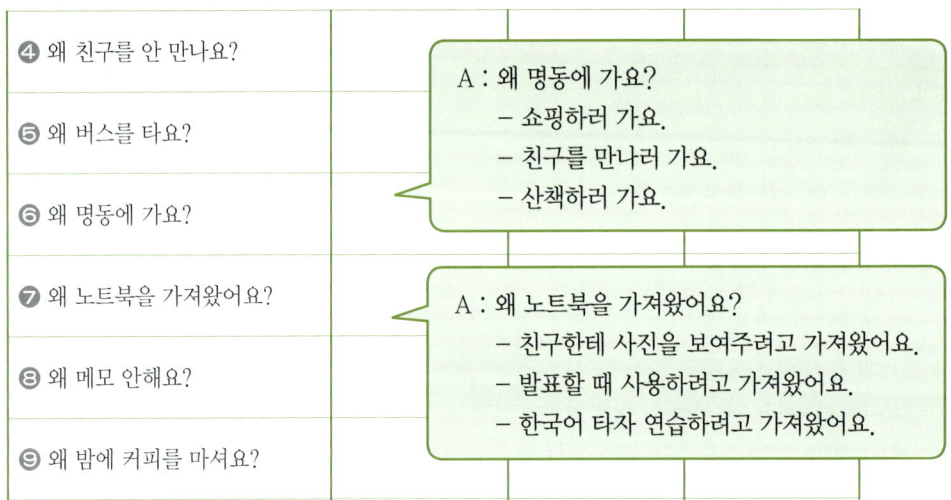

❹ 왜 친구를 안 만나요?
❺ 왜 버스를 타요?
❻ 왜 명동에 가요?
❼ 왜 노트북을 가져왔어요?
❽ 왜 메모 안해요?
❾ 왜 밤에 커피를 마셔요?

A : 왜 명동에 가요?
 - 쇼핑하러 가요.
 - 친구를 만나러 가요.
 - 산책하러 가요.

A : 왜 노트북을 가져왔어요?
 - 친구한테 사진을 보여주려고 가져왔어요.
 - 발표할 때 사용하려고 가져왔어요.
 - 한국어 타자 연습하려고 가져왔어요.

UNIT 21
이번 주말에 여행 가려고 해요

문형 -(으)려고 하다
용법 앞으로 하려는 계획을 말할 때, 또는 막 일어나려는 상황을 기술할 때

예문

01_ 저는 이번 주말에 여행 가려고 해요.
폴 씨는 1년 더 한국에 있으려고 해요.

02_ 기차가 떠나려고 해요.
영화가 시작하려고 해요.

03_ 이번 주말에 김치를 만들려고 해요.
오늘부터는 초콜릿을 먹지 않으려고 해요.

04_ 작년에 회사를 그만두려고 했어요.
어제 그 책을 다 읽으려고 했어요. 그런데 다 못 읽었어요.

수업 전 단계 문형 정리 및 지도 Tips

01
저는 이번 주말에 여행 가**려고 해요**.
폴 씨는 1년 더 한국에 있**으려고 해요**.

'-(으)려고' 뒤에 '생각하다, 마음 먹다'와 같은 심리적인 것을 표현하는 동사를 사용해서 주어의 의도, 의향, 계획이 있음을 나타낸다. 보통 '생각하다' 대신에 '하다'를 써서 '-(으)려고 하다'로 사용한다. 누구와 약속하거나 예정된 미래의 일이 아니라, 주어가 앞으로 하려고 생각하고 있는 의도나 계획을 표현할 때 사용한다.

> **Tips** '-(으)려고 하다'는 '-(으)려고'와 마찬가지로 청유문이나 명령문에 쓰일 수 없는 문법적 제약이 있으므로, '-(으)려고 하세요'나 '-(으)려고 합시다'로는 쓸 수 없습니다. 형태적으로는 '-(으)려고 하다'가 목적을 나타내는 '-(으)려고'에서 나온 것이지만, 수업에서는 의미 중심으로 '-(으)려고 하다'를 하나의 문형으로 묶어 주어의 계획을 말하는 것으로 가르치는 것이 더 효과적입니다.

02
기차가 떠나**려고 해요**.
영화가 시작하**려고 해요**.

'-(으)려고 하다'를 써서 앞으로 어떤 일이나 상황이 곧 일어날 것 같음을 나타내기도 한다. 위의 예문에서 기차나 영화는 사물 주어이므로 떠나려고 하거나 시작하려고 하는 것은 사물의 의도를 나타내는 것이 아니다. 이는 기차가 곧 출발할 것처럼 증기를 내뿜는 움직임을 보인다는 의미로, 영화 시작 시간이 다 되어 곧 시작될 것 같다는 의미로 '-(으)려고 하다'를 사용한 것이다.

> **Tips** 이런 의미로 제시할 때 곧 일어날 것 같은 어떤 상황을 보여주는 것이 필요한데, 이때 중요한 것은 곧 일어날 상황은 추측이 아니라 누구나 확실하게 알 만한 것이어야 합니다. 울먹이기 시작하는 아기나 문을 열려고 문 쪽으로 걸어가고 있는 사람, 떠나려는 기차와 같은 분명한 시각 자료나 교사의 정확한 몸짓이 제시되어야 할 것입니다.

03

이번 주말에 김치를 만들려고 해요.
오늘부터는 초콜릿을 먹지 않으려고 해요.

'-(으)려고 하다'의 앞에는 의도를 나타내는 동사가 온다. 위의 예문은 김치를 만들거나 초콜릿을 먹지 않겠다는 의도를 나타내는 동사가 '-(으)려고 하다' 앞에 쓰인 것이다. 동사 어간의 마지막이 모음으로 끝날 때 어간 뒤에 '-려고 하다', 자음으로 끝날 때 어간 뒤에 '-으려고 하다'가 연결된다.

> **Tips** 먹지 않겠다는 의도를 나타낼 때에는 '먹지 않으려고 하다'를 쓰는 반면, 먹으려는 의지가 없다는 것을 나타낼 때에는 '먹으려고 하지 않아요'를 씁니다. 초급에서는 두 가지 모두를 제시하지 않고 '-(으)려고 하다'는 의도를 나타내는 것으로 한정하여 제시하고, 그 부정도 하지 않겠다는 의지를 나타내는 '-지 않으려고 하다'로 한정하는 것이 이해하기 쉽습니다.

04

작년에 회사를 그만두려고 했어요.
어제 그 책을 다 읽으려고 했어요. 그런데 다 못 읽었어요.

'-(으)려고 하다'에서 시제는 보조 용언인 '하다'에 결합되므로, 과거에 의도·계획했던 것을 나타낼 때에는 '하다'에 '-았/었-'을 붙여 '-(으)려고 했다'로 쓸 수 있다. 과거에 어떤 의도를 가졌지만, 결과적으로 본인의 의도와는 상관 없이 어떤 상황에 의해 그것을 행동으로 옮기지 못했다는 의미이다. '-(으)려고 하다' 자체가 말하는 시점 이후의 계획을 말할 때 사용하는 것으로, 미래 시제와 결합되지 않는다. 다만, 추측의 의미를 더하여 '-(으)려고 할 것이다'라고 말할 수 있다.

> **Tips** 위의 예문과 같이 과거에 어떤 의도가 있었지만 결국 하지 못했다는 의미로 '-(으)려고 했는데… 못 했다'고 말하기도 합니다. 특히 과거에 하려고 했으나 결국 하지 못했던 일에 대한 변명의 의미로 많이 사용됩니다. 초급 후반이나 중급에서는 이와 같이 이전에 배웠던 여러 문형을 묶어 연습시키는 것이 필요합니다. 특히 어떤 상황에서, 어떤 문형과 함께, 어떤 용법으로 사용되는지 교사가 정리해서 연습시켜야 학습자가 실제 생활에서 적절하게 사용할 수 있습니다.

문형 정리 및 지도 Tips

학습자 오류

1 배가 아프려고 해요. → 배가 아프게 될 거예요.

☞ '-(으)려고 하다' 앞에는 동작 동사가 결합됩니다. 그러므로 '아프다'와 같은 형용사 뒤에는 '-(으)려고 하다'를 쓸 수 없습니다. 위 예문은 곧 아프게 될 상황을 기술한 것으로, 형용사 '아프다'를 동사 '아프게 되다'로 바꾼 것입니다.

2 책이 떨어뜨리려고 해요. → 책이 떨어지려고 해요.

☞ '-(으)려고 하다'의 주어가 사람일 경우 주어의 의도를 담아 낸 문형으로 쓰입니다. 그 중 대표적인 것이 계획을 나타내는 것입니다. 또한 '-(으)려고 하다'는 주어의 의도를 담지 않고 곧 일어날 것 같은 상황을 기술할 때에도 쓰입니다. 여기에서는 책을 떨어뜨리려는 사람의 의도를 나타내는 것이 아니라 책이 떨어지려는 상황을 기술한 것입니다. 문장의 주어인 '책'과 맞게 동사는 '떨어뜨리다'에서 '떨어지다'로 고쳐져야 합니다.

3 작년에 일할려고 했어요. → 작년에 일하려고 했어요.

☞ 한국 사람도 방언의 영향으로 이와 같이 발음하는 경우도 있습니다. 특히 한국 사람과 교류가 많은 학습자가 'ㄹ'을 첨가해서 말하곤 합니다. 표준어를 지도한다면 그 기준에 맞춰 'ㄹ'을 첨가하지 않도록 주의를 줘야 합니다.

> **수업1단계** 도입

준비물 제시 그림

자신의 계획을 말하는 것으로 '-(으)려고 하다' 문형을 도입한다. 이때 이전에 학습한 문형 중에서 앞으로의 일정을 말하는 '-(으)ㄹ 거예요'나 희망을 말하는 '-고 싶어요'와 의미를 구별할 수 있게 다음과 같은 그림을 제시한다.

1 희망

여행 가고 싶어요.

2 계획

여행 가려고 해요.

3 예정

여행 갈 거예요.

위 문장은 다음과 같이 자세하게 설명될 수 있다.

> 1 [희망] 여행 가고 싶어요. 하지만 돈이 없어요. 갈 수 있을지 없을지 몰라요.
> 2 [계획] 돈이 생겼어요. 여행 갈까? 말까? 지금 고민하고 있어요.
>   제 생각에는 여행 가면 좋을 것 같아요. 여행 가려고 해요.
> 3 [예정] 비행기 표를 샀어요. 다음 주에 제주도로 여행 갈 거예요.

학습자에게 위의 그림과 함께 문장을 알려 주어 각 문형이 쓰이는 맥락을 보여준다. 계획을 말하는 문형으로 '-(으)려고 하다'를 제시한다. 이때 '-(으)려고 하다'는 그 계획이 실행될지 여부와는 상관 없이 계획 그 자체를 말하는 것임을 알려 준다.

| 수업2단계 | 제시 및 연습 |

준비물: 제시 그림 (부록) 혹은 동영상

도입 단계에서 제시했던 것과 같이 '-(으)려고 하다'가 확정되지 않고 생각 중인 계획을 말할 때 사용한다는 것을 학습자가 인지한 다음에는 활용형을 알려 준다. 선수 학습에서 '-(으)려고'를 배웠다면 '-(으)려고 하다'의 활용형은 쉽게 할 수 있다.

학습자가 활용형을 익힌 다음에는 옆의 짝과 이번 주말의 계획에 대해 서로 묻고 답하도록 한다. 질문할 때 '뭐 하려고 해요?'보다는 '뭐 할 거예요?'로 묻고, 그것에 대한 대답으로 '-(으)려고 해요'를 이용해서 대답하게 한다.

> A : 이번 주말에 뭐 할 거예요?
> B : 집에서 쉬려고 해요.

학습자에게 다음의 그림 [부록 p.44]을 보여주고 바로 이후에 일어날 것 같은 상황을 표현할 때에도 '-(으)려고 하다'를 사용한다는 것을 알려 준다. 이때 교사가 동영상 자료를 준비한다면 곧 일어날 것 같은 상황을 더 효과적으로 제시할 수 있다.

문형 제시

1. 영화가 시작하다 ➡ 영화가 시작하려고 해요
2. 저녁을 먹다 ➡ 저녁을 먹으려고 해요

수업3단계 활동

활동1 계획 말하기
　　　　　　　　　　　　　　　　　　　　　　　　　준비물　활동지 (부록)

　이 활동은 앞으로 할 계획이나 이전에 세웠던 계획에 대해 말하는 활동이다. 학습자 세 명씩 묶어 주고 활동지 부록p.45 를 나눠 준다. 연습지 중에서 자신에게 해당되는 것을 선택해서 '-(으)려고 하다'를 이용하여 자신의 계획에 대해 말한다. 앞으로 할 계획이라면 '다음 주에, 내년에'와 같이 미래를 나타내는 시간 표현을 사용하여 '-(으)려고 하다'를 쓰고, 예전에 세웠던 계획이라면 '지난 달에, 작년에'와 같이 과거를 나타내는 시간 표현을 사용하여 '-(으)려고 했다'를 쓴다. '-(으)려고 했다'를 쓸 때에는 왜 그 계획이 실행되지 않았는지도 말하도록 한다.

　질문하는 학습자는 상대방의 대답을 듣고 추가 질문을 해서 상대방 학습자의 계획을 구체적으로 알아본다. 서로에게 했던 질문과 대답이 끝나면, 교사는 상대방의 계획 중 흥미로웠던 것을 하나씩 발표하게 한다.

운동을 시작하다

A 다음 주부터 운동을 시작하려고 해요.
B 무슨 운동을 하려고 해요?
A 아직 못 정했어요.
B 어떤 운동을 하고 싶어요?
A 태권도를 배우고 싶어요.
B 태권도를 배워 보세요. 재미있을 거예요.

한국어 공부를 그만두다

A 저는 작년에 한국어 공부를 그만두려고 했어요.
B 왜요?
A 너무 어려워서 그만두려고 했어요.
B 그런데 왜 그만두지 않았어요?
A 제 친구하고 약속해서 그만두지 않았어요.
B 그랬군요.

용어정리 책상 배치 및 교사의 위치 ①

교실 활동을 성공적으로 하려면, 목적에 맞게 교사와 학습자 간의 상호작용을 성공적으로 이뤄 내기 위한 교사의 효과적인 교실 운영이 뒷받침 되어야 합니다. 매우 사소해 보일 수도 있겠지만, 책상 배열을 어떻게 하는지, 교사가 교실의 어떤 곳에 위치해 있는지에 따라 수업 분위기 및 교사의 역할, 상호작용의 정도도 달라지게 됩니다.

강의식 책상 배치

전통적으로 많이 사용되었던 강의식 책상 배치는 20명 이상의 대규모 학습자를 대상으로 한 수업에서 교사 주도적으로 수업을 진행할 때 애용되고 있습니다. 교탁을 중심으로 앞의 칠판을 바라보도록 책상과 의자가 줄 맞춰 정렬되어 있는 강의식 책상 배치에서, 교사는 항상 교실의 앞에 위치해 있게 됩니다. 학습자에게 제시할 양이 많을 때, 반 전체 학습자의 얼굴을 확인하면서 교사가 통제력을 발휘하고자 할 때, 또한 교사가 주도적으로 정확성을 위한 기계적인 드릴 연습을 하고자 할 때 이런 배치가 효과적입니다.

그러나 학습자의 의견을 자유롭게 주고받으며 의사소통을 중심으로 한 언어 수업을 하고자 할 때 이런 배치는 적합하지 않습니다. 특히 이런 책상 배치에서는 교사에게만 집중하도록 하고 다른 학습자와의 교류가 차단되어 있기 때문에, 수업의 진행이 매우 단조로워질 수 있으며 교사의 역할도 통제자와 같이 제시하고 설명하는 데 한정되어 있어 학습자 또한 쉽게 지루해할 수 있습니다.

반원형 및 ㄷ자형 책상 배치

언어 수업에서 학습자 집단이 20명 이내이고 책상의 위치가 고정되어 있지 않는다면, 교실 앞쪽의 교탁 및 칠판을 중심으로 반원형으로 동그랗게 둘러앉거나 ㄷ자 형태로 앉는 방식을 선택할 수 있습니다. 이런 책상 배치는 교사 중심의 강의식 책상 배치에 비해 교사의 권위적인 느낌도 감소시킬 수 있으면서도 교사의 명확한 제시 및 설명에 집중하도록 되어 있으므로 최근 각종 수업에서 많이 활용되고 있습니다. 학습자끼리 서로 얼굴을 마주 보게 되어 있어 눈을 맞춰가면서 의견을 교류하기에도 더 수월합니다. 또한 교사가 학습자가 활동하는 동안 가운데 비어 있는 공간으로 걸어 들어가 교사와 학습자의 거리를 줄일 수 있어 학습자에게 개인적인 피드백을 제공하기에도 좋습니다.

그러나 이런 배치도 정도의 차이가 있을 뿐 여전히 교사 중심의 수업 진행이 될 가능성이 있습니다. 특히 교사가 학습자에게 질문할 때 학습자가 앉아 있는 순서대로 답을 요구할 경우, 서로의 얼굴을 마주하고 있는 이런 배치에서 자신 없는 학습자가 더욱 위축될 수 있으며 현재의 학습에 집중하는 것이 아니라 자신이 질문 받을 답을 구하는 데 급급하게 될 수도 있습니다.

(230쪽에서 계속)

UNIT 22
아파도 회사에 갔어요

문형 -아/어도

용법 앞 절의 행동이나 상태에서 뒤따를 것으로 예상되는 기대와는 상관 없이 뒷 절의 내용이 나올 때

예문

01_ 아파도 회사에 갔어요.
= 아파요. 그래도 회사에 갔어요.

02_ 아무리 날씨가 추워도 얇게 옷을 입어요. (O)
아무리 날씨가 추워도 두껍게 옷을 입어요. (X)

03_ 바빠도 일요일에는 쉴 거예요.
많이 먹어도 배 고파요.
계속 전화해도 친구가 전화를 안 받았어요.
연습하지 않아도 잘 해요.

04_ 한국인이라도 한국어 문법을 설명하기 어려워요.
한국인이 아니라도 한국 역사를 잘 알아요.

수업 전 단계 | 문형 정리 및 지도 Tips

01

> 아파도 회사에 갔어요.
> = 아파요. 그래도 회사에 갔어요.

'-아/어도'는 앞 절의 상황에서 보통 뒤따를 것으로 기대되는 행위를 뒷 절에서 하지 않을 때, 즉 앞 절의 상황과는 상관 없이 뒷 절의 상황이 일어날 때 쓴다. 위의 예문에서 보통의 경우라면 앞 절과 같이 아픈 상태에서 회사에 안 가겠지만, '-아/어도'를 쓰면 '아픈 상태에서 예상되는 내용'과 달리 회사에 가는 것을 나타낼 때 사용한다. '그래도'로 연결된 두 문장이 '-아/어도'에 의해 한 문장으로 이어진다.

Tips '-아/어도'는 '그래도'에 의해 이어진 두 문장이 한 문장으로 될 때 쓰입니다. 학습자가 '그래도'와 같은 접속 부사를 미리 알고 있다면 이를 이용하여 쉽게 '-아/어도'를 제시할 수 있습니다. 물론 이렇게 두 문장을 한 문장으로 이어주는 것으로 도입하려면, 이전 학습에서 접속 부사를 잘 활용할 수 있도록 다양한 접속 부사를 적절한 상황에서 접하도록 지도해야 합니다. 일단 학습자가 접속 부사를 잘 활용할 수 있다면 학습자가 그 당시에는 두 문장을 이어 한 문장으로 길게 말할 수 없다고 하더라도, 하고자 하는 얘기를 짜임새 있게 말할 수 있게 됩니다.

02

> 아무리 날씨가 추워도 얇게 옷을 입어요. (O)
> 아무리 날씨가 추워도 두껍게 옷을 입어요. (X)

'-아/어도'는 앞 절의 상황에서 자연스럽게 뒤따라 올 것으로 기대하는 것이 어긋나게 될 때 사용한다. 그러므로 '-아/어도'의 뒷 절에는 의미상 앞 절의 상황에서 했던 기대와 반대되는 내용이 나와야 한다. 그런 의미에서 앞 절보다는 뒷 절을 강조하는 측면이 강하다. '-아/어도'의 앞 절에 '아무리'와 같은 부사를 함께 써서 강조하는 느낌을 줄 수 있다.

Tips 교사가 '-아/어도'를 제시하기 전에, '-(으)면'이나 '-아/어서'를 사용해서 사람들이 보통 예상하는 뒷 절을 전제해 놓고 '-아/어도'를 지도하는 것이 학습자를 이해시키는 데 더 좋습니다. 위 예문에서도 '날씨가 추우면 두껍게 옷을 입어요'와 같이 쉽게 기대할 수 있는 상황을 먼저 제시한 다음에, 이런 기대를 어긋나게 하면(예: 날씨가 추워도 얇게 옷을 입어요) 학습자가 상황을 분명하게 이해할 수 있습니다.

03

바빠도 일요일에는 쉴 거예요.
많이 먹어도 배 고파요.
계속 전화해도 친구가 전화를 안 받았어요.
연습하지 않아도 잘 해요.

'-아/어도'는 동사, 형용사의 어간 뒤에 붙어 사용된다. 어간의 마지막이 '하'로 끝나면 '-여도'가 붙어 '-해도'가 된다. 어간의 마지막이 모음 'ㅏ'나 'ㅗ'로 끝나면 '-아도'가 붙고, 그 외의 경우에는 '-어도'가 붙어 활용된다. 부정은 어간에 '-지 않아도'를 붙이면 된다.

> **Tips** '-아/어도'의 활용형을 제시할 때에는 '먹어요'와 같은 현재 시제 활용형에서 '요'가 탈락된 후 '그래도'의 '도'가 붙었다는 것을 시각적으로 보여주면 학습자가 활용형을 쉽게 익힙니다.

04

한국인이라도 한국어 문법을 설명하기 어려워요.
한국인이 아니라도 한국 역사를 잘 알아요.

'이다'는 '-아/어도'가 붙어 활용되어 '-이어도'나 '-이라도'가 된다. 그 부정은 '-이/가 아니어도'나 '-이/가 아니라도'가 된다. 구어체에서는 '-이라도'와 '-이/가 아니라도'가 더 많이 사용된다.

> **Tips** '누구, 뭐, 언제, 어디'와 같은 의문사 뒤에는 '-이어도'를 쓸 수 없고 '-(이)라도'를 결합해야 합니다. 초급에서는 두 가지의 제시 형태가 있을 때 더 많은 범위를 포괄하는 것으로 제시하는 것이 좋습니다. 그러므로 명사와 '이다'가 쓰였을 때에는 '-이라도'와 '-이/가 아니라도'로 제시하는 것이 좋습니다.

문형 정리 및 지도 Tips

학습자 오류

1. 내일 혼자 일하겠어도 할 수 있어요. → 내일 혼자 일해도 할 수 있어요.
   ☞ '-아/어도' 문형 자체에 이미 양보와 가정의 의미를 갖고 있기 때문에, '-아/어도'의 앞 절에 추정의 의미를 나타내는 '-겠-'을 붙일 수 없습니다.

2. 뭐여도 맛있게 먹을 수 있어요. → 뭐라도 맛있게 먹을 수 있어요.
   ☞ 명사 뒤에 쓰인 '이다'는 '-이어도'나 '-(이)라도'로 모두 쓸 수 있지만, 의문사 뒤에는 꼭 '-(이)라도'를 써야 합니다. '어디라도, 언제라도, 누구라도'와 같이 씁니다.

3. 이 음식이 맛있어도 비싸요. → 이 음식이 맛있지만 비싸요.
   ☞ 위 예문은 '-지만'을 사용하여 써야 합니다. 보통의 경우 '-아/어도'와 '-지만'은 앞 절과 뒷 절의 관계가 대조 관계를 보일 때 쓰이므로 비슷하다고 생각할 수 있지만, 위 예문과 같이 '맛있다'에서 기대하는 내용이 '비싸다'를 포함할 수 있으므로 이때에는 '-지만'을 사용하여 써야 합니다.

4. 시험에 합격하지만 학교에 다닐 수 없어요. → 시험에 합격해도 학교에 다닐 수 없어요.
   ☞ 위 예문과 같이 시험에 합격하는 것을 가정하는 상황이라면 '-아/어도'로 바꿔야 합니다. '-지만'을 사용하려면 앞 절의 의미는 이미 합격한 사실로 써야 하므로 과거 시제 '-았/었지만'을 써야 합니다. 가정의 의미를 갖고 있는 '-아/어도'는 '-지만'으로 대체되어 쓸 수 없습니다.

5. 얼마나 바빠도 약속을 지켜야 해요. → 아무리 바빠도 약속을 지켜야 해요.
   ☞ '아무리'를 '얼마나'와 혼돈하는 오류가 일본인 학습자에게 종종 나옵니다. 일본어에서는 한국어의 '아무리'와 '얼마나'가 구분되지 않고 같은 단어로 쓰이기 때문입니다. '아무리'는 '-아/어도'와만 묶어서 제시해 주는 것이 필요합니다.

6. 추어서도 밖으로 나가서 눈사람을 만들었어요. → 추워도 밖으로 나가서 눈사람을 만들었어요.
   ☞ 위와 같은 형태적인 오류는 '-아/어도'를 학습한 후 시간이 조금 지난 다음에 자주 보이는 실수입니다. 활용형을 연습할 때 이런 오류를 범하지 않고 말할 수 있도록 어느 정도의 반복적인 연습이 필요합니다.

수업1단계 도입

준비물 제시 그림 (부록)

UNIT 22

교사는 다음의 그림 부록 p.46 을 준비해서 이런 상황에 학습자라면 어떻게 할지 묻는다. 밖에 비가 오는 상황에서 자연스럽게 도출되는 뒷 절을 학습자가 말하도록 한다. 그 다음에 다음과 같이 그 기대에 어긋나는 상황을 뒷 절에 제시하면서 '-아/어도'를 도입한다.

밖에 비가 오다 → 운동하다

예

T (첫 번째 그림을 보여주며) 지금 날씨가 어때요?
S 비가 와요.
T 맞아요. 이 사람을 보세요. 아마 뭐 하려고 했어요?
S 운동하려고 했어요.
T 맞아요. 그런데 비가 와요. 여러분은 비가 오면 운동해요?
S 아니요. 비가 오면 운동 안 해요.
T 네. 저도 비가 오면 운동 안 해요. 집에서 쉬어요.
   그런데 이 그림을 보세요. 비가 와요. 그래도 (두 번째 그림을 보여주며) 이 사람은 운동해요.
   비가 와도 운동해요.
S 비가 와도 운동해요.

학습자가 앞 절을 보고 기대했던 것을 어긋나게 하는 상황에서 '-아/어도'를 사용한다는 것을 충분히 이해할 수 있도록 여러 가지 예를 학습자에게 제시한다. 만약 학습자가 '그래도'라는 접속 부사를 이미 알고 있다면 이를 이용하여 더 쉽게 이해시킬 수 있다.

 ⇒ ?    ⇒ ?

돈이 있다 ⇒ ?   친구가 많다 ⇒ ?

| 수업2단계 | **제시 및 연습** |

준비물 종이와 펜

다음과 같은 문장이 쓰여 있는 종이를 교사가 들고 학습자에게 이 문장의 앞 절에 들어갈 내용을 만들도록 한다. 앞 절의 상황과는 상관 없이 뒷 절을 하겠다는 의지를 보여주는 상황이다.

```
_____ . 그래도 회사에 가요.
① 많이 아파요.
② 쉬고 싶어요.
③ 날씨가 나빠요.
④ 피곤해요.
```

학습자의 다양한 대답을 판서한 후 두 문장이 '-아/어도'로 이어지는 것을 시각적으로 보여준다. 학습자에게 쉽게 제시하려면 교사가 판서할 때 '-아/어요' 형태로 쓴다.

교사는 학습자 네 명씩 묶어서 종이와 펜을 나눠 준 후 밑줄 친 곳에 들어갈 수 있는 문장을 만들도록 지시한다.

```
_____ . 그래도 항상 6시에 일어나요.
```

세 문장씩 쓴 문장을 발표시켜서 그 중 좋은 문장 서너 가지를 뽑는다. 학습자가 발표한 대답을 밑줄 친 곳에 써 놓고 두 문장이 한 문장으로 이어지는 것을 시각적으로 보여준다.

> **Tips** 교사는 학습자가 참여할 수 있는 기회를 되도록이면 자주 줘서, 학습자가 좋은 예문을 만들 수 있도록 장려해야 합니다. 학습자가 좋은 예문을 만들었다면 교사 입장에서는 학습자가 제대로 목표 문형을 이해했는지 확인할 수 있고, 혹시 틀린 예문을 만들었다면 교사 입장에서는 그 예문이 왜 틀렸는지 다시 한번 교정해 줄 수 있는 기회를 가질 수 있습니다.

문형 제시

1. 아파~~요. 그~~래도 ➡ 아파도
2. 싶어~~요. 그래도~~ ➡ 싶어도
3. 피곤해~~요. 그래도~~ ➡ 피곤해도

수업3단계 활동

준비물 문장 카드

활동1 문장 완성하기

학습자 세 명씩 묶어 주고 문장 카드를 나눠 준다. 한 문장 카드에 대해 카드의 빈칸에 들어갈 알맞은 내용을 '-아/어도'를 사용하여 한 명씩 완성하도록 한다. 문장을 완성하지 못한 사람은 해당 문장 카드를 갖는다. 게임이 끝난 다음에 문장 카드를 제일 많이 갖고 있는 사람이 지게 된다. 게임 후에 자신이 완성하지 못했던 문장 카드를 다시 한번 완성하는 것으로 게임을 마무리한다.

_____ 도 일찍 일어나요.

_____ 도 친구를 만날 거예요.

_____ 도 경주에 가고 싶어요.

_____ 도 한국어 공부 계속 할 거예요.

_____ 도 참아요.

활동

활동2 저는…

준비물 카드 (부록)

반 학습자 전원에게 카드 부록p.47 를 하나씩 나눠 준다. 자신이 갖고 있는 카드를 상대방 학습자가 볼 수 있도록 들고 반 학습자를 만난다. 상대방 학습자가 갖고 있는 카드의 내용을 보고 다음과 같이 대화를 진행한다. 학습자가 어려워하지 않도록 교사가 카드를 들고 시연을 보여주어 대화 흐름의 방향을 알려 주는 것이 필요하다.

내일 놀러 갈 거예요.
(비가 오다)

A 내일 놀러 갈 거예요.
B 내일 비가 올 거예요.
A 내일 비가 와도 놀러 갈 거예요.
B 왜요?
A 오랫동안 준비했으니까 내일 비가 와도 놀러 갈 거예요.

이 옷을 살 거예요.
(비싸다)

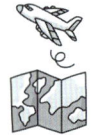
유럽에 여행 갈 거예요.
(돈이 많이 들다)

이제 직장을 그만둘 거예요.
(돈이 필요하다)

학습자가 주어진 카드로 대화를 이어가는 것을 끝내면, 그 다음 활동으로 카드를 보지 않고 자신이 직접 내용을 만들어 대화를 이어가도록 한다.

UNIT 23
방에 들어가도 돼요?

문형 -아/어도 되다

용법 개인적으로 허락될 수 있거나 사회적으로 허용될 수 있는 것에 대해 말할 때

예문

01_ A : 방에 들어가도 돼요?
B : 네, 들어오세요.

02_ A : 고등학생이 운전해도 돼요?
B : ① 네, 미국에서는 운전해도 돼요.
② 아니요, 일본에서는 운전하면 안 돼요.

03_ 우리 집에 9시 이후에도 전화해도 돼요.
냉장고의 물은 아무 때나 마셔도 돼요.
자원봉사자는 학생이어도 돼요.
이번 숙제는 하지 않아도 돼요.

04_ 운전 중에 전화하면 안 돼요.
여기에서 사진을 찍으면 안 돼요.

수업 전 단계 | 문형 정리 및 지도 Tips

01

A : 방에 들어**가도 돼요**?
B : 네, 들어오**세요**.

'-아/어도 되다'는 질문 형식으로 쓰여 상대방에게 어떤 행위를 해도 되는지, 어떤 상태여도 괜찮은지 허락을 구할 때 사용된다. 이런 경우 허락을 내리는 상대방의 판단 기준에 따르겠다는 의미가 전제되어 있다. 상대방이 자신에게 허락을 구하는 질문을 했을 때, 허락한다면 상대방에게 그 행동을 하라는 의미로 '-(으)세요'를 사용해서 말하면 된다.

> **Tips** 위의 예문에서 '들어가도 돼요?'라고 허락을 구하는 질문을 받은 경우, 허락하는 대답으로 '들어와도 돼요.'라고 말하지 않도록 주의를 줘야 합니다. 만약 허락하지 않을 것이라면 '-지 마세요'를 이용해서 '들어오지 마세요.'라고 사용할 수 있습니다. 그러나 실제 이렇게 말하면 매우 강하게 거절하는 느낌이 있어 예의 없이 들릴 수 있으므로, 부드럽게 거절하는 방법도 함께 지도하는 것이 좋습니다.

02

A : 고등학생이 운전**해도 돼요**?
B : ① 네, 미국에서는 운전**해도 돼요**.
　　② 아니요, 일본에서는 운전**하면 안 돼요**.

'-아/어도 되다'는 일반적인 상식에 기반한 사회적, 문화적 규범에서 어떤 행위나 상태가 허용되는지 여부를 말할 때에도 사용된다. 위의 예문에서 '-아/어도 되다'는 고등학생이 운전하는 행위가 미국이나 일본의 사회적 규범에서 허용되는지 여부를 말한 것이다. 허용되는 것을 표현할 때에는 '-아/어도 되다'를, 금지된 것을 표현할 때에는 '-(으)면 안 되다'를 사용한다.

> **Tips** 허용되는 것은 '돼요', 금지되는 것은 '안 돼요'를 짝을 지어 제시하면 학습자들이 쉽게 기억할 수 있습니다. 다만, '돼요' 앞에는 '-아/어도', '안 돼요' 앞에는 '-(으)면' 과 같이 활용형이 달라지므로 학습자가 형태적인 오류를 범하기 쉽다는 점에 유의해야 합니다. 또한 형태적으로 '-아/어도'를 익힌 학습자라면 '-아/어도 되다'를 따로 학습하지 않고 '-아/어도' 뒤에 가능의 의미인 '되다'가 붙은 것으로 생각할 수도 있겠지만, '-아/어도 되다'가 쓰이는 맥락이 '허락, 허용'으로 한정되므로 한 문형으로 묶어 제시하는 것이 학습자가 이해하기 더 쉽습니다.

03

우리 집에 9시 이후에 전화**해도 돼요**.
냉장고의 물은 아무 때나 마**셔도 돼요**.
자원봉사자는 학생**이어도 돼요**.
이번 숙제는 하**지 않아도 돼요**.

'-아/어도 되다'는 동사, 형용사, '이다'의 어간 뒤에 붙는다. 동사와 형용사 어간의 마지막이 '하다'로 끝날 경우 '해도 되다'로 바뀐다. 동사와 형용사의 어간 마지막이 'ㅏ'나 'ㅗ'로 끝날 경우 '-아도 되다', 그 외의 경우에는 '-어도 되다'가 어간 뒤에 붙는다. '-아/어도 되다'에서 '되다' 대신에 '좋다'나 '괜찮다'를 바꿔 쓸 수 있다. 부정은 두 가지로 가능한데, 짧은 부정문은 '-아/어도 되다' 앞에 '안'을 써서 사용하고, 긴 부정문은 어간 뒤에 '-지 않아도 되다'를 붙이면 된다. '-아/어도 되다' 앞에는 '-았/었-'이나 '-겠-'이 올 수 없다.

Tips '-아/어도 되다'에서 '되다' 대신에 '좋다'나 '괜찮다'를 사용할 수 있는데, 실제 생활에서 가장 짧은 형태인 '돼요'를 많이 사용하므로 초급 수업에서 '-아/어도 되다'로 한정해서 문형을 제시합니다. 상대방에게 더욱 공손하게 허락을 구하는 느낌을 살리려면 문장의 마지막에 '-(으)ㄹ까요?'를 붙여 '-아/어도 될까요?' 혹은 '-아/어도 괜찮을까요?'로 쓸 수 있습니다.

04

운전 중에 전화하**면 안 돼요**.
여기에서 사진을 찍**으면 안 돼요**.

'-(으)면 안 되다'는 어떤 행위나 상태를 금지하는 표현이다. 특히 '-(으)면 안 되다'는 허용의 의미를 가진 '-아/어도 되다'와 반대되는 의미로 짝을 이뤄 쓰인다. 이런 맥락에서 사회 문화적으로 허용되지 못한 금지의 규범을 표현할 때 많이 쓰인다.

Tips 일상 생활에서 금지를 표현할 때에는 '-지 마세요'나 '-(으)면 안 되다'를 쓰기도 합니다. '-지 마세요'는 상대방에게 어떤 행위를 하지 말 것을 직접적으로 말하는 것이고, '-(으)면 안 되다'는 사회적으로 허용되지 않는 금지사항임을 진술한 것입니다. 위의 예문에서는 특정인에게 금지사항을 직접 말한 것이 아니라 사회적으로 허용되지 않는 것을 말한 것이므로 '-(으)면 안 되다'를 사용합니다.

문형 정리 및 지도 Tips

학습자 오류

1. A : 이 물을 마셔도 돼요?
   B : 네, 마셔도 돼요. → 네, 드세요.
   ☞ 상대방의 요청을 허락할 때에는 상대방이 그 행동을 하는 것에 문제가 없으므로 거리낌 없이 그 행동을 하라는 의미에서 '-(으)세요'를 사용해서 말하도록 지도해야 합니다.

2. 이 케이크를 먹을 수 있어요? → 이 케이크를 먹어도 돼요?
   ☞ 상대방에게 허락을 구하는 의미로 사용했을 때 위의 예문은 '-아/어도 되다'로 바뀌어야 합니다. 영어권 학습자가 영어의 표현을 한국어로 바꿔 범하는 오류입니다. 자연스럽게 한국어를 사용하는 상황에서 '먹을 수 있어요?'라고 묻는 것은 케이크 자체를 먹는 데 문제가 없냐는 의미(예를 들면 유통기한이 지나지 않았음)로 쓰인 것입니다.

3. 약속을 연기해도 안 될까요? → 약속을 연기해도 될까요?
   약속을 연기하면 안 될까요?
   ☞ '연기해도 안 될까요?'는 요청한 것이 거절된 후 재차 공손하게 요청하는 상황이라면 사용할 수도 있습니다. 그러나 이런 문형은 상대방에게 허락을 구하는 첫 질문으로 사용하지 않으므로 두 가지로 수정될 수 있습니다. 먼저, 상대방에게 공손하게 허락을 구하는 의미로 '-아/어도 될까요?'로 수정할 수 있습니다. 또한 '-(으)면 안 될까요?'로 수정하면 말하는 사람의 의견을 상대방에게 더 강하게 제시하는 느낌을 줄 수도 있습니다.

| 수업1단계 | **도입** |

준비물 제시 그림 (부록)

UNIT 23

　　상대방에게 허락을 구하는 상황으로 도입한다. 교실 상황을 이용해도 좋고 제시 그림 부록p.48 이 있다면 그림을 사용해도 좋다. '-아/어도 되다'를 학습자에게 제시할 때에는 먼저 어떤 행동을 하기 전에 그런 행동을 해도 괜찮은지 물어보는 것으로 시작하며, 상대방의 허락이 내려지면 그 다음에 허락을 구했던 행동을 수행하는 것을 바로 보여줘야 한다.

예	T	교실이 너무 더워요.
	S	네, 너무 더워요.
	T	(창문 쪽으로 다가가서 창문을 열기 전에) 창문을 열어요. 열어도 괜찮아요?
	S	네.
	T	(창문을 연다)

　　교실에서 간단하게 할 수 있는 것이라면 허락을 구하는 어떤 상황이라도 괜찮다. 현재 학습 내용이 상대방에게 허락을 구하는 것임을 학습자가 이해할 때까지 이와 비슷한 상황 몇 가지를 계속 보여준다. 상대방에게 펜이나 휴대폰을 빌릴 수도 있고, 잠깐 화장실에 가도 될지 묻는 상황으로 도입할 수도 있다. 교사가 허락을 구하면, 학습자는 허락하는 의미로 '네' 정도로만 대답해도 된다. 학습자가 허락하면, 교사는 허락을 구했던 행동을 즉시 함으로써 학습자에게 허락을 구하는 상황임을 행동으로 분명하게 알린다. 그 이후 학습자가 허락을 구하고 교사가 허락해 주는 역할을 담당할 때 그 대답으로 '-(으)세요'를 쓸 수 있음을 학습자에게 보여준다.

| 수업2단계 | 제시 및 연습 |

준비물 제시 그림 (부록)

제시1

학습자가 허락을 구하는 상황에서 쓰는 문형을 학습하고 있음을 이해하면, 이 문형을 문자로 확인시켜 준다. 이때 '-아/어도 돼요?' 뿐만 아니라 '-아/어도 괜찮아요?'도 사용될 수 있음을 알려준다. 다음의 그림 〔부록 p.48〕을 이용할 수 있다.

A : 들어가요 돼요? (괜찮아요?)
B : 네, 들어오세요.

A : 옆 자리에 앉아도 돼요? (괜찮아요?)
B : 네, 앉으세요.

상대방에게 허락을 구할 때 사용하는 문형으로 '-아/어도 돼요?'를 제시한 다음에, 허락하는 대답으로 '-(으)세요'를 사용해서 대답할 수 있도록 한다. 도입에서 제시했던 상황을 처음부터 재현하면서 허락을 구하는 질문과 그에 대한 대답을 묶어 말하게 한다.

교사가 교실 상황에서 허락을 구할 수 있는 몇몇 상황을 문장으로 학습자에게 제시하고, 옆의 학습자와 대화를 만들도록 한다.

문형 제시

1 들어가요. 그래도 돼요? ➡ 들어가도 돼요?
2 앉아요. 그래도 돼요? ➡ 앉아도 돼요?

제시2

준비물 제시 그림 (부록)

상대방에게 허락을 구하고 상대방이 허락하는 대화 연습이 끝나면, 각 나라마다 다른 가치 기준에서 어떤 행동이 허용될 수 있는지 말할 때 '-아/어도 되다'를 사용함을 제시한다. 이때 다음과 같은 그림 을 이용할 수 있다.

예

T 폴 씨, 미국에서는 고등학생이 운전해도 돼요? 안 돼요?
S 돼요.
T 미국에서는 고등학생이 운전해도 돼요?
S 네, 미국에서는 고등학생이 운전해도 돼요.
T 그럼, 유키코 씨. 일본에서는 고등학생이 운전해도 돼요? 안 돼요?
S 안 돼요.
T 일본에서는 고등학생이 운전하면 안 돼요?
S 고등학생이 운전하면 안 돼요.
T (알겠다는 듯이) 네.

허용되는 표현으로는 '-아/어도 되다'를, 금지의 표현으로는 '-(으)면 안 되다'를 제시한다. 처음에는 허용되는 것을 '돼요', 금지되는 것을 '안 돼요'로 접하게 하고, 그 다음에는 '-아/어도 되다'와 '-(으)면 안 되다'로 활용해서 말하게 한다.

문형 제시

1 운전하다 ➡ A : 고등학생이 운전해도 돼요?
　　　　　　　B : ① 운전해도 돼요.
　　　　　　　　　② 운전하면 안 돼요.

2 담배를 피우다 ➡ A : 여기에서 담배를 피워도 돼요?
　　　　　　　　　B : ① 담배를 피워도 돼요.
　　　　　　　　　　　② 담배를 피우면 안 돼요.

| 수업3단계 | **활동** |

| 준비물 | 활동지 (부록) |

활동1 돼요? 안 돼요?

여러 나라에서 온 다양한 학습자로 구성된 학급에서 할 수 있는 활동이다. 주어진 상황이 학습자의 나라에서 문화적으로, 또는 사회적으로 허용되는 것인지 묻고 답하는 활동이다. 이 활동을 통해 상황에 따라, 문화에 따라 허용 기준이 다르다는 것도 알게 되면서 상대방의 문화를 이해할 수 있는 기회도 가질 수 있다.

모든 학습자에게 연습지 부록 p.49 를 나눠준다. 학습자는 연습지에 주어진 상황을 다른 학습자에게 질문해서 그 사람의 나라에서 이런 행위가 허용되는지, 허용되지 않는지 조사한다. 활동지에는 간단하게 질문의 행위가 허용되면 O, 금지되면 X로 표기한다. 활동이 끝나면 조사 내용을 발표하게 한다. 학습자는 반의 모든 학습자를 만날 때마다 같은 질문을 반복·질문해서 어떤 행위가 어떤 나라에서는 허용되고 어떤 나라에서는 허용되지 않는지 비교해 볼 수 있게 한다.

어른 앞에서 담배를 피우다

길에서 음식을 먹다

모르는 아이를 만지다

운전할 때 전화하다

남자들끼리 어깨동무하다

UNIT 24
한국에서는 어른에게 존댓말을 사용해야 해요

문형 -아/어야 하다/되다

용법 어떤 상황에서 혹은 어떤 일을 이루기 위한 목적에서, 당연히 해야 할 의무 또는 반드시 필요한 조건이나 상태를 표현할 때

예문

01_ 한국에서는 어른에게 존댓말을 사용해야 해요.
외국인은 외국인등록증을 꼭 만들어야 해요.

02_ 공사를 할 때에는 안전하게 해야 해요.
내일 중요한 회의가 있으니까 회의에 꼭 가야 돼요.
버스를 탈 때에는 차례대로 한 사람씩 타야 합니다.

03_ 어제 일이 많아서 늦게까지 일해야 했어요.
등산하려면 아침을 먹어야 할 거예요.

04_ 친구한테 거짓말을 하지 않아야 해요.
친구한테 거짓말을 하지 말아야 해요.

수업 전 단계 | 문형 정리 및 지도 Tips

01

> 한국에서는 어른에게 존댓말을 사용**해야 해요**.
> 외국인은 외국인등록증을 꼭 만들**어야 해요**.

'-아/어야 하다'는 어떤 특정 상황에서 혹은 어떤 일을 이루기 위해 당연히 해야 할 의무 또는 반드시 필요한 상태나 조건을 나타낼 때 사용한다. '꼭, 반드시'와 같은 부사를 사용해서 당위적이고 필수적인 느낌을 강조한다.

Tips '-아/어야 하다'는 의무나 필수 요건을 말할 때 사용하는 것으로, 상대방에게 말할 때에는 어떤 행위를 하도록 재촉하거나 하지 못하도록 강제하는 느낌이 있습니다. 그러므로 '-아/어야 하다'는 손윗 사람에게 사용하지 않는 편이 좋습니다. 학습자가 문형의 의미뿐만 아니라 상황에 맞는 용법을 익힐 수 있도록 교사가 지도할 필요가 있습니다.

02

> 공사를 할 때에는 안전하게 **해야 해요**.
> 내일 중요한 회의가 있으니까 회의에 꼭 **가야 돼요**.
> 버스를 탈 때에는 차례대로 한 사람씩 **타야 합니다**.

'-아/어야 하다'는 동사나 형용사, '이다'의 어간 뒤에 결합된다. 어간의 마지막이 '하'로 끝날 때에는 '해야 하다'로 바뀐다. 어간의 마지막이 모음 'ㅏ'나 'ㅗ'로 끝날 때에는 어간 뒤에 '-아야 하다'가 결합되고, 그 외의 경우에는 '-어야 하다'가 결합된다. '-아/어야 하다'에서 '하다' 대신에 '되다'를 사용할 수 있다. '하다'가 능동적인 의미를, '되다'가 수동적인 의미를 갖는다고 하지만, 실제 말할 때에는 별 다른 차이를 두지 않는다. 다만, 구어체에서는 '되다'를 많이 사용하고, 서류나 문서에는 '하다'를 격식체와 함께 써서 '합니다'로 쓰는 경향이 있다.

Tips 실제 생활의 구어체에서 '-아/어야 하다'나 '-아/어야 되다' 모두 많이 사용되기 때문에 어떤 것으로 지도해도 괜찮습니다. 다만, '-아/어야 하다'가 '-아/어야 되다'보다 상대방에게 무언가를 강제하거나 촉구하는 느낌이 강하기 때문에, 상대방에게 부드럽게 말할 때 '-아/어야 되다'로 말하고, 당위성과 필요성을 강하게 강조할 때 '-아/어야 하다'로 말한다고 용법을 나눠 지도할 수 있습니다.

03

어제 일이 많아서 늦게까지 일해야 했어요.
등산하려면 아침을 먹어야 할 거예요.

과거에 해야 했던 의무나 필요성에 대해 말할 때에는, '-아/어야 하다'에서 보조 용언인 '하다'에 과거 시제 '-았/었-'을 결합시켜 '-아/어야 했다'로 쓴다. 미래에 해야 할 당위적인 것에 대해 말할 때에도 '하다'를 활용시켜 '-아/어야 할 것이다'로 쓴다.

> **Tips** 초급에서 '-아/어야 하다'를 처음 지도할 때에는 위와 같은 시제 결합을 가르치지 않는 것이 좋습니다. 특히 '-았/었-'은 형태는 같지만, 시제로 결합했을 때에는 '-아/어야 했다'로, 완료의 의미로 결합했을 때에는 '-았/었어야 했다'로 다르게 나타납니다. 초급 학습자에게는 명확한 상황을 준다고 해도 한꺼번에 두 가지를 구분하기 어렵습니다. 실제로 대개의 한국어 교재에서 이런 완료의 의미는 학습자가 한국어의 어감을 어느 정도 익힌 다음인 중급 이상에서 시작합니다.

04

친구한테 거짓말을 하지 않아야 해요.
친구한테 거짓말을 하지 말아야 해요.

'-아/어야 하다'의 부정은 '-지 않아야 하다' 혹은 '-지 말아야 하다'를 쓴다. 원래 평서문의 부정은 '않다'를, 명령문이나 청유문의 부정은 '말다'를 붙여 쓰는데, 말하는 사람의 소망이나 바람을 드러낼 때에는 평서문에도 '말다'를 쓸 수 있다. 위의 예문에서 말하는 사람이 '거짓말을 하지 않는 것'을 강하게 바란다는 의미로 '말다'를 쓴 것이다.

> **Tips** 구어체에서는 부정의 의미를 나타낼 때 '-지 않아야 하다'와 '-지 말아야 하다'의 차이를 두지 않고 거의 비슷한 의미로 사용합니다. 그러나 '-지 말아야 하다'가 '-지 않아야 하다'보다 말하는 사람의 강력한 바람을 표현한다는 점에서 더 강한 느낌을 전달한다고 말할 수 있습니다.

문형 정리 및 지도 Tips

학습자 오류

1 건강을 위해 담배를 피워야 안 돼요. → 건강을 위해 담배를 안 피워야 돼요.
  - ☞ 학습자가 여러 문형을 학습한 후 혼동하는 상황에서 '돼요'의 부정을 '안 돼요'라고 여기기 때문에 이런 오류가 나오게 된 것입니다. 이를 막기 위해서는 '-아/어야 하다/되다'를 한 문형으로 묶고 그 앞에 부정이 붙는 것을 지도하는 것이 좋습니다. '-아/어야 하다/되다'를 하나의 문형으로 제시했을 때 이런 오류가 줄어듭니다.

2 어제 일이 많아서 10시까지 일했어야 해요. → 어제 일이 많아서 10시까지 일해야 했어요.
  - ☞ '-아/어야 하다'의 부정은 문형 앞에 '안'이 붙어 '안 해야 하다'와 같이 되기 때문에 과거 시제도 문형 앞에 붙이려는 시도를 가끔 합니다. '-아/어야 하다'의 과거 시제는 보조 용언 '하다'에 붙어 '-아/어야 했다'로 된다는 것도 짚어 주어야 합니다.

3 제주도가 너무 좋았어요. 폴 씨도 제주도에 가야 해요. → 제주도가 너무 좋았어요. 제주도에 가 보세요.
  - ☞ 영어권 학습자는 추천하는 상황에서 'should'를 쓰기 때문에 위와 같은 상황에서 '-아/어야 하다'로 직역해서 쓰기도 합니다. 한국어에서는 추천할 때에는 강제적인 느낌이 강한 '-아/어야 하다'를 사용하지 않고 덜 강제적인 느낌이 드는 '-아/어 보세요'를 사용합니다. 문형을 지도할 때 형태 활용 뿐만 아니라 용법도 함께 지도해야 합니다.

| 수업1단계 | **도입** |

학습자의 일상 생활에서 쉽게 유추할 수 있는 상황으로 도입한다. 학습자가 잘 알고 있는 규칙이나 문화적 규범을 예로 들 수 있다. 다음은 학습자가 익히 접해서 잘 알고 있는 한국 문화 중 하나를 예로 들어 도입한 것이다.

예
- T 한국에서 어른에게 반말해도 돼요?
- S 아니요, 안 돼요.
- T 그럼 어떻게 해요?
- S 존댓말 해요.
- T 존댓말 안 하면 안 돼요. 100% 존댓말 해요. 어른에게 존댓말 해야 해요.
- S 존댓말 해야 해요.
- T 그럼, 어른한테 인사할 때 (손을 흔들면서) 이렇게 해도 돼요?
- S 아니요, 안 돼요.
- T 그럼, 어떻게 해야 해요?
- S (머리를 숙이며) 이렇게 해야 해요.

이 밖에도 한국에서 꼭 지켜야 될 문화적 규범에 대해 질문할 수 있다.

A : 집에 들어갈 때 신발을 신고 들어가도 돼요?
B : 집에 들어갈 때 신발을 신고 들어가면 안 돼요.
A : 그럼, 어떻게 해야 해요?
B : 신발을 벗어야 해요.

수업2단계 제시 및 연습

준비물 문장 카드나 그림 (부록)

학습자에게 상황을 알려 줄 수 있는 문장 카드나 그림 [부록 p.50] 을 제시하고 그런 상황에서 어떤 행동을 취해야 할지 학습자에게 묻는다. 이때 목표 문형인 '-아/어야 하다'를 이용한 보기를 학습자에게 제시하고 이 중에서 자신이 취할 행동을 선택하라고 한다. 학습자는 문장의 의미에 중점을 두고 보기에서 답을 선택한다. 기타도 있어 학습자가 스스로 답을 만들어 낼 수도 있다.

한국어 시험을 잘 보고 싶으면
① 숙제를 해야 해요.
② 공부를 열심히 해야 돼요.
③ 텔레비전을 보지 않아야 해요.
④ 기타: _____

면접 볼 때

운전할 때

버스 탈 때

교사는 가능하면 학습자가 겪었을 만한 상황을 보기로 제시해서 학습자가 형태적인 부담 없이 연습할 수 있도록 돕는다. 보기에서 '-아/어야 하다'뿐만 아니라 '-아/어야 되다'도 써서 이 두 문형이 교체될 수 있는 것임을 보여준다.

문형 제시

1 오다 ➡ 와요 ➡ 와야 해요
2 읽다 ➡ 읽어요 ➡ 읽어야 해요
3 하다 ➡ 해요 ➡ 해야 해요

수업3단계 활동

활동1 어떻게 해야 해요?

준비물 | 문제 카드 (부록)

다음과 같이 각기 다른 상황 카드(부록 p.51)를 반 학습자에게 나눠 준다. 상황 카드를 받은 학습자는 다른 학습자를 만나서 상황 카드에 쓰여 있는 상황을 말하면서 어떻게 해야 할지 상대방에게 조언을 구한다. 조언을 요청 받은 학습자는 이런 상황에서 어떤 행동을 취해야 할지 조언해 준다. 반 전체 학습자를 만나서 조언을 구하고 이를 카드에 적게 한다. 활동이 끝나면 조언 받은 내용 중 좋은 조언이라고 생각하는 것과 그 이유를 발표하게 한다.

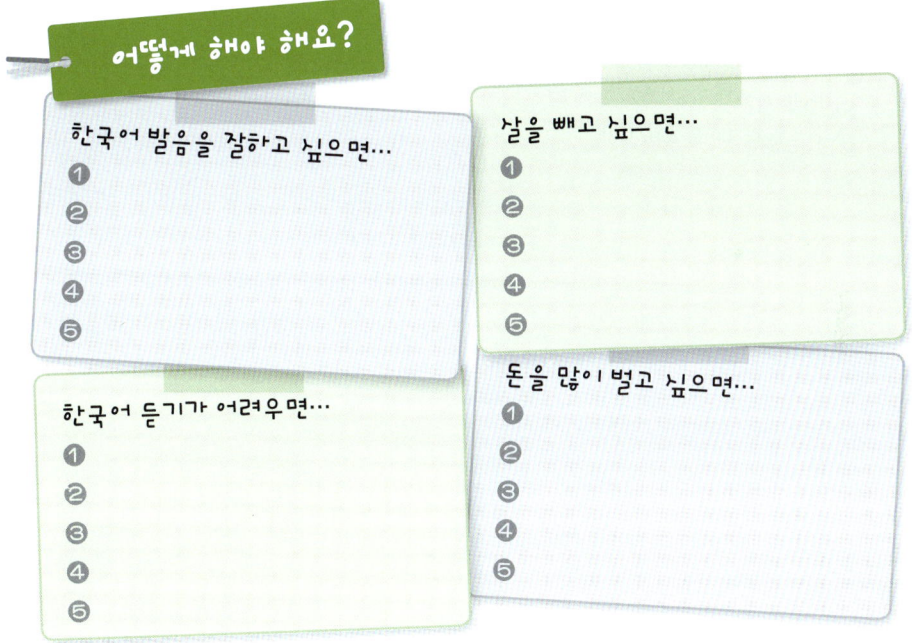

 **책상 배치 및 교사의 위치 ②**

그룹별 책상 배치

그룹 활동이나 짝 활동을 위한 책상 배치 중 하나는 한 탁자에 3~4명이 모여 둘러 앉는 것입니다. 반원형 또는 ㄷ자 형태의 책상 배치에 비해, 책상 사이로 학습자의 이동이 용이하므로 짝을 바꾸거나 그룹 별 활동을 하기에도 쉽고, 교사가 학습자의 활동을 관찰하기 위해 교실을 돌아다니기에도 좋습니다. 이런 배치는 학습자 간의 상호작용을 최대화시켜 학습자 중심의 수업 진행에 효과적입니다. 또한 교사가 학습자의 주의를 잠깐 집중시킬 때에도 교실 앞에만 서 있지 않고 교실 옆쪽이나 뒤쪽에서도 가능한데, 이렇게 위치를 바꿔 주는 것만으로도 수업 분위기를 바꿀 수 있습니다. 이런 책상 배치에서 교사는 통제자라기보다는 학습자의 활동을 관찰하면서 피드백을 주는 관찰자의 역할을 하게 됩니다.

다만, 교사가 학습자의 활동을 관찰할 때 너무 가깝게 가지 않도록 일정 정도의 거리를 두어 학습자에게 불안감을 주지 않는 것이 좋습니다. 그리고, 비디오 시청이나 컴퓨터 자판 연습과 같이 교사와의 상호작용이 최소화되고 교사로부터의 지시나 제시를 받는 입력량이 많을 때에는 이와 같은 책상 배치가 오히려 학습자에게 불편함을 줄 수도 있다는 점을 알아둘 필요가 있습니다.

UNIT 25
유럽에 여행 간 적이 있어요

문형 -(으)ㄴ 적이 있다, -아/어 봤다
용법 경험했던 것을 나타낼 때

예문

01_ 유럽에 여행 간 적이 있어요.
= 유럽에 여행 가 본 적이 있어요.
여행할 때 아픈 적이 없어요.

02_ 지난달에 김치를 만들어 봤어요.
한국에서 몇 번 운전해 봤어요.

03_ A : 제주도에 가 봤어요?
B : ① 아니요, 안 가 봤어요.
② 아니요, 못 가 봤어요.

04_ A : 한번 가 보세요.
B : 네, 한번 가 볼게요.

수업 전 단계 | 문형 정리 및 지도 Tips

01

유럽에 여행 **간 적이 있어요.**
= 유럽에 여행 **가 본 적이 있어요.**
여행할 때 **아픈 적이 없어요.**

'-(으)ㄴ 적이 있다'는 동사, 형용사, '이다'의 어간 뒤에 붙어 경험했던 것을 나타낼 때 사용한다. 여기에서 '적'은 과거의 '때, 시기'와 같은 의미로, '적' 대신에 '일'을 써서 '-(으)ㄴ 일이 있다'로 쓸 수도 있다. 또한 경험 또는 시도의 의미를 나타내는 보조 용언 '보다'를 문형 앞에 결합시켜 '-아/어 본 적이 있다'로 쓰기도 한다. 어떤 것을 경험하지 못한 것을 나타낼 때에는 '있다' 대신에 '없다'가 쓰여 '-(으)ㄴ 적이 없다'로 쓴다. '적' 앞에 쓰인 '-(으)ㄴ'이 이미 완료의 의미를 나타내고 있기 때문에 이 문형의 앞에 '-겠-'이나 '-았/었-'이 쓰일 수 없다.

> **Tips** 과거 경험한 것에 대해 물어볼 때 사용되는 '-(으)ㄴ 적이 있다'는 가까운 과거를 표현할 때 사용하는 것이 어색함을 알려 줄 필요가 있습니다. 예를 들면 어제나 그제와 같이 현재 말하고 있는 시점과 가까운 과거에 경험한 것은 '-(으)ㄴ 적이 있을'을 써서 표현하지 않습니다. 모국어 화자의 직관에 따라 다를 수 있겠지만, 적어도 경험했던 것을 회상하면서 말할 수 있는 시간적 거리가 필요합니다.

02

지난달에 김치를 만들**어 봤어요.**
한국에서 몇 번 운전**해 봤어요.**

보조 용언 '보다'를 써서 직접 시도했던 경험을 나타낼 수 있다. 이때 '보다'는 동작 동사와만 결합되는데, 동사 어간 뒤에 '-아/어 봤다'를 붙이면 된다. 위의 첫 번째 예문은 김치 만들기를 한 번 해 봤다는 '시도'의 의미로도 해석될 수 있고, 김치를 만들어 본 '경험'을 말하는 것으로도 해석될 수 있다. 동사 '보다'는 '봐 봤어요'와 같이 쓰지 않고 '봤어요'로 쓴다.

> **Tips** 경험을 말하는 대표적인 문형으로 '-(으)ㄴ 적이 있다'와 '-아/어 봤다'를 들 수 있는데, 학습자는 언제 어떤 문형을 쓰는 것이 좋은지 궁금해합니다. 현재 시점과 가깝지 않은 먼 과거 경험은 '-(으)ㄴ 적이 있다'를 사용하고, 그 외의 경우에는 '-아/어 봤다'를 사용하는 것으로 지도합니다.

03

A : 제주도에 가 봤어요?
B : ① 아니요, **안** 가 봤어요.
② 아니요, **못** 가 봤어요.

경험의 의미를 나타내는 '-아/어 보다'의 부정문은 '안'과 '못' 두 가지로 쓸 수 있다. 원래 '안'은 단순 부정 혹은 의도 부정을, '못'은 능력 부정이나 상황 부정을 의미한다. '안 가 봤어요.'는 가 보지 못한 사실을 말하거나 특별히 가고자 했던 의도가 없었음을 나타내고, '못 가 봤어요'는 해 보고 싶었으나 상황이 여의치 않아서 못 했음을 나타낸다. 경험하지 못한 것을 나타낼 때 부사 '아직'과 함께 '못'을 사용하여 부정하는 것이 더 자연스럽다.

> **Tips** 보조 용언 '보다'를 써서 경험해 본 것을 진술할 때에는 능동성이 강한 동사와 결합합니다. '-지 않다'와 같은 부정이 결합된 것은 '-아/어 봤다' 앞에 쓸 수 없습니다. 그러므로 '-아/어 봤다'의 부정은 긴 부정문(예: 가지 않아 봤어요)은 쓸 수 없고, 동사 앞에 '안'이나 '못'을 쓰는 짧은 부정문만 쓸 수 있습니다. 학습자가 긴 부정문을 시도하지 않도록 교사가 유의해서 연습시켜야 합니다.

04

A : 한번 **가 보세요**.
B : 네, 한번 **가 볼게요**.

'-아/어 보다'는 보조 용언 '보다' 뒤에 결합되는 어미에 따라 다양한 상황에서 사용된다. '-아/어 보다' 뒤에 '-(으)세요'가 붙어 '-아/어 보세요'로 사용될 때에는 상대방에게 어떤 것을 부드럽게 추천하거나 권유하는 의미로 쓰인다. 이때에는 '시험 삼아'의 의미로 '한번'을 붙여 많이 사용한다. 또한 '-아/어 보다' 뒤에 '-(으)ㄹ게요'가 붙어 '-아/어 볼게요'로 사용될 때에는 상대방에게 해 보겠다고 다짐하는 의미로 쓰인다.

> **Tips** 보조 용언 '보다'가 결합되면 공손하게 말하는 느낌을 전달할 수 있습니다. '갈게요'로 말했을 때에는 자신이 가겠다는 다짐을 상대방에게 전달하는 것인 반면, '가 볼게요'는 상대방의 추천이나 권유대로 해 보겠다고 공손하게 말하는 느낌이 강합니다. 그러므로 상대방에게 경험해 보지 못한 것을 권유할 때에는 동사 어간에 '-아/어 보세요', 권유 받았을 때에는 동사 어간에 '-아/어 볼게요'로 하나의 문형으로 묶어 지도하는 것이 좋습니다.

문형 정리 및 지도 Tips

학습자 오류

1 전에 한국 영화 '올드 보이'를 봐 본 적이 있어요. → 전에 한국 영화 '올드 보이'를 본 적이 있어요.
- ☞ 본 용언 '보다'와 보조용언 '보다'는 형태가 같으므로, 본 용언 '보다' 뒤에는 '-아/어 보다'가 결합되지 않습니다. 그러므로 영화나 TV를 보는 것과 같은 경험을 말할 때에는 '보다'의 어간에 '-(으)ㄴ 적이 있다'를 결합하여 '본 적이 있어요'로 씁니다.

2 한국에서 아직 여행 안 해요. → 한국에서 아직 여행 안 했어요.
- ☞ 아직까지 경험하지 않았거나 못한 것을 표현할 때에는 부사 '아직'과 함께 과거 시제인 '-았/었-'을 써야 합니다. 일본어에서는 이럴 때 현재의 경험하지 않은 사실 자체에 초점을 두어 현재 시제로 표현하기 때문에 일본인 화자가 위와 같은 오류를 자주 범합니다.

3 아직 김치를 먹지 않아 봤어요. → 아직 김치를 못(안) 먹어 봤어요.
　　　　　　　　　　　　　　아직 김치를 먹어 본 적이 없어요.
- ☞ 보조 용언 '보다' 앞에는 '-지 않다'가 올 수 없습니다. 경험하지 못한 사실을 나타낼 때에는 '안'이나 '못'을 이용한 짧은 부정문을 사용하거나, '-(으)ㄴ 적이 없다'를 사용해야 합니다.

4 A : 유럽에 여행 가 본 적이 있어요?
B : 네, 있어요.
A : 몇 번 가 본 적이 있어요? → 몇 번 가 봤어요?
- ☞ 유럽에 여행 가 본 적이 있는 경험을 첫 번째 줄에서 이미 언급했기 때문에 세 번째 줄에서 유럽에 가 본 경험인 구정보에 '-(으)ㄴ 적이 있다'를 사용할 수 없습니다. 대신에 이런 제약이 없는 '-아/어 봤다'를 사용해야 합니다. 대화를 지도할 때 학습자가 오류를 범하지 않도록 주의해야 합니다.

5 제주도에 삼 번 갔어요. → 제주도에 세 번 갔어요.
- ☞ 경험을 말할 때 빈도수나 횟수를 자주 말하게 됩니다. 횟수를 물을 때에는 '몇 번'으로 묻고 이에 대답할 때에는 고유어 수사를 이용하여 '한 번, 두 번, 세 번'과 같이 써야 합니다. 학습자가 수 읽기를 어려워하므로 이 부분도 교사가 짚어 주는 것이 좋습니다.

6 저는 춘천에 몇 번도 가 봤어요. → 저는 춘천에 몇 번이나 가 봤어요.
- ☞ 일본인 학습자가 일본어에서 한국어로 직역하면서 나타나는 모국어 간섭 현상입니다. 한국어에서는 여러 번 갔다는 의미로 '몇 번'을 강조하기 위해 그 뒤에 '-(이)나'를 써야 한다는 점을 알려 줘야 합니다.

7 그 얘기는 안 들어 봤어요. → 그 얘기는 못 들어 봤어요.
- ☞ 보통 '안'은 단순 부정과 의도 부정에 쓰이고, '못'은 능력 부정, 상황 부정에 쓰입니다. 그러나 '보다, 듣다'와 같은 지각 동사가 '봤어요, 들어 봤어요'와 같이 쓰였을 때 의도 부정을 할 수 없으므로 부정문을 만들 때 '못'을 써서 '못 봤어요, 못 들어 봤어요'로 말해야 합니다.

8 혹시 옛날 친구를 만나고 싶은 것 있어요? → 혹시 옛날 친구를 만나고 싶은 적이 있어요?
- ☞ 위의 예문에서처럼 경험을 묻고 싶을 때에는 '것'이 아니라 '적'이나 '일'을 사용해야 합니다. 일본인 학습자가 자신의 모국어를 그대로 번역하여 '적' 대신에 '것'이라고 쓸 때가 있습니다.

9 어제 식당에 갔어요. 저기 식당이 맛있었어요. → 어제 식당에 갔어요. 거기 식당이 맛있었어요.
- ☞ 경험했던 것을 진술할 때 위와 같은 오류가 많이 나타납니다. 어제 갔던 식당이 실제 대화할 때 눈앞에 존재하는 것이 아니라 담화 내의 것을 지시하고 있다면 '저기'가 아니라 '거기'를 써야 합니다.

수업1단계 　도입

　'한국에서 운전하는' 것이나 '김치를 만드는' 것과 같이 학습자가 과거에 경험해 보지 못했을 만한 것에 대해 질문하는 것으로 도입한다. 이때 물어볼 수 있는 학습자의 경험은 '아침을 먹'거나 '운동하는' 것과 같이 매일 반복적으로 할 수 있는 것은 제외되어야 한다.

> 예
> T 누가 운전면허증 있어요?
> S 저요.
> T 폴 씨, 전에 한국에서 운전했어요. 그런 경험 있어요?
> 　한국에서 운전한 경험이 있어요? 없어요?
> S 있어요.
> T 한국에서 운전한 적이 있어요?
> S 네, 있어요.
> T 언제 해 봤어요?
> S 작년에 했어요.
> T 어땠어요?
> S 조금 무서웠어요. 그런데 재미있었어요.

　위와 같은 대화를 통하여 학습자에게 경험에 대해 얘기하고 있음을 확인시킨다. 그 후 전체 학습자를 대상으로 이런 경험을 한 적이 있는지 확인한다. 교사는 목표 문형을 사용하면서 질문하고 학습자는 목표 문형을 사용하지 않은 상태로 경험을 해 본 사람은 '있어요', 경험해 본 적이 없는 사람은 '없어요'로 대답하도록 한다. 경험해 본 적이 있는 학습자에게는 언제 경험했는지, 경험이 어땠는지 구체적으로 답하도록 요구한다. 교사는 학습자가 한국에서 경험해 봤을 만한 것으로 두세 가지 좋은 질문을 준비해서 학습자에게 묻고 학습자의 경험을 듣는다.

| 수업2단계 | **제시 및 연습** |

준비물 한국 명소나 음식 사진

학습자에게 한국의 명소인 '제주도 일출봉' 사진을 보여준다. 학습자에게 간 적이 있는지 묻는다. 의미에 집중했던 도입 단계와는 달리, 제시 단계에서는 학습자가 질문의 의미만이 아니라 질문할 때 사용하는 문형 '-(으)ㄴ 적이 있다'를 집중해서 들을 수 있도록 목표 문형을 사용한 질문을 두세 번 반복해서 묻는다. 그러나 학습자가 대답할 때에는 질문에 쓰였던 목표 문형을 사용한 문장을 그대로 써서 부자연스럽게 말하지 않도록 주의시킨다.

제주도 일출봉   부산 해운대   경주 불국사

A : 제주도 일출봉에 간 적이 있어요?
B : ① 네, 제주도 일출봉에 간 적이 있어요. (X) → 네, 있어요. (O)
    ② 아니요, 제주도 일출봉에 간 적이 없어요. (X) → 아니요, 없어요. (O)

한국의 대표적인 명소 10곳과 한국 음식 10가지의 사진을 준비한다. 학습자가 옆의 학습자와 사진을 보면서 '-(으)ㄴ 적이 있다'를 이용하여 경험해 본 적이 있는지 서로 묻고 답하게 한다. 학습자가 쉽게 질문과 대답을 이어가면, '-(으)ㄴ 적 있다' 앞에 경험 또는 시도의 의미를 지닌 '-아/어 보다'를 결합시켜 '-아/어 본 적이 있다'로 묻고 답하도록 한다. 이것도 옆의 학습자와 묻고 답하는 연습 활동을 통해 활용형을 자연스럽게 연습시킨다.

Tips   문형을 자동적으로 말할 수 있게 하려면 어느 정도의 기계적인 반복 연습이 필요합니다. 그래서 대표적으로 문형을 제시한 다음에 플래시 카드를 이용해서 기계적인 드릴(drill) 연습을 많이 해야 합니다. 그러나 이런 반복 연습도 가능한 한 다양한 방법을 이용하여 하는 것이 좋습니다. 특히 초급의 중반 이후라면 어간에 결합되는 어미 형태를 이전에 많이 연습했기 때문에, 맥락 없이 단순하게 형태만을 활용시키는 플래시 카드만을 이용하기보다는 문형이 사용되는 맥락을 고려하여 질문과 대답으로 진행되는 연습을 많이 할 필요가 있습니다.

제시 및 연습

> **문형 제시**
>
> **1** 가다 ➡ **간 적이 있어요**
> = 가 본 적이 있어요.
> **2** 먹다 ➡ **먹은 적이 있어요**
> = 먹어 본 적이 있어요.

학습자끼리 간단한 질문과 대답이 오가는 연습이 끝나면, 교사는 한 학습자에게 한국에 와서 경험했던 것을 구체적으로 묻는다. 이때 이미 언급된 경험에 대한 구체적인 질문(언제? 누구하고? 등)은 '-(으)ㄴ 적이 있다'가 아니라 '-아/어 봤다'를 이용해서 묻는다는 사실을 학습자가 알아차리도록 강조한다. 또한 '-아/어 봤다'를 이용하여 경험에 대해 질문을 받았을 때 경험하지 못한 것을 말하려면 '못 해 봤어요'라고 답한다는 것도 함께 제시한다.

> **문형 제시**
>
> **1** 가다 ➡ **가 봤어요**
> **못** 가 봤어요.
> **2** 먹다 ➡ **먹어 봤어요**
> **못** 먹어 봤어요.

예
A 제주도 일출봉에 간 적이 있어요?
B 네, 있어요.
A 언제 가 봤어요?
B 작년에 가 봤어요.
A 어땠어요?
B 재미있었어요.

학습자가 '가다'와 '먹다'와 같은 간단한 동사를 이용하여 경험에 대해 묻고 답하는 것이 끝나면, 그 외의 다양한 동사(예: 입다, 듣다, 살다 등)를 이용해서 활용 연습을 할 수 있도록 학습자에게 다음과 같은 카드를 제시한다.

(한복을 입다)   (한국 사람과 싸우다)

(혼자 여행 가다)   (한국 라디오를 듣다)

| 수업3단계 | **활동** |

| 준비물 | 활동지 (부록) |

활동1 이런 적이 있어요?

학습자가 한국에서 경험해 본 것에 대해 서로 묻고 답하는 활동이다. 학습자에게 활동지 부록 p.53 를 나눠 주고 다른 학습자를 만나서 연습지에 적혀 있는 경험을 해 봤는지 묻고 답하도록 한다. 경험을 한 적이 있으면 O, 한 적이 없으면 X로 표시한다.

만약 질문 받은 학습자가 연습지에 나와 있는 항목을 경험을 해 본 적이 있다면, 그 경험에 대해 구체적으로 묻는다. 질문을 할 때에는 언제, 누구하고, 몇 번 경험했는지, 그때 느낌이 어땠는지 묻고 답하도록 한다. 몇 번 경험했는지 횟수를 질문 받을 때에는 고유어 수사를 이용하여 '한 번, 두 번'과 같이 답한다는 점도 알려 준다. 또한 다수의 경험을 표현할 때에는 '여러 번, 몇 번'이라고 쓸 수 있다는 점도 짚어 준다. 다음과 같은 흐름으로 질문과 대답을 진행할 수 있다.

예
A 한국의 길에서 돈을 주운 적이 있어요?
B 아니요, 없어요. 그런데 지갑은 주운 적이 있어요.
A 어디에서 주웠어요?
B 화장실에서 주웠어요.
A 그래서 어떻게 했어요?
B 사무실에 갖다줬어요.
A 그랬군요. 저는 지갑을 잃어버린 적이 있어요.
B 그래요? 몇 번 잃어버렸어요?
A 한국에서 두 번 잃어버렸어요.

길에서 돈을 줍다

Tips 이미 얘기했던 정보에 대해 구체적으로 얘기를 진행시킬 때에는 '-(으)ㄴ 적이 있다'를 사용하지 않고 '-아/어 봤다'를 사용합니다. 그러나 '초대 받다, 잃어버리다, 돈을 줍다'와 같이 행위를 하는 주어의 의지와 상관 없이 우연적으로 일어난 경험에 대해 물을 때에는 '시도, 시행'의 의미를 갖고 있는 '-아/어 보다'를 결합시켜 질문하지 않습니다. 그래서 위의 예문에서도 '몇 번 잃어버렸어요?'라고 질문한 것입니다.

활동

만약 상대방이 어떤 것을 경험하지 못했다면, 그 사람에게 그런 경험을 해 보라고 추천·권유할 때 '-아/어 보세요'를 사용함을 제시한다. 추천 받은 사람도 상대방의 권유를 받아들이겠다는 의미로 '-아/어 볼게요'를 사용하여 대답한다는 것도 같이 묶어서 지도한다. 다음과 같은 흐름으로 질문과 대답을 진행할 수 있다.

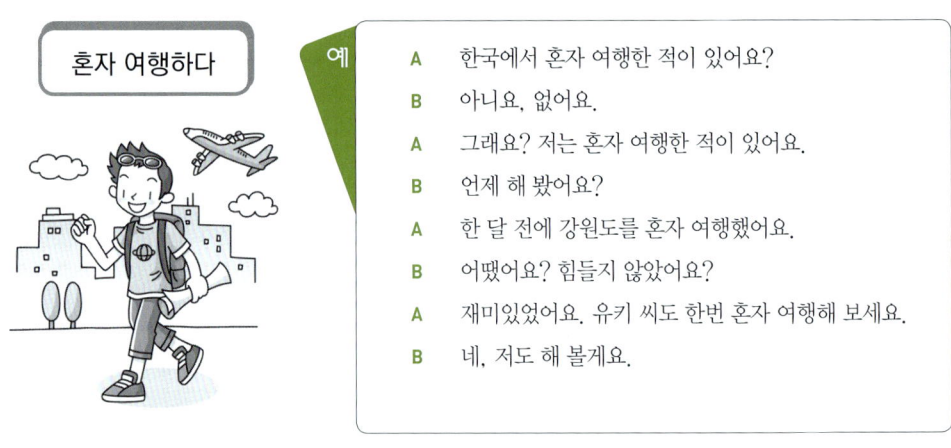

예
A 한국에서 혼자 여행한 적이 있어요?
B 아니요, 없어요.
A 그래요? 저는 혼자 여행한 적이 있어요.
B 언제 해 봤어요?
A 한 달 전에 강원도를 혼자 여행했어요.
B 어땠어요? 힘들지 않았어요?
A 재미있었어요. 유키 씨도 한번 혼자 여행해 보세요.
B 네, 저도 해 볼게요.

다음과 같이 추가 질문을 함으로써 대화를 더욱 확장하여 진행시키는 것도 가능하다.

UNIT 26
지금 식사하고 있는데 조금 이따가 전화해도 돼요?

문형 -(으)ㄴ/는데

용법 하고자 하는 말을 하기 전에 상황 및 배경을 제시할 때

예문

01_ 지금 식사하고 있는데 조금 이따가 전화해도 돼요?
비가 오는데 오늘 축구 연습은 연기합시다.

02_ 그 사람은 얼굴이 예뻐요. 그런데 성격이 안 좋아요.
= 그 사람은 얼굴이 예쁜데 성격이 안 좋아요.

03_ 어제 처음 불고기를 먹었는데 정말 맛있었어요.
아까 은행에 갔는데 거기에서 폴 씨를 만났어요.
그 사람은 일본 사람인데 지금 한국어를 공부하고 있어요.

04_ 오늘은 좀 바쁜데…
저도 없는데요…

05_ 지금은 조금 바쁜데 내일 얘기합시다.
오늘 회식이 있는데 갈 수 있어요?
지갑을 안 가지고 왔는데 돈 좀 빌려 주세요.

수업 전 단계: 문형 정리 및 지도 Tips

01

지금 식사하고 있**는데** 조금 이따가 전화해도 돼요?
비가 오**는데** 오늘 축구 연습은 연기합시다.

'-(으)ㄴ/는데'는 뒷 절에서 어떤 사실을 설명하거나 질문, 제안, 명령하기에 앞서 그런 말을 하게 된 상황을 제시하는 데 사용된다. '-(으)ㄴ/는데'를 사용한 절이 이유나 조건과 같은 기능을 분명하게 나타내는 것은 아니지만, 뒷 절에서 나올 내용을 상대방이 효과적으로 받아들이도록 앞 절에서 적절한 상황을 마련하는 기능을 한다.

> **Tips** 상황을 말해주는 기능을 살려서 '-(으)ㄴ/는데'를 도입하는 것이 좋습니다. 맥락 없이 질문이나 제안을 한 다음에 이런 질문이나 제안을 했던 맥락을 보충해 주는 방법으로 제시할 수 있습니다.

02

그 사람은 얼굴이 예뻐요. 그런데 성격은 안 좋아요.
= 그 사람은 얼굴이 예**쁜데** 성격은 안 좋아요.

'-(으)ㄴ/는데'는 뒷 절을 말하기 위해 앞 절에서 뒷 절과 내용상 대조되는 상황을 쓰기도 한다. 이때에는 '-(으)ㄴ/는데' 대신에 대조의 기능을 가진 '-지만'을 바꿔 사용할 수 있다. 이런 대조의 기능으로 '-(으)ㄴ/는데'를 쓸 때에는 뒷 절의 내용이 앞 절의 내용보다 더 강조되는 효과가 있다.

> **Tips** 대조 기능을 강조하기 위해 앞 절과 뒷 절에서 대조하는 대상 뒤에 '-은/는'을 붙여 쓰는 것이 더 자연스럽습니다. 대조의 기능으로 '-(으)ㄴ/는데'를 제시하는 위의 예문에서는 '얼굴'과 '성격'이 대조되므로 그 뒤에 '-은/는'을 붙여 쓰는 것으로 지도합니다.

03

어제 처음 불고기를 먹었는데 정말 맛있었어요.
아까 은행에 갔는데 거기에서 폴 씨를 만났어요.
그 사람은 일본 사람인데 지금 한국어를 공부하고 있어요.

'-(으)ㄴ/는데'는 전체적인 상황 혹은 화제를 도입하고 그 뒷 절에서 그 상황이나 화제에 대해 더 구체적으로 설명하거나 서술할 때 사용한다. 이와 같은 경우에 '-(으)ㄴ/는데'는 말하고자 하는 것을 언급하기 전에 밑그림을 그려 주는 역할을 한다고 할 수 있다.

> **Tips** '-(으)ㄴ/는데'를 제시할 때에는 본격적인 이야기를 하기 전에 운을 띄우는 듯한 느낌으로 사용되는 예를 학습자에게 제시하여 이것이 한국적인 표현 방식임을 보여주는 것이 필요합니다. 이런 것이 말 속에 녹아 있는 한국 문화적인 요소임을 학습자가 알면 더욱 흥미 있게 수업에 집중하게 됩니다.

04

오늘은 좀 바쁜데…
저도 없는데요…

'-(으)ㄴ/는데'의 뒷 절에 말하고자 했던 것을 생략시킨 채 앞 절의 상황만을 제시함으로써 말하는 사람의 의도를 함축적으로 드러내기도 한다. 생략된 내용은 맥락상 이해할 수 있는 것이다. 위의 예문에서 첫 번째 예문은 자신이 바쁘다는 상황만을 제시함으로써 부탁 받거나 제안 받은 것을 할 수 없다는 거절의 의미를 담고 있고, 두 번째 예문은 자신도 없다는 상황을 말함으로써 자신에게도 달라는 부탁의 의미를 담고 있다. 구어체에서 이런 생략이 자주 사용된다.

> **Tips** 서양 학습자는 상황 제시 기능을 하는 '-(으)ㄴ/는데'의 앞 절만 남겨 두고 뒷 절을 생략해서 함축적으로 자신의 의도를 드러내는 방식을 한국적, 동양적인 방식이라고 느낍니다. 다만, 이런 용법으로 '-(으)ㄴ/는데'를 지도할 때에는 완곡한 느낌을 억양으로 나타내어 문장의 마지막에 억양을 내린다는 점을 알려 주는 것이 필요합니다.

문형 정리 및 지도 Tips

05 지금은 조금 바쁜데 내일 얘기합시다.
오늘 회식이 있는데 갈 수 있어요?
지갑을 안 가지고 왔는데 돈 좀 빌려 주세요.

'-(으)ㄴ/는데'는 동사, 형용사, '이다'의 어간 뒤에 붙는다. 동사 현재 시제 활용은 동사 어간에 '-는데'를, 형용사 현재 시제 활용은 형용사 어간에 '-(으)ㄴ데'를 붙인다. '이다'는 '인데'로, '-이/가 아니다'는 '-이/가 아닌데'로 바뀐다. 과거 시제 활용은 '-는데' 앞에 '-았/었-'이 결합된 '-았/었는데'를 동사, 형용사, '이다'의 어간에 붙여 나타낸다.

Tips '-(으)ㄴ/는데'는 학습자가 많이 들어 봤기 때문에 이 문형을 제시할 때 학습자가 많이 들어 봤다는 반응을 보입니다. 그러나 활용형이 복잡하기 때문에 지도하기도, 학습하기도 어렵습니다. 시제 별, 품사 별로 달라지는 것을 다양한 예문을 통해 연습해 주어야 합니다. 또한 과거 시제 활용형 '-았/었는데'를 연습할 때 '-았/었-'의 받침 'ㅆ'이 뒤의 '는데'의 첫음절인 'ㄴ' 때문에 [ㄴ]으로 발음되는 것도 짚어 주어야 합니다. '했는데'는 [핸는데]로, '봤는데'는 [본는데]로 발음됩니다.

학습자 오류

1. 친구는 잘 생기는데 동생은 못 생겼어요. → 친구는 잘 생겼는데 동생은 못 생겼어요.
   ☞ 위 예문에서 친구와 동생은 대조 관계에 있으므로 '-(으)ㄴ/는데'를 사용할 수 있습니다. 그러나 이때 외모를 묘사할 때 사용되는 동사 '생기다'는 현재의 상태를 '-았/었-'으로 써서 '잘 생겼다'고 표현하기 때문에, 위 예문은 현재 사실에 대해 말하더라도 '잘 생기는데'가 아니라 '잘 생겼는데'로 써야 합니다.

2. 지난 방학 때 열심히 공부할까 하는데 친구랑 많이 놀았어요. → 지난 방학 때 열심히 공부하려고 했는데 친구랑 많이 놀았어요.
   ☞ 위 예문은 앞 절에 생각했던 것과 다른 결과를 뒷 절에서 표현하기 위해 '-(으)ㄴ/는데'를 이용했습니다. 하지만 생각했던 것이 지난 방학, 즉 과거에 해당되므로 '-(으)ㄴ/는데' 앞에 과거 시제 '-았/었-'을 써야 합니다.

3. 좋은 기회가 있으면 다시 만날 수 있는데 아쉽지 않아요. → 좋은 기회가 있으면 다시 만날 수 있으니까 아쉽지 않아요.
   ☞ '-(으)ㄴ/는데'의 앞 절에 쓰인 내용은 아쉽지 않다고 말한 것의 직접적인 이유가 됩니다. 이와 같이 직접적인 이유를 말할 때에는 '-(으)니까'로 써 주는 것이 좋습니다.

4. 다른 사람한테서 존경을 받고 싶은데 먼저 자기가 다른 사람을 존경하세요.
   → 다른 사람한테서 존경을 받고 싶으면 먼저 자기가 다른 사람을 존경하세요.
   ☞ '-(으)ㄴ/는데' 앞 절에 쓰인 내용은 다른 사람을 먼저 존경하라는 내용의 조건이 됩니다. 이와 같이 앞 절과 뒷 절의 관계가 조건-결과의 관계를 직접적으로 나타낼 때에는 '-(으)ㄴ/는데'보다는 조건을 나타내는 '-(으)면'을 쓰는 것이 좋습니다.

5. 한국 드라마를 직접 이해하고 싶은데 3년 전에 한국어 공부를 시작했어요.
   → 한국 드라마를 직접 이해하고 싶어서 3년 전에 한국어 공부를 시작했어요.
   ☞ 위의 예문에서 앞 절은 한국어 공부를 시작하게 된 직접적인 계기를 기술하고 있습니다. 이렇게 앞뒤 문장이 직접적인 원인-결과 관계를 보일 때 '-아/어서'로 써야 합니다.

6. 저는 혼자 준비하기 힘들어서 좀 도와주면 안 돼요? → 저는 혼자 준비하기 힘든데 좀 도와주면 안 돼요?
   ☞ '좀 도와주면 안 돼요?'라고 말하는 것은 도와 달라는 부탁을 완곡하게 표현한 것으로, 그 앞에는 직접적인 이유 '-아/어서'보다는 상황을 알리는 '-(으)ㄴ/는데'를 쓰는 것이 좋습니다. 앞 절이 도와 달라는 부탁의 이유라고 생각할 수 있으므로 '-(으)니까'를 사용할 수도 있겠지만, 이렇게 사용할 경우 공손하지 않고 불평하는 느낌을 주기 때문에 상대방이 너무 강한 느낌을 받게 됩니다. 이럴 때에는 도와 달라는 부탁 앞에 상황을 설명하는 완곡한 기능을 가진 '-(으)ㄴ/는데'를 사용하는 것이 더 자연스럽습니다.

| 수업1단계 | **도입** |

준비물: 제시 그림 (부록)

학습자에게 다음과 같은 그림 [부록 p.54]을 제시하면서 남자가 여자에게 데이트를 신청하려 할 때 어떤 말로 말을 걸 수 있는지 물어본다. 학습자의 흥미를 자극하여 다양한 대답이 나오게 한다. 학습자의 대답을 판서한다.

- 저…
- 커피 한잔 마실까요?
- 같이 영화 볼까요?
- 같이 산책합시다.
- 오늘 저녁 식사 같이 하는 게 어때요?

교사는 좋은 시도임을 말하면서도 이런 표현이 너무 갑작스러운 것임을 알리고, 한국어에서 하고자 하는 말 앞에 상황을 제시하는 말을 하는 것이 더 부드럽고 자연스러움을 제시한다. 상황 제시에 필요한 말을 다시 학습자에게서 구한다. 학습자가 말한 것 중에서 적절하다고 생각한 것, 다른 학습자의 공감을 이끌어 냈던 것을 판서한다.

- (여기 커피가 맛있다) 커피 한잔 마실까요?
- (영화 표가 있다) 같이 영화 볼까요?
- (날씨가 좋다) 같이 산책합시다.

학습자가 대화의 의미 진행에 초점을 두어 대답을 하도록 한다. 이렇게 앞에 쓰인 말은 말하는 사람이 하고자 하는 말 이전에 상황을 말하거나 도입하는 것임을 학습자가 이해할 때까지 학습자에게서 가능한 한 많은 대답을 구한다.

| 수업2단계 | **제시 및 연습** |

준비물: 제시 그림 (부록), 문형 카드, 플래시 카드

UNIT 26

　도입 단계에서 학습자가 만들었던 문장은 상황을 제시하는 기능을 하며, 이런 문장과 뒷 문장을 연결하는데 '-(으)ㄴ/는데'가 사용된다는 점을 제시한다. 교사는 도입 단계에서 학습자가 말한 것을 다음과 같이 기본형으로 써 놓고 여기에 '-(으)ㄴ/는데'가 결합되는 것을 학습자에게 보여준다. 기본형을 손으로 짚으면서 입으로는 '-(으)/는데'를 써서 활용한 문장으로 만든다. '-(으)ㄴ/는데'가 상황을 제시하는 기능이 있다는 점, 앞 절과 뒷 절을 연결할 때 사용한다는 점을 학습자가 이해할 수 있을 때까지 좋은 예를 반복하여 제시하면서 학습자의 이해도를 확인한다. 이때 학습자가 'ㄴ데'의 발음을 잡아 낼 수 있도록 반복적으로 문장을 들려준다.

(여기 커피가 맛있다) 커피 한잔 마실까요?
　　→ 맛있는데
(영화 표가 있다) 같이 영화 볼까요?
　　→ 있는데
(날씨가 좋다) 같이 산책합시다.
　　→ 좋은데

　학습자가 'ㄴ데'의 발음을 잡아내면 교사는 '-(으)ㄴ/는데'가 품사 별, 시제 별로 다르게 활용됨을 지도한다. 다음과 같은 그림 부록 p.54 을 보여주고 학습자에게 앞에 덧붙여 말할 수 있는 말을 찾도록 한다. 가능하면 다양한 품사와 시제가 나올 수 있도록 한다.

(여기 식당이 작다)
(여기 사람이 많다)
(너무 시끄럽다)
(자리가 없다)
(옆의 식당도 요리를 잘하다)
(다른 곳을 예약했다)

다른 곳에 갈까요?

제시 및 연습

이번에는 판서 혹은 문형 카드를 이용해서 학습자에게 기본형에서 어떻게 활용되는지 시각적으로 분명하게 제시한다.

'-(으)ㄴ/는데'는 그 용법도 매우 다양하지만 활용형도 복잡하므로 자동화될 때까지 반복적인 연습이 필요하다. 특히 이 과정에서 발음을 지도하는 것이 중요하다. 예를 들어 어간의 마지막이 자음으로 끝날 때 뒤에 '-는데'가 붙으면 자음동화 현상으로 인해 어간의 자음(받침)이 변화됨(예: 먹는데[멍는데], 웃는데[운는데], 했는데[핸는데], 입는데[임는데], 등)을 짚어 준다. 교사는 각각의 품사별, 시제 별로 플래시 카드를 이용해서 학습자가 반복적으로 연습할 수 있도록 돕는다.

문형 제시

1 (동사 현재)
하다 ➡ 하는데
먹다 ➡ 먹는데

2 (형용사 현재)
크다 ➡ 큰데
작다 ➡ 작은데

3 (동사 과거)
보다 ➡ 봤어요 ➡ 봤는데
먹다 ➡ 먹었어요 ➡ 먹었는데

4 (형용사 과거)
크다 ➡ 컸어요 ➡ 컸는데
작다 ➡ 작았어요 ➡ 작았는데

> **수업3단계** 활동

준비물 문장 카드 (부록)

활동1 조심스럽게 말 걸기

학습자를 두 명씩 짝을 짓고 문장 카드 〔부록 p.55〕를 나눠 준다. 문장 카드는 두 가지인데, 하나는 '-(으)ㄴ/는데'의 앞 절에 쓰이고 다른 하나는 '-(으)ㄴ/는데'의 뒷 절에 쓰이는 것이다. 주어진 문장 카드를 앞 절과 뒷 절의 관계에 맞춰 '-(으)ㄴ/는데'로 연결될 수 있도록 짝을 맞춘다. 교사는 학습자가 앞 절을 만드는 연습을 하는 동안 교실을 돌아다니면서 학습자가 만든 문장의 형태적, 의미적 측면이 맞는지 피드백을 준다.

문장 카드의 앞 절과 뒷 절을 연결시키는 연습이 끝난 다음에는, 앞 절에 해당하는 문장 카드를 뒤집고 다음과 같은 대화를 할 수 있도록 시연을 보인다. 이때에는 학습자가 의미적인 측면에 더 초점을 두어 대화에 참여하도록 하고, 교사는 학습자의 형태적인 오류가 나와도 수정하지 않은 채 활동 이후에 정리하면서 피드백을 주도록 한다.

- 하고 싶은 얘기가 있다.
- 이제 점심시간이다.
- 길을 잘 모르다

- 같이 식사할까요?
- 지도 좀 보여 주세요.
- 지금 얘기해도 돼요?

A : 하고 싶은 얘기가 있는데 지금 얘기해도 돼요?
B : 네, 말씀하세요.
A : 갑자기 일이 생겼는데 이번 주말 약속을 취소할 수 있을까요?
B : 괜찮아요. 그럼, 다음 주말로 연기해요.
A : 고마워요.

Tips 대화를 진행하기 전에 학습자가 의식적으로 '-(으)ㄴ/는데'를 너무 많이 사용하지 않도록 주의를 줄 필요가 있습니다. 그렇지 않으면 학습자는 말을 할 때마다 '-(으)ㄴ/는데'를 이용해서 어색한 대화를 만들게 됩니다. 특히 '-(으)ㄴ/는데'는 처음에 말을 걸 때나 중요한 말을 하기 이전에 사용하고 그 횟수도 하나의 대화에서 한두 번만 사용하도록 제한을 주어야 합니다.

활동

활동2 상대방이 기분 나쁘지 않게 반응하기

준비물: 문장 카드

상대방이 기분 나쁘지 않게 반응하기 위해 '-(으)ㄴ/는데'의 뒷 절을 생략하고 '-(으)ㄴ/는데'의 앞 절만을 말하는 방식을 지도한다. 학습자끼리 반말을 쓰는 상황이 아니라면 문형은 '-(으)ㄴ/는데요'로 제시한다.

학습자 두 명씩 짝을 짓고 제안이나 부탁, 권유와 같은 기능을 담은 문장 카드를 나눠 준다. 한 학습자가 카드에 쓰여 있는 제안이나 부탁, 권유를 담은 문장을 읽기 이전에 '-(으)ㄴ/는데'를 이용하여 앞 절을 만들어 상대방에게 부드럽게 부탁한다. 상대방 학습자는 상대방이 기분 나쁘지 않게 '-(으)ㄴ/는데요'를 이용해서 반응한다. 활동이 끝난 후 가장 좋았던 반응을 학습자에게 발표시킨다.

전화번호 좀 가르쳐 주세요

A : 선생님 전화번호를 잊어버렸는데 전화번호 좀 가르쳐 주세요.
B : 저도 잘 모르겠는데요.

오늘 같이 식사할까요?

A : 좋은 식당을 찾았는데 오늘 같이 식사할까요?
B : 오늘은 시간이 없는데요.

UNIT 27
손을 깨끗하게 씻는 습관이 중요해요

문형 관형절 -(으)ㄴ/는/(으)ㄹ
용법 명사를 수식하여 명사의 의미를 구체화할 때

예문

01_ 비빔밥은 외국인이 좋아하는 한국 음식이에요.
   손을 깨끗하게 씻는 습관이 중요해요.

02_ 저는 창문이 큰 방에서 살고 싶어요.
   지금 창문이 작은 방에서 살고 있어요.

03_ 어제 본 영화가 정말 재미있었어요.
   전에 읽은 책을 선물로 받았어요.
   생활이 어려웠던 친구가 저를 도와주고 있어요.

04_ 내일 공연 보러 갈 사람은 같이 가요.
   다음 주 결혼식에 입을 옷을 골랐어요.

05_ 머리가 아프지 않은 사람은 검사를 받지 않아도 돼요.
   고기를 먹지 않는 사람은 콩과 우유를 많이 먹어야 해요.
   책을 다 읽지 않은 사람은 내일 책을 주세요.
   내일 모임에 가지 않을 사람은 미리 얘기해 주세요.

| 수업 전 단계 | 문형 정리 및 지도 Tips

01

비빔밥은 **외국인이 좋아하는** 한국 음식이에요.
손을 깨끗하게 씻는 습관이 중요해요.

관형절은 절의 단위로 명사를 수식해서 명사의 의미를 구체화시킬 때 사용한다. 위의 예문에서도 '외국인이 좋아하다'와 '손을 깨끗하게 씻다'가 관형절에 해당되는데, 관형절은 수식 받는 명사인 '한국 음식'과 '습관' 앞에 쓰여 그 명사의 의미를 구체화한 것이다. 관형절에서 서술어로 쓰인 동사, 형용사, '이다'의 어간 뒤에 관형형 어미(-(으)ㄴ, 는, -(으)ㄹ)가 붙어 명사를 수식한다. 동사의 현재 시제 활용형은 동사 어간에 '-는'을 붙여 사용한다.

> **Tips** 관형절에 쓰인 동사 어간이 받침 'ㄱ, ㅂ, ㄷ, ㅅ, ㅈ, ㅎ'으로 끝난 경우, 뒤에 나오는 관형형 어미 '-는'의 ㄴ때문에 동사 어간의 받침 발음이 다음과 같이 변화됩니다. 'ㄱ' 받침으로 끝나는 동사는 '먹는[멍는], 읽는[잉는]'으로 발음되고, 'ㅂ'으로 끝나는 동사는 '입는[임는], 돕는[돔는]'으로 발음되며, 'ㄷ, ㅅ, ㅈ, ㅎ'으로 끝나는 동사는 '듣는[든는], 웃는[운는], 찾는[찬는], 낳는[난는]'으로 발음됩니다. 학습자의 국적에 상관 없이 어려워하는 부분이므로 반복적인 연습이 필요합니다.

02

저는 **창문이 큰** 방에서 살고 싶어요.
지금 **창문이 작은** 방에서 살고 있어요.

'방'을 수식하는 관형절(창문이 크다, 창문이 작다)의 서술어가 형용사 현재일 경우 형용사 어간의 마지막이 모음으로 끝나면 관형형 어미 '-ㄴ', 자음으로 끝나면 '-은'를 붙여 쓴다. '있다/없다'가 결합된 형용사(예: 맛있다, 재미있다)인 경우 그 어간에 '-는'을 붙이고, 'ㅂ' 불규칙에 해당하는 형용사(예: 맵다, 덥다)는 'ㅂ'이 '우'로 바뀌어 '-운'의 형태가 된다. '이다'인 경우 '이' 뒤에 '-ㄴ'이 결합되어 '-인'이 된다.

> **Tips** 관형절의 서술어에 '-고 싶다, -아/어야 하다, -아/어도 되다, -아/어 보다'와 같이 보조 용언이 쓰인 경우는 보조 용언의 품사적 자질에 따라 관형형 어미가 달리 붙습니다. 예를 들어 '싶다'는 형용사로 '싶은'으로 쓰이고, '하다, 되다, 보다'는 동사로 '하는, 되는, 보는'으로 쓰입니다. 기본형 연습 이후에 확장 연습할 때 이 점도 짚어 주는 것이 필요합니다.

03
어제 본 영화가 정말 재미있었어요.
전에 읽은 책을 선물로 받았어요.
생활이 어려웠던 친구가 저를 도와주고 있어요.

관형절의 서술어가 동사 과거인 경우, 동사 어간의 마지막이 모음으로 끝나면 관형형 어미 '-ㄴ'을, 자음으로 끝나면 '-은'을 붙인다. 관형절의 서술어가 형용사 과거인 경우, 형용사 어간 뒤에 과거 시제 '-았/-었-'과 '-더'를 쓰고 관형형 어미 '-ㄴ'을 써서 '-던'을 붙인다. '이다'의 과거인 경우에도 '-였던/이었던'이 된다. 관형절 안에는 '어제, 전에'와 같은 시간을 나타내는 표현이 쓰일 수 있다.

> **Tips** 학습자의 모국어에 관형절이라는 문법 범주가 있다고 해도 영어나 중국어에는 관형형 어미 '-(으)ㄴ/는/(으)ㄹ'이 없으므로, 학습자의 국적에 상관 없이 오류도 많이 나타납니다. 특히 관형형 어미가 품사(동사, 형용사)나 시제(현재, 과거)에 따라 그 형태도 달라지기 때문에 학습자가 더욱 어려워합니다. 그러므로 지도할 때에도 품사 별, 시제 별로 따로 제시하고 충분히 연습해야 합니다.

04
내일 공연 보러 갈 사람은 같이 가요.
다음 주 결혼식에 입을 옷을 골랐어요.

관형절의 내용이 앞으로 있을 일을 추정하는 의미로 쓰일 경우, 관형절의 서술어로 쓰인 동사 어간에 관형형 어미 '-(으)ㄹ'를 붙여 사용한다. 위의 예문에서 관형절인 '공연 보러 가-'는 행위는 아직 실현된 것이 아니라 내일 할 것이므로 '갈'로 쓰인 것이다. 이런 추정의 의미를 띠는 관형형 어미인 '-(으)ㄹ'은 형용사나 '이다'에는 붙지 않는다.

> **Tips** 추정의 의미를 나타내는 '-(으)ㄹ'은 학습자가 매우 어려워하는 부분입니다. 특히 '내일, 다음 주'와 같이 미래를 나타내는 시간 표현을 쓰지 않고 '-(으)ㄹ'을 써야 할 경우(예: 해야 할 일, 가야 할 시간, 만날 기회) 학습자의 오류가 많이 나오게 됩니다. 그러므로 초급에서는 미래를 나타내는 시간 표현과 함께 '-(으)ㄹ'을 쓴 예문만을 한정해서 제시하는 것이 좋습니다.

문형 정리 및 지도 Tips

05
머리가 아프지 않은 사람은 검사를 받지 않아도 돼요.
고기를 먹지 않는 사람은 콩과 우유를 많이 먹어야 해요.
책을 다 읽지 않은 사람은 내일 책을 주세요.
내일 모임에 가지 않을 사람은 미리 얘기해 주세요.

관형절에 '-지 않다'가 쓰인 경우, '-지 않다'는 그 앞에 결합되는 품사에 따라, 관형절의 시제에 따라 관형형 어미가 다르게 결합된다. 위의 첫 번째 예문에서 관형절의 서술어 '아프다'가 형용사 현재이므로 '아프지 않다' 뒤에 '-은'이 결합되어 '아프지 않은'이 된 것이다. 두 번째 예문은 서술어가 '먹다'로 동사 현재이므로 뒤에 '-는'이 결합되어 '먹지 않는'이 된 것이다. 세 번째 예문은 '읽지 않았다'가 동사 과거이므로 어간 뒤에 '-은'이 결합되어 '읽지 않은'이 되고, 네 번째 예문은 '가지 않을 것이다'가 추정의 의미가 있으므로 어간 뒤에 '-을'이 결합되어 '가지 않을'이 된 것이다.

Tips 부정문을 배울 때 각각의 품사 별, 시제 별로 형태의 차이가 눈에 띄도록 묶어서 제시하는 것이 더 효과적입니다. 그러므로 긴 부정문인 '-지 않다'는 품사와 시제에 따라 다르게 결합되는 관형형 어미를 모두 배운 다음에, 위의 예문과 같이 한꺼번에 제시해 주는 것이 좋습니다.

학습자 오류

1 빨간색은 제가 **좋아한** 색이에요. → 빨간색은 제가 좋아하는 색이에요.
☞ 일본어에서는 '좋아하다'의 의미를 갖는 단어가 형용사이므로, 일본인 학습자가 위와 같이 형용사 뒤에 붙는 관형형 어미 '-은'을 붙이는 오류를 자주 범합니다. '좋아하다'가 동사임을 확인해 줄 필요가 있습니다.

2 **머리가 길다** 여자를 좋아해요. → 머리가 긴 여자를 좋아해요.
☞ 관형절을 배우지 않은 학습자가 문장을 쓰면서 범하는 오류입니다. 특히 모국어에 관형형 어미가 없는 학습자는 이 부분을 어려워합니다. 관형절을 학습할 때 관형형 어미에 대한 연습에 중점을 두어야 합니다.

3 전에 제가 빌려 **줬은** 책을 가져오세요. → 전에 제가 빌려 준 책을 가져 오세요.
☞ 관형절의 관형형 어미를 학습했다고 해도 학습한 후 어느 정도 시간이 지난 다음에는 학습자의 모국어 간섭을 많이 받게 됩니다. 위 예문은 관형절이 과거 시제일 때 학습자가 관형형 어미 '-(으)ㄴ' 앞에 과거 시제 '-았/었-'을 덧붙여 쓴 결과입니다. 한국어에서 관형형 어미 앞에는 시제 결합이 안 된다는 것을 다시 한번 알려 줘야 합니다.

4 저는 일본에 돌아가서 한국어를 **쓴** 회사에 취직하고 싶어요.
→ 저는 일본에 돌아가서 한국어를 쓰는 회사에 취직하고 싶어요.
☞ 일본에서 취직할 회사에서 한국어를 쓰고 있는 것은 그 회사의 방침, 혹은 이전부터 해 왔던 규정이나 습관 같은 현재 사실이므로, 관형형 어미는 동사 현재에 해당하는 '-는'을 써야 합니다. 위 예문에서 취직할 것은 앞으로의 일이고 그 회사에서 한국어를 쓰기 시작한 것은 옛날부터이지만, 회사를 수식하는 관형절은 '한국어를 쓰다'만이 해당되므로 동사 현재의 관형형 어미 '-는'을 선택해야 합니다.

5 어머니가 **타는** 비행기는 10시에 도착할 거예요. → 어머니가 타고 있는 비행기는 10시에 도착할 거예요.
　　어머니가 탄 비행기는 10시에 도착할 거예요.
☞ '타다'와 같은 동사는 현재 시제 활용형 '타요'과 현재 진행형 '타고 있어요'의 의미가 다릅니다. '타요'는 현재 비행기에 오르는 행위를 말하는 것이고, '타고 있어요'는 비행기 안에 탑승해 있는 상태를 말하는 것입니다. 그러므로 위의 맥락에서는 현재 진행형 '-고 있다'의 뒤에 관형형 어미 '-는'이 결합되어 '타고 있는'으로 써야 합니다. 또는 어머니가 비행기를 타는 행위가 이미 완료된 것으로 표현할 수도 있습니다. 이때에는 관형형 어미 '-(으)ㄴ'을 사용하여 '탄'으로 써야 합니다.

6 내일 **먹는** 음식을 준비하고 있어요. → 내일 먹을 음식을 준비하고 있어요.
☞ 한국어에서 가까운 미래의 일(내일 음식을 먹을 거예요)은 현재 시제(내일 음식을 먹어요)로 표현할 수 있습니다. 그래서 위 예문과 같은 상황에서 학습자는 관형절에서 '-는'을 선택하기도 합니다. 그러나 예문에서는 내일 그 음식을 먹을 것이라는 추정 하에 진술하고 있으므로, 추정의 의미를 갖고 있는 관형형 어미 '-(으)ㄹ'를 써야 합니다. 중·고급 학습자들도 많이 범하는 오류 중의 하나입니다.

7 좋은 건강 사람이에요. → 건강이 좋은 사람이에요.
☞ 영어권 학습자가 모국어의 습관대로 명사를 수식해서 만들 때 한국어에서 잘 쓰지 않는 문장 구조가 나오기도 합니다. 이런 오류를 막기 위해서는, 관형절의 문장을 먼저 만들고(예: 건강이 좋다) 그것을 관형형 어미로 연결하여 한 문장(예: 건강이 좋은 사람)으로 연결하는 것을 보여주는 것이 좋습니다.

8 전에 냉면을 먹고 배가 아팠은 경험이 있어요. → 전에 냉면을 먹고 배가 아팠던 경험이 있어요.
☞ 관형절의 서술어가 형용사 과거일 경우 '-았/었던'을 붙여야 하지만, 학습자가 형용사의 관형형 어미를 '-(으)ㄴ'으로 기억하기 때문에 과거 시제 '-았/었-' 뒤에 '-(으)ㄴ'을 써서 위와 같은 오류를 만드는 것입니다. 형용사 과거는 형용사 현재와 형태적으로 매우 다르므로 이를 기억할 수 있게 따로 연습시켜야 합니다.

9 여러 동아리를 구경했지만 마음에 들는 동아리가 없어요. → 여러 동아리를 구경했지만 마음에 드는 동아리가 없어요.
☞ 불규칙 활용은 학습자가 많이 틀리는 오류 중의 하나입니다. 특히 'ㄹ' 불규칙을 어려워합니다. 불규칙 활용을 학습할 때 'ㄴ, ㅁ, ㅅ' 앞에 놓인 'ㄹ'이 탈락되는 조건을 익히고 이해하는 것도 중요하지만, 불규칙 활용이 적용된 문장을 많이 읽고 말하고 사용하면서 사용 감각을 키우는 것도 매우 중요합니다.

10 삼계탕은 저는 좋아하는 음식이에요. → 삼계탕은 제가 좋아하는 음식이에요.
☞ 이 문장에서 '음식'을 수식하고 있는 관형절은 '저는 좋아하다'인데, 관형절로 쓰인 안긴 문장에는 보통 '-은/는'와 같은 조사를 사용하지 않는 것으로 지도합니다. 그러므로 '저는 좋아하는'이 '제가 좋아하는'으로 바뀌어야 합니다.

> **수업1단계** 도입

UNIT 27

　형용사가 명사 앞에 쓰여 명사를 수식하는 것(예: 작은 가방)은 절의 형태(주어+서술어)가 아니므로 엄격히 말해서 관형절이라고 보기 어렵다. 그러나 형용사가 명사를 수식하기 위해 앞에 쓰일 때 사용되는 관형형 어미 '-(으)ㄴ'은 관형절이 명사를 수식할 때에도 똑같이 쓰이는 점에 착안하여, 형용사가 명사를 수식하는 것으로 도입한다. 여기에서는 명사를 수식하는 기능에 더 중점을 둔다.
　학습자가 생활에서 많이 접할 만한 주제에 대해 말하다가, 그 주제에서 나온 명사를 '어떤'이라는 의문사를 사용하여 물어 더 구체적으로 진술해 줄 것을 요청하는 방식으로 도입한다.

예

T	어제 뭐 했어요?
S	가방을 샀어요.
T	어떤 가방을 샀어요? (손으로 크기를 가리키면서) 큰 가방, 아니면 작은 가방을 샀어요?
S	(선생님의 몸짓을 따라 하면서) 큰 가방을 샀어요.
T	그래요? 비싼 가방이에요? 싼 가방이에요?
S	비싼 가방이에요.
T	비싼 가방을 샀어요?
S	비싼 가방을 샀어요.

Tips 명사 앞에 쓰여 명사를 수식하는 형용사를 도입할 때 '가방이 작아요'에서 '작은 가방'의 순서로 도입할 수도 있습니다. 그러나 이렇게 도입하면 '수식어+명사'의 구조를 보여줄 수는 있지만, 학습자가 '작은 가방'을 문장 내에서 어떻게 써야 할지 잘 몰라서 활용하지 못하는 경우가 있습니다. 그러므로 '가방을 샀어요.'와 같은 맥락을 먼저 제시하고, 어떤 가방인지 더 구체적으로 수식하는 방법으로 '작은 가방을 샀어요.'라고 문장 내에서 제시하는 것이 좋습니다.

　형용사가 명사를 수식하는 것임을 학습자가 이해할 때까지 몇 가지 예를 든다. 음식을 먹었다면 어떤 음식(예: 맛있는 음식, 매운 음식, 비싼 음식, 친구가 만든 음식)인지, 영화를 봤다면 어떤 영화(예: 재미있는 영화, 재미없는 영화, 어떤 배우가 나오는 영화)를 봤는지 말할 수 있다. 이때 명사를 수식하는 기능을 이해하는 것에 중점을 두고 있으므로, 이 단계에서는 교사가 형태적인 측면보다는 의미적인 측면에 더 중점을 두어야 한다.

| 수업2단계 | **제시 및 연습** |

준비물: 제시 그림, 연습지, 카드

제시1

명사 앞에서 형용사나 동사, 관형형 어미를 사용하여 명사를 수식하는 것을 이해한 다음에는, 절의 형태로 명사를 수식하는 것을 제시한다. 먼저 학습자에게 '어떤 사람을 좋아해요?'라고 질문하고 그에 대해 답할 수 있는 보기를 그림과 함께 제시한다. 이때에도 학습자가 관형형 어미는 신경 쓰지 않도록 하고 관형절의 수식 기능에 초점을 두도록 한다. 학습자는 그림을 보고 하단에 쓰인 문장을 읽는 것으로 답해도 된다.

예
T 어떤 사람을 좋아해요? (그림을 하나씩 짚으면서) 키가 큰 사람, 머리가 긴 사람, 돈이 많은 사람, 성격이 좋은 사람, 어떤 사람을 좋아해요?
S1 (그림 중에서 하나를 선택해서) 키가 큰 사람을 좋아해요.
T 그래요? 그럼, 유키 씨는 어떤 사람을 좋아해요?
S2 (그림 중에서 하나를 선택해서) 저는 성격이 좋은 사람을 좋아해요.

학습자가 그림의 하단에 제시한 문장을 그대로 읽으면 교사는 관형형 어미로 연결한 관형절로 바꿔 말한다. 학습자가 관형형 어미에 주의를 집중하면, 그때 다음과 같이 관형형 어미를 제시한다. 이때 'ㅂ, ㄹ' 불규칙 활용까지 모두 확인시켜 주는 것이 필요하다. 다만, 처음에는 규칙 활용만 제시하고 연습한 다음에, 이것이 익숙해지면 불규칙 활용을 제시하고 연습하도록 한다.

UNIT 27

문형 제시

1. 키가 크다 ➡ [키가 큰] 사람
2. 머리가 짧다 ➡ [머리가 짧은] 사람
3. 스타일이 멋있다 ➡ [스타일이 멋있는] 사람

관형절의 서술어가 형용사일 때 뒤에 오는 관형형 어미 '-(으)ㄴ'을 학습한 다음에는 학습자가 좋아하는 사람의 유형에 대해 질문하고 답하도록 한다. 이때 형용사에 한정할 수 있도록 보기를 제시해 주는 것이 좋다.

키가 크다 + 사람

A : 키가 큰 사람을 좋아해요?
B : 네, 키가 큰 사람을 좋아해요.

머리가 길다 + 사람

A : 머리가 긴 사람을 좋아해요?
B : 아니요, 저는 머리가 긴 사람을 안 좋아해요.

제시2

위와 같이 질문과 대답을 통해 형용사 현재 활용형을 연습한 다음에는 몇몇 학습자에게 자신이 좋아하는 사람의 유형 한두 가지를 자유롭게 말하도록 한다.

> **Tips** 반 학습자를 이용해서 사람을 구체적으로 묘사하는 연습을 할 때에는 신체적인 특징(예: 키가 작다. 얼굴이 크다. 뚱뚱하다)을 가급적 언급하지 않는 것이 좋습니다. 특히 학습자들의 신체적인 특징이 비교되지 않도록 조심해야 합니다. 특히 여성 학습자일수록 이런 언급에 민감합니다. 시각적으로 보여주고자 한다면 그림이나 사진과 같은 시각 자료를 별도로 준비하는 것이 좋습니다.

제시 및 연습

학습자가 자신이 좋아하는 사람의 유형을 자유롭게 말하는 가운데 동사가 나오면, 교사는 그 대답을 칠판에 판서한다. 판서할 때에는 동사의 기본형으로 적는다.

> 잘 웃다 + 사람
> 사람들을 도와주다 + 사람
> 요리를 잘하다 + 사람
> 이야기가 잘 통하다 + 사람
> 열심히 일하다 + 사람
> 옷을 잘 입다 + 사람

학습자의 대답을 몇 가지 판서한 후, 교사는 동사 현재 관형형 어미 '-는'을 제시한다. 이때 '-는'이 결합되면서 동사 활용형의 발음이 달라지는 것에 주의를 주면서 따라 읽는 연습을 한다.

문형 제시

1. 이야기가 잘 통하다 ➡ [이야기가 잘 통하는] 사람
2. 책을 많이 읽다 ➡ [책을 많이 읽는] 사람

학습자가 활용형을 익힌 다음에는, 학습자 두 명씩 짝을 지어 카드를 주고 학습자끼리 서로 질문과 대답을 주고받을 수 있도록 한다. 학습자가 관형절을 이용해서 대답하는 것이 끝나면 카드 없이 자유롭게 질문하고 대답하도록 한다. 두 명씩 하던 대화가 끝나면, 마지막으로 교사는 학습자가 짝끼리 말했던 대화를 전체 학습자 앞에서 대답하도록 한다.

> 잘 웃다
>
> A : 어떤 사람을 좋아해요?
> B : 잘 웃는 사람을 좋아해요.

Tips 위와 같이 자신이 좋아하는 사람의 유형을 말하는 수업은 학습자의 관심사를 반영하여 설계한 것입니다. 그러나 이렇게 수업을 진행할 때 유의할 점은, 수식 받는 명사를 사람에 한정시키지 않아야 한다는 점입니다. 수식 받는 명사는 사람 뿐만 아니라 물건과 같은 무정 명사(좋아하는 색, 싫어하는 음식)까지 확장할 수 있습니다. 실제 수업 시간에서는 위와 같이 제시해서 점차 수식 받는 명사를 다양하게 놓고 연습시킬 필요가 있습니다.

수업3단계 활동

준비물 질문 카드 (부록)

활동1 순위 매기기

　이 활동은 학습자들이 주어진 질문에 대해 서로 의견을 나누고 그 결과를 정리하여 발표하는 것이다. 좋아하는 선생님이나 수업, 학교 등에 대해 질문하고 자유롭게 대답하도록 한다. 학습자 서너 명을 한 그룹으로 묶고 주어진 카드 (부록 p.57) 에 쓰여 있는 주제에 대해 논의하게 한다. 논의가 끝나면 1위부터 7위까지 순위를 매기고 이것을 큰 종이에 적어 발표하게 한다. 논의 주제는 학습자가 관심을 가질 만한 것일수록 좋다. 예를 들면, 좋아하는 선생님, 살고 싶은 집, 일하고 싶은 직장과 같은 주제가 될 수 있다. 싫어하는 유형을 주제로 놓고 논의할 수도 있다.

어떤 선생님을 좋아해요?
- ☐ 학생을 잘 도와주다
- ☐ 잘 가르치다
- ☐ 누구에게나 친절하다
- ☐ 준비를 많이 하다
- ☐ 차별하지 않다
- ☐ 기타 _____

어떤 집에서 살고 싶어요?
- ☐ 경치가 좋다
- ☐ 교통이 편리하다
- ☐ 창문이 크다
- ☐ 집 값이 싸다
- ☐ 조용하다
- ☐ 기타 _____

어떤 음식을 좋아해요?
- ☐ 모양이 예쁘다
- ☐ 맵지 않다
- ☐ 맵다
- ☐ 빨리 만들다
- ☐ 국물이 있다
- ☐ 기타 _____

어떤 직장에 들어가고 싶어요?
- ☐ 월급을 많이 주다
- ☐ 분위기가 좋다
- ☐ 일찍 퇴근하다
- ☐ 휴가가 많다
- ☐ 하고 싶은 일을 할 수 있다
- ☐ 기타 _____

관계절 -(으)ㄴ/는/(으)ㄹ

활동

활동2 알아 맞추기

준비물: 제시 그림 (부록), 일정표

이 활동은 학습자가 사람이나 사물을 묘사해서 다른 사람에게 그 특징을 잘 전달하는지 알아볼 수 있는 활동이다. 먼저 학습자에게 다음 그림 부록 p.56 을 제시하고 이제까지 배운 문형으로 어떻게 묘사할 수 있는지 교사와 함께 확인한다.

키가 크다		키가 작다
눈이 크다	 	코가 크다
머리가 길다		머리가 짧다
웃고 있다		기분이 안 좋다
가방을 들고 있다		수첩을 들고 있다
뚱뚱하지 않다		뚱뚱하다
치마를 입고 있다		양복을 입고 있다

학습자가 여러 특징을 묘사할 수 있도록 교사가 힌트를 준다. 학습자가 그림을 보고 묘사할 수 있는 표현을 말하면, 이번에는 학습자가 미처 말하지 못한 것을 교사가 정리해서 말하고 누구에 대한 묘사인지 알아 맞추게 한다. 제시 그림이 아니라 반 학습자의 옷차림을 묘사할 수도 있다.

- A 머리가 짧은 사람이 누구예요?
- B 남자예요.

- A 남자가 손에 들고 있는 것이 뭐예요?
- B 수첩이에요.

두 사람의 지난주 일정을 제시하고 동사 과거의 관형형 어미 '-(으)ㄴ'을 이용하여 누구의 일정인지, 언제한 일인지 알아 맞추게 한다.

	지난주 일정
월요일	집에서 쉬다
화요일	친구를 만나다
수요일	쇼핑하다
목요일	5시간 일하다
금요일	영화를 보다
토요일	여행을 가다
일요일	청소하다

	지난주 일정
월요일	운동하다
화요일	아르바이트 하다
수요일	컴퓨터를 고치다
목요일	고향에 전화하다
금요일	음식을 만들다
토요일	시내를 구경하다
일요일	책을 읽다

예 3
A 지난주 화요일에 아르바이트를 한 사람이 누구예요?
B 남자예요.

예 4
A 여자가 영화를 본 때가 언제예요?
B 지난주 금요일이에요.

Tips 위의 대화는 간단해 보이지만 질문 대상에 따라 의문사를 달리 써야 하기 때문에 학습자가 어려워합니다. 학습자끼리 질문, 대답하는 활동을 시키기 전에 다음과 같이 의문사를 연습시켜 줄 필요가 있습니다. 질문 대상이 사람이라면 '…(으)ㄴ 사람이 누구예요?', 질문 대상이 사물이라면 '…(으)ㄴ 것이 뭐예요?', 질문 대상이 시간이라면 '…(으)ㄴ 때가 언제예요?', 질문 대상이 장소라면 '…(으)ㄴ 장소가 어디예요?'가 될 수 있다.

활동

활동3

학습자 각각에게 다음과 같은 카드를 나눠 주고 자신의 정보를 쓰게 한다.

```
저는…
1. 매일 아침 (      )시에 일어나요.      5점
2. (      ) 색을 제일 좋아해요.          4점
3. 지난 주말에 (      ).                3점
4. 한국에 (      ) 전에 왔어요.          2점
5. 음식은 (      )을/를 잘 만들어요.     1점
                    이름:
```

학습자가 카드 (   )안에 자신의 정보를 쓴 것을 교사가 걷은 다음에 카드를 섞은 후 다른 학습자의 정보 카드를 가질 수 있도록 학습자에게 카드를 나눠준다. 학습자는 자신이 받은 카드에 쓰여 있는 정보를 다른 사람에게 다음과 같이 물어서 누구인지 알아 맞추는 활동이다.

예
A 매일 아침 7시에 일어나는 사람이 누구예요?
B 유키 씨예요?
A 아니에요. 다음 질문!
  빨간 색을 좋아하는 사람이 누구예요?
B 마크 씨예요?
A 아니에요. 다음 질문!
  지난 주말에 산에 간 사람이 누구예요?
B 린 씨예요?
A 네, 맞아요. 3점 드릴게요.

학습자가 질문한 것을 알아 맞추면 질문 옆에 쓰여 있는 점수를 얻는다. 빨리, 많이 알아 맞추는 사람이 게임에서 이긴다. 교사는 활동이 끝나면 전체 학습자를 대상으로 내용을 확인한다.

UNIT 28
아기가 지금 자는 것 같아요

문형 -(으)ㄴ/는 것 같다
용법 말하는 사람이 여러 상황에 근거하여 어떤 사실이나 상태에 대해 추측한 내용을 나타낼 때

예문

01_ 아기가 지금 자는 것 같아요. 방 안이 조용해요.
시간이 빨리 지나가는 것 같아요.

02_ 유키 씨가 요즘 바쁜 것 같아요. 전화도 안 받아요.
어제 진수 씨가 잠을 못 잔 것 같아요. 피곤해 보여요.
이 영화는 인기가 많을 것 같아요. 유명한 배우가 나오니까요.

03_ 진수 씨가 폴 씨한테 책을 준 것 같아요.
진수 씨가 폴 씨한테 책을 주는 것 같았어요.

04_ (1) 사람들이 우산을 쓰고 가요.
밖에 비가 오는 것 같아요. (O)
사람들이 우산을 쓰고 가요.
밖에 비가 오나 봐요. (O)
(2) 이 음식은 전에 먹어 봤는데, 좀 매운 것 같아요. (O)
이 음식은 전에 먹어 봤는데, 좀 매운가 봐요. (X)

수업 전 단계 문형 정리 및 지도 Tips

01

> 아기가 지금 자**는 것 같아요**. 방 안이 조용해요.
> 시간이 빨리 지나가**는 것 같아요**.

'-(으)ㄴ/는 것 같다'는 말하는 사람이 상황을 미루어 보아(예: 방 안이 조용하다), 어떤 사실이나 상태에 대해 추측한 내용(예: 아기가 지금 잔다)을 나타낼 때 사용한다. 이 추측은 말하는 사람의 주관적인 생각이나 의견을 반영한 것이다. 또한 '-(으)ㄴ/는 것 같다'는 두 번째 예문과 같이 추측이 아닌 이미 알고 있는 사실에 대해 자신의 생각을 완곡하게 드러낼 때 쓰이기도 한다.

> **Tips** '-(으)ㄴ/는 것 같다'가 주관적인 판단에 의해 추측하는 것이므로, 말하는 사람의 추측이나 주관적인 의견을 말할 때에도 많이 사용됩니다. 하지만 '-(으)ㄴ/는 것 같다'의 본래의 뜻은 추측에 있으므로, 이 문형을 도입할 때에는 추측의 상황으로 도입해서 나중에 주관적인 생각을 표현할 때에도 쓰이는 것으로 확장하는 것이 좋습니다.

02

> 유키 씨가 요즘 바**쁜 것 같아요**. 전화도 안 받아요.
> 어제 진수 씨가 잠을 못 **잔 것 같아요**. 피곤해 보여요.
> 이 영화는 인기가 많**을 것 같아요**. 유명한 배우가 나오니까요.

'-(으)ㄴ/는 것 같다'를 사용한 문장의 구조는 '유키 씨가 요즘 바쁘다'는 내용이 '것'을 수식하고, 이것을 '같다'로 연결하여 앞의 내용이 자신이 추측한 판단과 같다고 가정하는 것이다. 그러므로 '것'을 수식하는 앞 절의 시제 활용은 관형절의 관형형 어미와 동일하다. 추측하는 내용의 서술어가 동사일 때에는, 현재라면 어간 뒤에 '-는 것 같다', 과거라면 '-(으)ㄴ 것 같다', 추정인 경우 '-(으)ㄹ 것 같다'를 쓴다. 형용사와 '이다'일 때에는 현재라면 '-(으)ㄴ 것 같다', 과거라면 '-았/었던 것 같다'를 쓴다.

> **Tips** 추정의 의미를 나타내는 '-(으)ㄹ 것 같다'는 현재 시제 '-(으)ㄴ/는 것 같다'와 쓰임이 혼동될 경우가 있습니다. '이 영화가 인기가 많을 것 같아요'는 특별한 근거 없이 추정하여 자신의 생각을 말한 것이라면, '이 영화가 인기가 많은 것 같아요'는 관객 동원에서 탁월한 기록을 냈다는 신문 기사와 같은 현재의 사실이나 상태에 근거를 두고 자신의 생각을 말한 것입니다.

03
진수 씨가 폴 씨한테 책을 **준 것 같아요**.
진수 씨가 폴 씨한테 책을 **주는 것 같았어요**.

추측의 내용을 말하는 시점이 현재일 때 '같다'를 쓰고, 과거일 때 '같았다'를 쓴다. '것' 앞에 쓰는 추측 내용의 사건이 말하는 시점보다 앞선 시간대라면 과거 시제 활용형인 '-(으)ㄴ'을, 추측 내용의 사건이 말하는 시점과 같은 시간대라면 현재 시제 활용형인 '-는'을 쓴다. 위의 첫 번째 예문은 말하는 시점은 현재(예: 같아요)인데 추측 내용은 과거에 책을 준 사건인 것이다. 두 번째 예문은 추측 내용을 말한 시점은 과거(예: 같았어요)인데 추측 내용의 사건과 말하는 시점의 시간대가 같아서 마치 눈 앞에서 그 사건을 보고 있는 것처럼 진술한 것이다.

> **Tips** 초급 학습자들에게는 '-는 것 같다'와 같이 현재로만 먼저 제시하고 '-는 것 같았다'는 중급 이상에서 제시하는 것이 좋습니다. 중급 이상의 학습자에게 이 부분을 제시할 때에는 시각 자료를 통하여 말하는 시점과 사건 발생 시점에 의해 의미가 구별된다는 점을 명확하게 해 주어야 합니다.

04
(1) 사람들이 우산을 쓰고 가요. 밖에 비가 오**는 것 같아요**. (O)
　　사람들이 우산을 쓰고 가요. 밖에 비가 오**나 봐요**. (O)
(2) 이 음식은 전에 먹어 봤는데, 좀 매**운 것 같아요**. (O)
　　이 음식은 전에 먹어 봤는데, 좀 매**운가 봐요**. (X)

'-(으)ㄴ/는 것 같다'는 '-(으)ㄴ가 보다'와 함께 추측의 문형으로 자주 제시된다. 보통 '-(으)ㄴ/는 것 같다'는 말하는 사람의 주관적인 추측, '-(으)ㄴ가 봐요'는 객관적인 근거에 의한 추측으로 구분되지만, 대개 이 두 문형은 예문 (1)과 같이 서로 대치되어 쓰일 수 있다. 단, 예문 (2)에서 '이 음식은 전에 먹어 봤는데'와 같이 말하는 사람이 직접 경험하여 판단한 것에는 '-(으)ㄴ/는 것 같다'를 쓸 수 있지만 '-(으)ㄴ가 보다'는 쓸 수 없다. 말하는 사람의 의견이나 경험이라는 주관적인 요소가 전제되었을 때에는 객관적인 근거에 의해 추측하는 '-(으)ㄴ가 보다'를 쓸 수 없기 때문이다.

> **Tips** 두 문형을 추측의 기능으로 제시하더라도 근거를 제시하는 방법은 구별되어야 합니다. 추측의 내용이 말하는 사람의 주관적인 근거 판단에 의한 것인지, 객관적인 근거 판단에 의한 것인지 구분해서 쓸 수 있도록 해야 학습자가 이 문형의 차이를 제대로 이해하고 적절하게 사용할 수 있을 것입니다.

문형 정리 및 지도 Tips

학습자 오류

① 제가 한국어를 잘 못해서 실수했는 것 같아요. → 제가 한국어를 잘 못해서 실수한 것 같아요.
  ☞ 과거에 일어난 일에 대해 추측할 때에는 동사 어간 뒤에 '-(으)ㄴ 것 같다'를 붙여야 하는데, 여기에서는 '-았/었-'이 쓰이고 관형형 어미 '-는'이 쓰인 것입니다. 이런 오류를 수정할 때에는 관형절의 관형형 어미도 다시 한번 정리해 주는 것이 좋습니다.

② 종업원이 제 주문을 신경 쓰지 않은 것 같아요. 저는 정말 이상하다고 생각했어요. → 종업원이 제 주문을 신경 쓰지 않는 것 같았어요.
  ☞ '종업원이 제 주문을 신경 쓰지 않는다'고 생각한 시점은 과거이므로 '같았다'로 써야 합니다. 생각한 시점과 '주문을 신경쓰지 않았던' 사건 발생 시점이 같은 시간대이므로 현재 시제를 써서 '신경을 쓰지 않는 것 같았다'고 합니다. 초급을 지나서 중급이 되었을 때 이 구분을 명확하게 제시해 주는 것이 필요합니다.

③ 제가 아픈가 봐요. 아침부터 힘이 없어요. → 제가 아픈 것 같아요.
  ☞ '-(으)ㄴ가 보다'는 객관적인 근거에 의한 추측이므로 자기 자신(1인칭)에 대해 추측할 때에는 쓰지 않습니다. 1인칭 주어가 쓰였을 때에는 '-(으)ㄴ/는 것 같다'로 바꿔 써야 합니다.

④ 식탁 위에 있는 떡이 맛있나 봐서 다 먹었어요. → 식탁 위에 있는 떡이 맛있는 것 같아서 다 먹었어요.
   → 식탁 위에 있는 떡이 맛있어 보여서 다 먹었어요.
  ☞ 식탁 위에 있는 떡은 아직 먹어본 경험을 하지 않았기 때문에 맛있는지 맛없는지 객관적으로 알 수 있는 요소가 없습니다. 이렇게 경험하지 못한 것은 주관적인 추측으로만 말할 수 있으므로 '-(으)ㄴ가 보다' 대신에 '-(으)ㄴ/는 것 같다' 혹은 '-아/어 보이다'를 써야 합니다.

⑤ 저는 고향에 돌아가기 전에 스키를 타는 것을 배우려나 봐요.
   → 저는 고향에 돌아가기 전에 스키를 타는 것을 배울 거예요.
   → 저는 고향에 돌아가기 전에 스키를 타는 것을 배우려고 해요.
  ☞ 자신의 계획을 말할 때에는 아직 확정되지 않았다고 해도 추측 문형인 '-(으)려나 보다'나 '-(으)ㄹ 것 같다'를 쓰는 것이 자연스럽지 않습니다. 추측 문형은 다른 사람의 계획에 대해 추측할 때로 한정해서 쓰고 자신의 계획을 말할 때에는 '-(으)ㄹ 거예요'나 '-(으)려고 하다'를 씁니다.

| 수업1단계 | **도입** |

준비물 제시 그림이나 사진

UNIT 28

  100% 확신할 수 없이 추측이 개입될 수밖에 없는 그림이나 사진을 활용해서 도입한다. 교사가 여행했을 때 찍은 사진이나 인터넷 자료 사진을 이용할 수도 있다. 예를 들면, 누구나 알 만한 장소 사진에서 그 곳의 상징물(예: 자유의 여신상)이 나온 부분을 가린 상태로 보여주어 학습자가 추측한 것을 말하게 한다.

예

T (첫 번째 그림을 가리키며) 여기가 어디예요? 어디인 것 같아요?
S1 시드니? 아마 시드니예요.
T 그래요? 100% 시드니예요?
S1 아니요, 잘 모르겠어요.
S2 뉴욕?
T 100% 뉴욕이에요?
S2 아니요, 아마 70%.
T 100% 잘 모르겠어요. 그럼 '시드니인 것 같아요' '뉴욕인 것 같아요'라고 말해요.
S 시드니인 것 같아요. 뉴욕인 것 같아요.
T (교사가 두 번째 그림을 보여주며) 어디예요?
S 뉴욕인 것 같아요.
T 100%예요? 그럼 뉴욕이에요.
S (교사를 따라 하면서) 뉴욕이에요.

시드니인 것 같아요
뉴욕인 것 같아요

뉴욕이에요

  위의 대화와 같이 100% 확신할 수 없이 추측한 것에 '-(으)ㄴ/는 것 같다'를 사용한다는 것을 학습자가 이해할 때까지 몇 가지 예를 들어 제시한다. 그리고 마지막에 사진에서 가렸던 부분을 보여주어, 학습자가 이미 알고 있는 도시인 뉴욕이라는 것을 알게 한다. 이렇게 사실에 대해 진술할 때에는 추측의 문형인 '뉴욕인 것 같아요'를 쓰지 않고 "뉴욕이에요."라고 표현한다는 것을 비교해서 보여준다.

| 수업2단계 | 제시 및 연습 |

준비물 제시 그림 (부록)

〈그림1〉 부록 p.58 을 보여주고 학습자에게 "뭐 먹은 것 같아요?"라고 질문하면서 어떤 음식을 먹었는지 추측하게 한다. 학습자가 강한 맛을 가진 어떤 음식을 대답해도 상관 없다. 다만, 교사는 학습자에게 그 대답이 사실이 아니라 추측이라는 점을 다시 한번 확인하면서 답을 말할 때 '먹은 것 같아요'를 사용해서 말하도록 지도한다. 학습자의 추측을 들어본 다음에 다음 그림을 보여준다.

뭐 먹은 것 같아요?

김치를 먹은 것 같아요.
소금을 먹은 것 같아요.

〈그림2〉를 보여준 후 무엇을 먹었는지 알게 되면 "산낙지를 먹었어요."라고 사실을 말한다는 것을 주지시킨다. 그리고 〈그림2〉가 〈그림1〉에 시간적으로 앞서므로 과거의 사실에 대해 추측할 때 '-(으)ㄴ 것 같다'를 쓴다는 점도 알려 준다.

산낙지를 먹었어요.

뭐 본 것 같아요?

교통 사고를 본 것 같아요.
나쁜 사람을 본 것 같아요

거미를 봤어요

위와 같이 학습자가 확신을 가지고 대답할 수 없을 만한 것을 예로 제시하여 학습자에게 추측하게 한다. 동사나 형용사, '이다'의 어간 뒤에 붙는 활용형을 제시한다. 활용형을 제시할 때 '것 같다' 앞에 활용되는 것이 관형절의 관형형 어미와 같은 형태라는 것도 알려 준다.

문형 제시

1 〈동사 현재〉
하다 ➡ 하는 것 같아요
먹다 ➡ 먹는 것 같아요

2 〈형용사 현재〉
바쁘다 ➡ 바쁜 것 같아요
작다 ➡ 작은 것 같아요

3 〈동사 과거〉
하다 ➡ 한 것 같아요
먹다 ➡ 먹은 것 같아요

4 〈형용사 과거〉
바쁘다 ➡ 바빴던 것 같아요
작다 ➡ 작았던 것 같아요

5 〈동사 추정〉
하다 ➡ 할 것 같아요
먹다 ➡ 먹을 것 같아요

6 〈형용사 추정〉
바쁘다 ➡ 바쁠 것 같아요
작다 ➡ 작을 것 같아요

수업3단계 **활동**

준비물: 활동지 (부록)

활동1 우리 반 사람 중에서 누가?

반 학습자를 대상으로 설문조사를 한다. 이 활동은 학습자들이 정해진 질문에 대해 같은 반 학습자 중에서 어떤 사람이 그 질문에 맞는 사람일지 추측한 것을 말하는 것이다. 학습자들은 활동지 부록 p.59를 받고 반 학습자 전체를 만나서 어떤 사람이 이 질문에 해당하는 사람인지 학습자들의 의견을 듣는다. 말하는 사람의 주관적인 근거에 의해 추측한 것으로, '-(으)ㄴ/는 것 같다'를 사용해서 답하도록 한다. 그리고 왜 그렇게 생각하는지 근거를 묻도록 한다.

활동이 끝난 다음에는 해당 질문에 대한 답으로 가장 많이 뽑힌 사람에게 사람들의 추측이 사실인지 다시 묻는 확인 작업을 통해 추측과 사실의 구분을 다시 한번 해 준다.

A : 우리 반에서 누가 제일 늦게 자는 것 같아요?
B : 왕첸 씨가 제일 늦게 자는 것 같아요.
A : 왜 그렇게 생각해요?
B : 왕첸 씨는 수업 시간에 항상 피곤해 보여요. 아마 늦게 자서 피곤한 것 같아요.

	나	친구 ___ 씨
❶ 제일 늦게 자요?		
❷ 한국 친구가 많아요?		
❸ 제일 먼저 한국에 왔어요?		
❹ 집이 여기서 제일 가까워요?		
❺ 요리를 잘할까요?		
❻ 공부를 제일 많이 해요?		

UNIT 29
할아버지께서 신문을 읽으세요

문형 높임법
용법 말하는 사람이 자신보다 나이나 사회적 지위가 높은 사람에게 예우를 갖춰 말할 때

예문

01_ 친구가 신문을 읽어요.
　　할아버지께서 신문을 읽으세요.

02_ 아버지께서 저녁마다 운동하세요.
　　할머니께서 한복을 입으세요.
　　어머니께서 채소를 많이 드세요.

03_ 할아버지께서 은행에서 일하세요.
　　어제 어머니께서 저한테 전화하셨어요.
　　다음 주부터 아버지께서 운동을 시작하실 거예요.

04_ 선생님 댁이 여기에서 멀어요.
　　할아버지께서는 연세가 많으신데 지금도 일하세요.

05_ 어제 제가 할머니께 선물을 드렸어요.
　　지난주에 선생님을 찾아 뵈었어요.

06_ A : 보통 주말에 뭐 하세요?
　　B : 저는 보통 집에서 쉬어요.

수업 전 단계 | 문형 정리 및 지도 Tips

01

친구**가** 신문을 읽**어요**.
할아버지**께서** 신문을 읽**으세요**.

높임법은 말하는 사람이 자신보다 나이나 사회적 지위가 높은 사람에게 예우를 갖춰 말할 때 사용하는 것으로, 주체 높임과 객체 높임, 상대 높임의 세 가지 체계로 되어 있다. 그중에서 주체 높임은 말하는 사람과 문장의 주체 사이의 관계를 따져 존대하는 것으로, 말하는 사람의 생각에 문장의 주체가 자신보다 높은 위치에 있다고 여길 때 쓴다. 주체 높임은 서술어에 선어말 어미 '-시-'를 결합하여 쓰고, 높이는 대상(서술어의 주어) 뒤에 주격 조사 '-이/가' 대신에 '-께서'를 써서 표현한다.

> **Tips** 높임법은 말하는 사람이 대인관계를 바탕으로 상황에 맞게 어법을 골라 쓰는 사회언어학적 관점을 포함하고 있습니다. 관계가 규정되는 기준에는 나이나 사회적 지위와 같은 객관적인 요소 이외에도 친소관계(심리적 거리)와 같이 주관적인 요소도 포함되기 때문에, 사회 내 위계질서가 분명하지 않거나 언어에서 높임의 문법 형태소가 없는 언어권 학습자는 높임법을 매우 어려워합니다. 높임법을 지도하기 위해서는 학습자가 가장 이해하기 쉬운 기준인 '나이'를 기준으로 높임법이 적용되도록 시작하는 것이 좋습니다.

02

아버지께서 저녁마다 운동하**세요**.
할머니께서 한복을 입**으세요**.
어머니께서 채소를 많이 **드세요**.

주체 높임을 나타내는 문법적인 형태는 용언에 결합되는 '-시-'인데, 이것이 결합되어 활용된 것이 '-셔요'이고 현대 국어에서는 '-(으)세요'로 많이 쓰인다. 현재 시제로 활용하려면 동사, 형용사, '이다'의 어간 뒤에 '-(으)세요'를 붙이면 된다. 어간의 마지막이 모음으로 끝날 때 '-세요'를, 자음으로 끝날 때 '-으세요'를 붙인다. '먹다, 있다, 자다'와 같은 몇몇 동사는 '-시-'가 붙어 '잡수시다(먹다), 계시다(있다), 주무시다(자다)'와 같은 특별한 단어로 바뀐다.

> **Tips** '있다'의 의미는 존재를 나타낼 때의 '있다'와 소유를 나타낼 때의 '있다'가 있습니다. 높임법에서 '있다'는 의미에 따라 '계시다'(존재)와 '있으시다'(소유)와 같이 다른 형태로 쓰입니다. 이에 대한 부정문도 '안 계시다'(존재 부정)와 '없으시다'(소유 부정)로 다르게 활용됩니다. 학습자가 어려워하는 부분이므로 특별한 주의를 기울여 이 부분을 지도해야 합니다.

03

할아버지께서 은행에서 일하**세요**.
어제 어머니께서 저한테 전화하**셨어요**.
다음 주부터 아버지께서 운동을 시작하**실 거예요**.

주체 높임 '-시-' 뒤에 '-았/었-'과 같은 시제를 나타낼 수 있는 선어말 어미가 온다. 과거 시제로 활용시키려면 동사, 형용사, '이다'의 어간 뒤에 '-(으)셨어요'를, 미래에 일어날 것을 나타내려면 동사, 형용사, '이다'의 어간 뒤에 '-(으)실 거예요'를 붙인다.

> **Tips** 주체 높임의 현재 시제 활용형 '-(으)세요'가 명령형의 '-(으)세요'와 형태가 같으므로, 주체 높임을 명확한 상황에서 제시하지 않으면 학습자는 혼란을 겪게 될 것입니다. 두 형태를 모두 학습하고 연습한 후, 정리 단계에서 두 문형을 비교하여, 부정문('-지 않으세요'와 '-지 마세요')과 시제 결합 유무 등을 정리해 주면 학습자가 만들어낼 수 있는 오류를 많이 줄일 수 있습니다.

UNIT 29

04

선생님 **댁**이 여기에서 멀어요.
할아버지께서는 **연세**가 많으신데 지금도 일하**세요**.

주체 높임을 나타낼 때 용언에 붙는 '-시-' 이외에도 몇몇 단어는 단어 자체가 바뀌는 것이 있다. '성함(이름), 연세(나이), 댁(집), 말씀(말), 진지(밥), 생신(생일)'이 그 대표적인 예이다. 위의 두 번째 예문처럼 어떤 명사(나이)가 높이고자 하는 주체에 속해 있을 때 특별한 단어(연세)를 쓰며, 이때 서술어와 호응 관계도 맞춰 주어야 한다.

> **Tips** '-시-'는 서술어의 주체(사람)를 높이는 것이므로 기본적으로는 사물을 높이지 않도록 해야 합니다. 그래서 위의 첫 번째 예문에서 '댁'은 선생님과 관련된 것으로 높여 썼지만 서술어에서는 '머세요'가 아니라 '멀어요'를 쓴 것입니다. 그러나 위의 두 번째 예문에서 '연세'는 높이고자 하는 할아버지에 속해 있는 일부분으로 여기기 때문에 '연세가 많다'가 아니라 '연세가 많으시다'가 쓰인 것입니다. 학습자가 이해하기 어려울 수 있으므로 처음에는 기본적으로 사물에 높임이 적용되지 않는 예로만 제시하는 것이 좋습니다.

문형 정리 및 지도 Tips

05 어제 제가 할머니**께** 선물을 **드렸어요.**
지난주에 선생님을 찾아 **뵈었어요.**

객체 높임은 서술어의 목적어(객체)에 해당하는 인물을 높이고자 그에 대비되는 서술어의 주어(주체)를 낮추는 것이다. 현대 국어에서 객체 높임은 '드리다(주다), 모시다(데리다), 여쭙다(묻다), 뵙다(보다)'와 같은 몇몇 동사에 한정해서 쓰인다. 위의 예문에서 객체에 해당하는 할머니와 선생님을 높이기 위해 특별한 동사인 '드리다'와 '뵙다'가 쓰인 것이다. 이때 객체를 높이기 위해 조사 '-에게/한테' 대신에 '-께'를 쓴다. 보조 용언 '주다'를 사용하는 '-아/어 주다' 문형은 객체 높임으로 쓸 때 '-아/어 드리다'로 바뀐다.

> **Tips** 객체 높임은 현대국어에서 많이 발달되어 있지 않습니다. 그래서 위와 같은 몇몇 예외적인 동사로만 한정해서 지도하는 것이 좋습니다. 다만, 일상 생활에서 많이 사용하는 '말씀드리다(말하다), 부탁드리다(부탁하다), 연락드리다(연락하다)'는 관용적 표현으로 굳어진 예외적인 단어라고 알려 줍니다.

06 A : 보통 주말에 뭐 하**세요**?
B : **저**는 보통 집에서 쉬**어요.**

상대 높임은 말하는 사람이 듣는 사람과의 관계를 따져 사용한다. 듣는 사람이 말하는 사람보다 나이나 사회적 지위가 높다고 여길 때 예우를 갖춰 높임을 나타내고 반대의 경우 높이지 않는다. 여기에서는 높임 중에서 비격식적이고 친근한 관계에 있는 듣는 사람에게 예우를 갖춰 말하는 것만 다룬다. 대화 상대자를 높여 '-아/어요'를 쓰거나 여기에 '-시-'를 결합하여 '-(으)세요'와 같은 형태로 쓴다. 이때 자기 자신을 '저(나), 저희(우리)'라고 낮춤으로써 간접적으로 상대를 높이는 겸양법(압존법)을 함께 사용한다.

> **Tips** 상대 높임은 대화의 상대자와의 관계에서 나타나는 것이므로, 지도할 때 대화의 상대자를 비슷한 나이대의 사람과 연장자로 구분해서 보여주는 것이 필요합니다. 대화의 상대자가 비슷한 나이대라면 반말을, 대화의 상대자가 연장자라면 '-(으)세요'를 이용해서 질문하면 됩니다. 여기에서 중요한 것은 질문 받은 사람이 자기 자신에 관해 대답할 때 높임말을 사용할 수 없다는 점입니다. 또한 학습자가 대화 상대자를 높이려면 자기 자신을 '나'라고 말하지 않도록 유의시켜야 합니다.

학습자 오류

1 어머니께서 고기를 안 먹으세요. → 어머니께서 고기를 안 드세요/잡수세요.
  ☞ 학습자가 자주 오류를 범하는 부분입니다. 몇몇 동사(먹다, 있다, 자다, 말하다)는 높임법을 적용했을 때 특별한 동사로 바뀐다는 점을 학습자에게 주지시켜서 오류가 생기지 않도록 해야 합니다.

2 나는 신촌에 가요. → 저는 신촌에 가요.
  ☞ 특히 서양인 학습자가 자신을 낮추는 어법에 익숙하지 않기 때문에 위와 같은 오류를 자주 만들어 냅니다. 초반부터 이런 습관이 자리 잡지 않도록 주의시켜야 합니다.

3 A : (B를 향해서) 어디에 가세요?
   B : 병원에 가세요. → 병원에 가요.
  ☞ 높임법을 학습하기 이전에는 한국어의 '-아/어요'형은 질문과 대답이 억양만 다를 뿐 같은 형태라고 배워 왔기 때문에, 높임법을 학습한 이후에도 습관적으로 질문과 대답을 같은 형태로 말하게 됩니다. 상대방이 자신을 높여 질문했을 때 자신을 높여서 대답할 수 없다는 점을 분명하게 강조해야 합니다.

4 선생님이 사무실에 없으세요. → 선생님이 사무실에 안 계세요.
  ☞ '있다' 동사는 존재를 나타낼 때 '계시다/안 계시다'로, 소유를 나타낼 때 '있으시다/없으시다'로 쓴다는 점을 구분해서 제시해 줘야 합니다. 특히 부정문에서 위와 같은 오류가 많이 나타납니다.

5 (손윗 사람에게) 이름이 뭐세요? → 성함이 어떻게 되세요?
  ☞ 손윗 사람에게 속한 일부분으로 여길 수 있는 명사 '이름, 나이, 생일, 말, 집, 밥'은 높임법에서 '성함, 연세, 생신, 말씀, 댁, 진지'와 같은 다른 단어로 바뀝니다. 또한 '뭐예요?'라는 질문은 '어떻게 되세요?'라고 우회적으로 묻는 방식으로 바뀝니다. '어디세요?'와는 달리, '뭐세요?'는 쓰이지 않는다는 점을 알려줘야 합니다.

6 제가 말씀을 하겠어요. → 제가 말씀을 드리겠어요.
  ☞ 위 문장에서 목적어에 해당하는 인물이 불특정 다수를 높여야 하므로 '말하다' 대신에 '말씀드리다'로 써야 문법에 맞습니다. 또한 여기에서 '말씀'은 손윗 사람의 말을 높여 쓴 것이 아니라 손윗 사람을 높이기 위해 자신의 말을 낮춰 쓴 것입니다. 학습자가 혼동하지 않도록 학습자에게는 '말씀(을) 드리다'로 묶어 제시하는 것이 좋습니다.

7 할아버지께서 말씀을 드렸어요. → 할아버지께서 말씀을 하셨어요.
  ☞ 서술어의 주체인 할아버지를 높이기 위한 것으로, 객체 높임에 해당하는 '드리다'가 아니라 주체 높임을 적용한 '말씀하시다'로 바꿔 제시해야 합니다.

| 수업1단계 | **도입** |

> 준비물 제시 그림 (부록)

교사는 학습자에게 다음의 그림 『부록 p.60』을 제시한다. 먼저, 학습자로 하여금 〈그림1〉을 문장으로 말하게 한다. 그 다음에 〈그림2〉를 문장으로 말하게 한다. 이때 학습자가 서술어의 주체에 따라 높임을 다르게 표현하는 것을 알 수 있도록 다음과 같이 대화를 유도한다.

그림1: 친구가 신문을 읽어요.
그림2: 할아버지께서 신문을 읽으세요.

예

T (그림1을 가리키며) 지금 친구가 뭐 해요?
S 신문을 읽어요.
T 네, 맞아요. 친구가 신문을 읽어요.
 (그림2를 가리키며) 지금 할아버지께서 뭐 하세요?
S 신문을 읽어요.
T 네, 맞아요.
 그런데, 할아버지는 친구가 아니에요.
 (손윗사람이라는 것을 시각적으로 보여주기 위해 그림2를 그림1보다 위로 올린다)
 할아버지께서 신문을 읽으세요.

학습자가 높임법이 적용된 '-(으)세요'를 인지할 때까지 〈그림1〉과 〈그림2〉를 가리키면서 각각의 문장을 강조해서 말한다. 특히 높임의 문법 표지인 '-께서'와 '-(으)세요'가 나올 때 강조해서 말함으로써 학습자가 연장자를 높여 말하는 것을 쉽게 알아차릴 수 있도록 한다.

> **수업2단계** 제시 및 연습

제시1 　　　　　　　　　　　　　　　　　　　　　　　**준비물** 제시 그림 (부록)

다음과 같이 다양한 인물을 보여주고 동사나 형용사를 제시해서 학습자가 서술어의 주체에 따라 높이거나 높이지 않는다는 점을 알려 준다.

학습자가 높이는 것과 그렇지 않은 것을 잘 구분한다면, 소리로 들었던 문형을 문자로 확인해 준다. 이때 서술어의 주체를 높이기 위해 특별한 문형을 쓴다는 점을 학습자가 인지할 수 있도록 문장에서 높임법에 해당하는 표지를 다른 색으로 표시한다. 또한 몇몇 동사(먹다, 자다, 있다, 등)의 경우 특별한 동사(잡수시다, 주무시다, 계시다, 등)로 바뀐다는 점도 함께 제시한다.

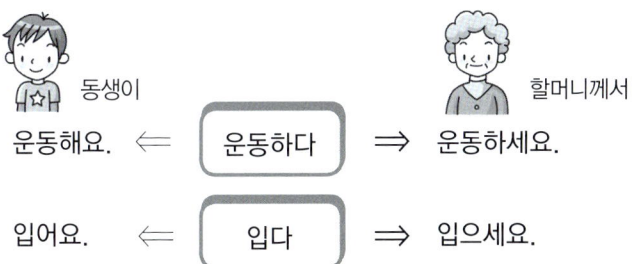

문형 제시

1. 운동하다 ➡ 아버지께서 운동하세요
2. 입다 ➡ 할머니께서 한복을 입으세요
3. 먹다 ➡ 어머니께서 채소를 많이 드세요

제시 및 연습

제시2

서술어의 목적어에 해당하는 이를 높이는 객체 높임을 제시한다. 그림과 문장을 함께 제시하면서 수여 대상에 해당하는 인물 뒤에 쓰인 조사 '-에게'는 '-께'로 바뀌는 것을 학습자가 알아차릴 수 있도록 한다.

학습자가 서술어의 객체를 높이는 것은 몇몇 동사에 한정되어 쓰인다는 것을 알려 준다. '드리다(주다), 모시다(데리다), 여쭙다(묻다), 뵙다(보다)'의 동사에 한하여 객체 높임을 나타내고, 이때 높이는 대상인 목적어 뒤에 조사 '-에게/한테'가 '-께'로 바뀌는 것을 강조한다.

> **Tips** 언어 학습에서 비언어적인 측면을 함께 지도하는 것이 매우 중요합니다. 예를 들면, 높임법에서 상대방을 존대하는 행동으로 고개를 숙여 인사하거나, 물건을 건넬 때 두 손으로 건네는 모습과 같은 비언어적인 측면을 함께 다뤄 줘야 합니다. 특히 높임법을 지도할 때에는 나이나 지위, 친소관계에 따라 언어적인 형태가 달라지는 사회언어학적 관점이 적용되므로, 학습자가 이런 문화를 자연스럽게 접할 수 있도록 교사가 비언어적인 측면을 행동으로 직접 보여주는 것이 필요합니다.

문형 제시

1. 주다 ➡ 어머니께 선물을 드려요
2. 뵙다 ➡ 선생님을 뵈었어요

제시3

상대방과 얘기할 때 상대방의 연령이나 지위가 말하는 사람과 비교해서 높을 때, 또한 상대방이 말하는 사람과 친한 관계가 아니라서 예의를 갖춰야 할 때, 듣는 사람을 높여 '-아/어요' 혹은 '-(으)세요'로 말하는 것을 제시한다. 특히 상대 높임에서는 듣는 사람이 말하는 사람보다 나이나 지위가 높지 않아도 친한 관계가 아닐 때, 예를 들면 모르는 사람에게도 사용한다는 점을 분명히 한다. 이때 상대방을 높이기 위해 자신을 낮추는 방법으로 '나는'이 아니라 '저는'을 쓴다. 높임법이 사용되는 맥락을 학습자가 충분히 이해했을 때 상대 높임에서 시제에 따라 어미가 다르게 활용되는 것도 지도한다.

문형 제시

1. A : 보통 주말에 뭐 하세요?
   B : 영화를 봐요.

2. A : 보통 주말에 뭐 해?
   B : 영화를 봐.

3. A : 어제 뭐 하셨어요?
   B : 친구를 만났어요.

4. A : 어제 뭐 했어?
   B : 친구를 만났어.

5. A : 내일 어디에 가실 거예요?
   B : 공항에 갈 거예요.

6. A : 내일 어디에 갈 거야?
   B : 공항에 갈 거야.

수업3단계	**활동**

준비물 활동지 (부록)

활동1 예의 있게 말하기

학습자 두 명씩 짝을 지은 후 활동지 부록p.61 를 나눠 준다. 연습지를 보고 해당 질문을 시제에 맞게 상대방에게 예우를 갖춰 한다. 질문 형태는 '-(으)세요'를 이용한다. 대답할 때에는 자신에게 '-(으)세요'를 사용하지 않도록 주의를 준다. 상대방의 대답을 듣고 표를 채운다.

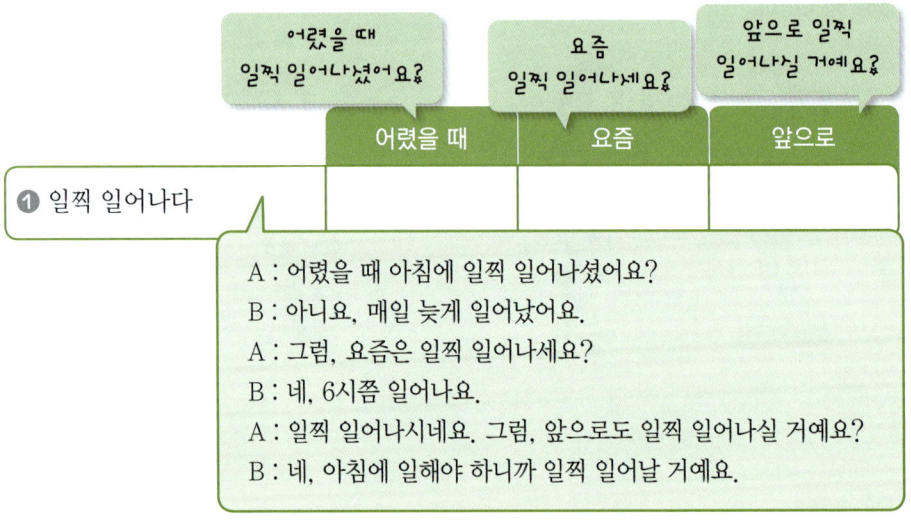

Tips 이 활동을 할 때 조심해야 할 점은 이전까지 친구로 여겨 왔던 사람에게 상대 높임을 적용해서 말하는 것에 혼란을 느끼는 학습자가 있다는 점입니다. 이를 방지하기 위해서는 이 활동이 연습이라는 것을 전제로 한다는 점을 일러두거나, 잘 모르는 사람(옆 반의 학습자)에게 질문할 수 있도록 교사가 상황을 통제해야 합니다.

UNIT 30
영화가 2시에 시작합니다

문형 격식체 '-(스)ㅂ니다'
용법 말하는 사람과 듣는 사람이 공식적 관계나 격식적 상황에서 말할 때

예문

01_ 영화가 2시에 시작해요.
영화가 2시에 시작합니다.

02_ 오늘 날씨가 좋습니다.
사장님 기분이 좋으십니다.

03_ 어제 발표가 끝났습니다.
김진수 씨가 다음 주에 부산으로 출장 갈 것입니다.
내일 전국적으로 비가 내리겠습니다.

04_ (1) A : 회의가 몇 시에 시작합니까?
　　 B : 11시에 시작합니다.
(2) A : 오늘 오후에 뭐 하십니까?
　　 B : 아직 특별한 계획이 없습니다.

05_ 천천히 계단을 내려가십시오.
다음 주에 같이 식사합시다.
= 다음 주에 같이 식사하시죠.

수업 전 단계 | 문형 정리 및 지도 Tips

01
영화가 2시에 시작**해요**.
영화가 2시에 시작**합니다**.

상대 높임은 말하는 사람이 대화 상대자와의 관계에 따라 말을 달리 사용하는 것이다. 위의 예문에서 첫 번째 예문은 비격식적 관계에 있는 사람(예: 시간을 묻는 행인)에게 말하는 것으로 격식 없이 친근하게 말한 것인 반면, 두 번째 예문은 격식적 관계에 있는 사람(예: 표를 사러 온 손님)에게 말하는 것으로 친근감은 떨어지지만 정중함을 살려 말하는 것이다. 회사에서 진행되는 공식적인 회의, 또는 대중 앞에서 하는 연설, 시청자에게 공식적인 소식을 전달하는 뉴스에서는 격식체 '-(스)ㅂ니다'를 이용해서 말한다.

> **Tips** ▶ 어떤 언어권 학습자이든지 격식체/비격식체의 구분을 어려워합니다. 그러므로 격식체를 사용해야 하는 상황을 예로 들어 격식체가 사용되는 맥락을 다양하게 제시하는 것이 중요합니다. 이때 비언어적인 요소, 격식적 느낌을 전달하는 제복이나 정장을 입을 수 있는 상황을 강조하는 것도 학습자의 이해를 도울 수 있습니다.

02
오늘 날씨가 좋**습니다**.
사장님 기분이 좋**으십니다**.

격식체는 동사, 형용사, '이다'의 어간 뒤에 '-(스)ㅂ니다'를 붙여 활용한다. 어간의 마지막이 모음으로 끝나면 '-ㅂ니다', 자음으로 끝나면 '-습니다'를 붙인다. 격식체 '-(스)ㅂ니다'는 비격식체 '-아/어요'에 비해 약간은 딱딱하고 개인적인 관계를 배제하는 느낌을 전한다. 여기에 서술어의 주체를 높이고자 한다면 '-시-'를 결합하여 용언 어간에 '-(으)십니다'를 붙이면 된다. '-(으)십니다'는 대화 상대자가 최대한 격식을 갖춰야 하는 직장 상사나 사업 관계자일 때, 또는 백화점 직원이나 승무원과 같은 서비스직 종사자가 고객을 높여 상대할 때 사용한다.

> **Tips** ▶ 상대 높임에서 '-(스)ㅂ니다'는 '-아/어요'에 비해 대화 상대자와의 친밀성은 떨어지나 모든 격식을 제대로 갖춰 말하는 느낌을 전달합니다. 그러나 이것만을 강조했을 때에는 학습자가 격식체를 딱딱한 이미지로만 이해할 여지가 있고 그로 인해 격식체를 부자연스럽게 말할 수도 있습니다. 일상 생활에서 자주 접하는 서비스직 종사자가 격식체를 사용하더라도 부드러운 어조로 친절함을 표현하는 것을 예로 들어 주는 것도 좋습니다. 학습자가 접할 수 있는 격식체의 예를 가능한 한 많이 제시해 주는 것이 좋습니다.

03

어제 발표가 끝**났습니다**.
김진수 씨가 다음 주에 부산으로 출장 **갈 것입니다**.
내일 전국적으로 비가 내리**겠습니다**.

'-(스)ㅂ니다' 앞에는 '-았/었-'이나 '-겠-'과 같은 선어말 어미가 결합될 수 있다. 과거 사실에 대해 진술할 때에는 '-았/었습니다'를, 앞으로 일어날 일에 대해 진술할 때에는 '-(으)ㄹ 것입니다'나 '-겠습니다'를 쓴다.

> **Tips** 앞으로 일어날 일을 격식체로 표기할 때 '-(으)ㄹ 것입니다'와 '-겠습니다'를 사용할 수 있습니다. 그러나 '-겠습니다'는 질문으로 쓰일 때 어색할 때가 많으므로, 학습자에게 격식체를 사용해서 말하기를 지도할 때 미래 또는 추측에 대한 진술로 '-(으)ㄹ 것입니다'을 사용하라고 가르치는 것이 좋습니다. 그래야 질문-대답의 대화 상황도 어색하지 않을 수 있습니다. 다만, '-겠습니다'가 많이 사용되는 일기예보나 공식적 자리에서의 진행, 발표를 보여줘서 학습자가 용례를 익힐 수 있도록 도와줘야 합니다.

04

(1) A : 회의가 몇 시에 시작**합니까**?
　　B : 11시에 시작**합니다**.
(2) A : 오늘 오후에 뭐 하**십니까**?
　　B : 아직 특별한 계획이 없**습니다**.

격식체를 이용해서 상대방에게 질문할 때 종결어미의 마지막을 '-다'에서 '-까'로 바꿔 쓴다. 위의 첫 번째 예문에서 두 사람의 관계는 일 관계로 만나는 사람들, 특히 나이나 지위의 높낮음을 따지지 않는 사람들 간의 대화로 추정할 수 있다. 두 번째 예문에서는 일 관계로 만나는 사람들이긴 하지만 '-(으)십니까?'를 써서 첫 번째 예문보다 상대방에 대한 격식을 더 정중하게 갖춰 묻는 느낌을 전한다.

> **Tips** 학습자가 격식체에 신경을 쓰면서 말하기 때문에 문장의 주어가 사물일 때에도 '-시-'를 붙여 질문하는 오류를 자주 범합니다. '-시-'가 존대의 의미가 있음을 지도하면서 이것을 사물에 사용할 수 없음을 강조해야 합니다. 또한 주어가 사물일 경우와 연장자(높이고자 하는 대상)일 경우를 구분해서 '-시-'를 넣을지 뺄지 선택하여 질문할 수 있도록 연습 과정도 필요합니다.

문형 정리 및 지도 Tips

05
천천히 계단을 내려가**십시오**.
다음 주에 같이 식사**합시다**.
= 다음 주에 같이 식사하**시죠**.

격식체에서 명령문은 동사 어간 뒤에 '-(으)십시오', 명령문 부정은 동사 어간 뒤에 '-지 마십시오'를 붙인다. 격식적 상황에서의 청유문은 동사 어간에 '-(으)ㅂ시다'를 붙인다. 그러나 격식을 차려야 하는 상대방에게 최상의 예우를 갖춰 말할 때에는 명령문이나 청유문을 사용하기를 회피하는 경향이 있다.

> **Tips** ▶ 격식체의 명령문과 청유문은 '○○방면은 위로 올라가십시오, 조용히 합시다'와 같이 공공장소에서 볼 수 있는 문구에서 불특정한 사람들을 대상으로 쓰는 경우가 많습니다. 일상생활의 구어체에서 더 부드러운 어조로 쓸 때에는 명령형은 '-(으)십쇼', 청유형은 '-(으)시죠'를 많이 사용합니다. 대화를 연습시키는 것이라면 구어체에서 자연스럽게 말할 수 있는 부분도 지도해서 학습자가 어색하게 말하지 않도록 하는 것이 필요합니다.

학습자 오류

1 감사함니다. → 감사합니다.
☞ 격식체에서 종결어미의 발음이 '함니다[함니다]'로 들리기 때문에 이것을 그대로 쓰는 형태적 오류가 초급에서 자주 나옵니다. 소리와 문자가 다른 것을 학습자가 알아차리도록 해야 합니다.

2 이름이 뭐입니까? → 이름이 무엇입니까?
　　　　　　　　　 이름(성함)이 어떻게 되십니까?
☞ '뭐예요'에서 '뭐'는 원래 '무엇'의 준말입니다. 그러나 격식체에서는 이런 준말을 사용하지 않는 것이 좋습니다. 구어체에서 자연스럽게 발화하기 위해 준말로 썼던 것을 격식체에서 원래의 단어로 써야 합니다.

3 미국 사람이 아니에요. 호주 사람입니다. → 미국 사람이 아닙니다.
☞ 격식체로 말할 때 비격식체와 격식체를 섞어 쓰는 오류가 가끔 나옵니다. 비교적 가까운 사이라면 괜찮겠지만, 격식을 차려야 하는 사이라면 가능한 한 위와 같이 다른 문체를 섞어 쓰지 않도록 하는 것이 좋습니다.

4 5년 전에 교사옜습니다. → 5년 전에 교사였습니다.
☞ 격식체의 과거 시제 활용형은 '-았/었습니다'로 외국인 학습자도 어렵지 않게 합니다. 다만, '이다'의 과거 시제 활용형에서 위와 같은 오류가 자주 나옵니다. 처음에 문형을 제시할 때 '이다'의 과거형도 꼭 확인해 주어야 합니다.

5 수업이 어땝니까? → 수업이 어떻습니까?
☞ 초급에서는 'ㅎ불규칙'이 매우 복잡하고 자주 나타나지 않기 때문에 '어떻다'에서 '어때요?'로 활용된 것을 지도하지 않고 '어때요?'로 의미와 형태를 묶어 제시하기도 합니다. 만약 'ㅎ불규칙'을 가르치지 않아도 된다고 교사가 판단했다면, 격식체에서 '그렇습니다'나 '어떻습니까?'를 하나의 표현으로 묶어 제시해 주어야 합니다.

6 30분 후에 수업이 시작하겠습니까? → 30분 후에 수업이 시작합니까? / 시작할 것입니까?
☞ 앞으로 일어날 일에 대해 격식체로 말할 때에는 '-(으)ㄹ 것입니다'와 '-겠습니다'를 사용할 수 있습니다. 또한 현재 시제로도 가까운 미래의 일을 표현할 수 있습니다. 그러나 '-겠습니다'는 질문으로 사용할 수 없기 때문에, 질문할 때에는 '-(으)ㄹ 것입니까?'로 바꿔야 합니다.

7 당신은 어느 나라 사람입니까? → ○○ 씨는 어느 나라 사람입니까?
☞ 이전의 한국어 교재 중에서 2인칭 호칭으로 '당신'을 썼기 때문에 이런 교재로 공부했던 학습자가 '당신'이라는 말을 자주 사용합니다. '당신'이란 말은 말하는 사람과 듣는 사람의 관계가 친근한 사이인지 친근하지 않은 사이인지에 따라 존대와 하대의 의미를 각각 갖고 있으므로 잘못 사용하지 않도록 주의를 줄 필요가 있습니다. '-아/어요'에서와 마찬가지로, '-(스)ㅂ니다'에서도 '당신'이란 말은 쓰지 않아야 합니다. 대화 상대자의 직함이 있다면 직함을 부르고, 그렇지 않다면 이름을 부르도록 지도해야 합니다.

| 수업1단계 | **도입** |

준비물: 드라마와 뉴스

　학습자에게 텔레비전 드라마와 뉴스를 한 토막 들려 준다. 학습자에게 어떤 관계에 있는 사람에게 말하는 상황인지, 어떤 문형을 사용하는지 묻는다. 여기에서는 말하는 사람과 듣는 사람과의 관계에 따라 '-아/어요'나 '-(스)ㅂ니다'와 같이 문형이 달리 쓰인다는 점을 제시하는 것이 중요하다. 이때 교사의 자세한 설명보다는 학습자가 어떤 문맥에서 이런 문형을 사용하는지 직접 보고 느낄 수 있도록 시청각 자료로 보여주는 것이 효과적이다.

　학습자가 격식적이고 공식적인 상황에서 사용하는 문형으로 격식체 '-(스)ㅂ니다'를 인지하면, 이런 격식체를 어떤 장면에서 들을 수 있는지 묻는다. 학습자가 말하는 상황을 교사가 모아서 이런 상황의 공통점을 묻는다. 학습자가 양복/정장이나 제복을 떠올리거나, 공식적인 관계(대중, 고객) 등을 예로 들 수 있도록 교사가 힌트를 주면서 답을 유도한다.

| 수업2단계 | **제시 및 연습** |

준비물 제시 그림 (부록), 대화 카드

UNIT 30

제시1

직장 회의에서 만난 사람들에게, 연설을 들으러 온 청중에게, 서비스 직원이 고객에게 말하는 상황을 예를 들어, 격식체가 개인적인 관계가 아닌 공식적인 관계로 만난 사람과의 대화에서 상대방에게 격식을 갖춰 쓰는 것임을 알 수 있도록 한다. 다음의 그림 부록 p.62 을 보여주고 듣는 사람과의 관계에 따라 말하는 사람이 어떻게 다르게 말하는지 보여준다.

-아/어요

-(습)니다

학습자 두 명씩 짝을 지어 대화 카드를 나눠 준다. 이 카드는 같은 내용의 대화인데 하나는 '-아/어요'로, 다른 하나는 '-(스)ㅂ니다'로 진행된 것이다. 대화는 각 줄마다 잘려 있어 학습자가 카드를 읽고 대화의 흐름이 자연스럽도록 순서를 맞추는 것이다. 두 대화는 각각 다른 색 카드로 제작해 분명히 구분되도록 한다. 대화를 완성하면, 각각의 대화를 어떤 상황에서 누구와 할 수 있는지 학습자가 생각해서 말하도록 기회를 준다. 대화가 행해질 수 있는 상황을 교사가 확인해 준 후, 짝과 함께 대화 가는 친근함을, 대화 나는 정중함을 살려 읽도록 한다.

가
- 회의가 몇 시에 시작해요?
- 2시에 시작해요.
- 회의 준비는 다 끝났어요?
- 아니에요, 시간이 좀 더 필요해요.

나
- 회의가 몇 시에 시작합니까?
- 2시에 시작합니다.
- 회의 준비는 다 끝났습니까?
- 아닙니다. 시간이 좀 더 필요합니다.

제시 및 연습

학습자가 순서를 맞춘 대화를 느낌을 살려 읽은 다음에는, 격식체에서 의문문을 만들 때 문장의 끝인 '-다'를 '-까'로 쓴다는 점과 대답할 때에는 '-다'로 대답한다는 점을 짚어 준다.

> A : 오늘 몇 시까지 합니까?
> B : 10시까지 합니다.

Tips 격식체 '-(스)ㅂ니다'가 비격식체 '-아/어요'에 비해 더 의례적이고 정중한 느낌을 전달하는 반면, 친밀한 느낌을 주기는 어렵습니다. 학습자가 언어 외적인 이런 느낌을 수업 시간 내에 파악하는 것이 그렇게 쉽지는 않겠지만, 자료 화면이나 시연을 통해 학습자가 이런 뉘앙스를 직접 경험하게 하는 것이 중요합니다.

문형 제시

1. 하다 ➡ 합니다
   먹다 ➡ 먹습니다
2. 하다 ➡ 했어요 + 습니다 ➡ 했습니다
   먹다 ➡ 먹었어요 + 습니다 ➡ 먹었습니다
3. A : 합니까?
   B : 합니다.

제시2　　　　　　　　　　　　　　　　　　　　　　　　　준비물 | 제시 그림 (부록)

학습자에게 다음의 두 그림 [부록 p.62]을 제시한다. 학습자가 왼쪽 그림과 오른쪽 그림의 공통점과 차이점을 찾아 내도록 한다. 이것이 문형에 반영되어 '-(으)세요'와 '-(으)십니다'로 됨을 제시한다.

-(으)세요　　　　　　　　　　　　　-(으)십니다

두 그림은 말하는 사람이 듣는 사람에게 격식을 갖춰 말하는 상황으로 존대를 표현한다는 점은 같다. 그러나 격식을 갖춰 높여야 하는 대화 상대자와의 관계가 격식적인지 비격식적인지 다르다. 회사원이라면 직장 상사에게, 혹은 서비스 직원이라면 고객에게 격식을 차리면서도 높여서 말해야 한다.

격식체에 '-시-'가 결합한 문형 '-(으)십니다'도 질문할 때에는 문장의 끝인 '-다'가 '-까'로 바뀌고, 대답할 때에는 '-다'로 바뀐다는 점을 확인해 준다. '-(으)십니까?'는 듣는 사람인 상대방을 높여서 질문하는 것이므로, 질문 받는 사람이 대답할 때 자신에게 '-시-'를 사용하지 않도록 주의를 준다.

문형 제시

1. 하다 ➡ 하십니다
   입다 ➡ 입으십니다
2. 하다 ➡ 하셨습니다
   입다 ➡ 입으셨습니다
3. A : 하십니까?
   B : 합니다
4. A : 하셨습니까?
   B : 했습니다.

비격식체 '-아/어요'로 되어 있는 질문을 격식체 '-(스)ㅂ니다'로 바꿔 질문하고 답하는 연습을 한다. 이때 질문의 주체에 따라 듣는 사람을 높인다면 '-(으)십니까?'를 사용하고, 듣는 사람을 높일 필요가 없는 사물(날씨나 가격 등)이 주어라면 높임의 '-시-'를 빼고 '-(스)ㅂ니까?'를 사용한다.

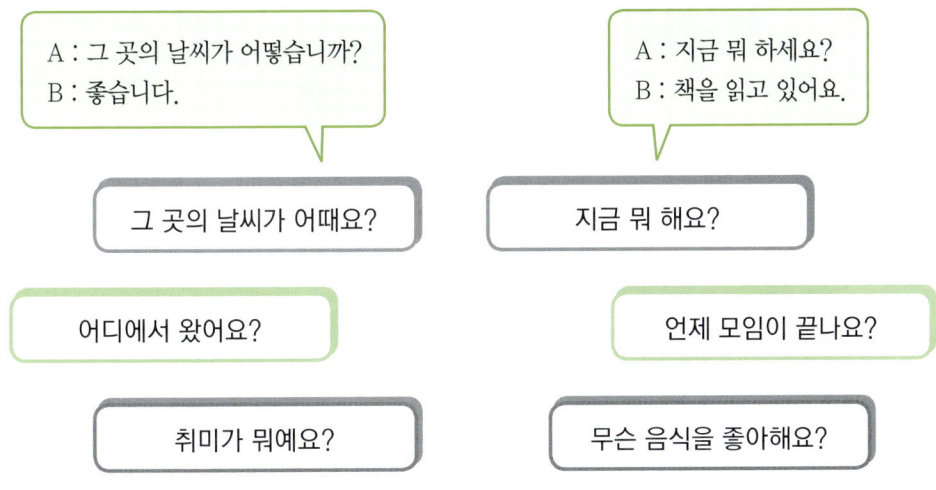

| 수업3단계 | **활동** |

|준비물| 상황 그림 (부록)

활동1 역할극

　이 활동은 학습자가 주어진 상황에 맞게 대화를 자유롭게 만드는 것이다. 학습자가 격식체를 사용하는 상황을 쉽게 이해할 수 있도록 생활에서 이런 격식체를 사용하는 상황 사진이나 그림 |부록 p.63| 을 제시한다.

　상황을 나타내는 사진이나 그림은 교실의 벽에 붙여 놓는다. 예를 들어, 영화 표를 사거나 쇼핑할 때와 같이 일상생활에서 접할 수 있는 상황이 그려져 있다. 학습자는 교실을 돌아다니면서 다른 학습자를 만나서 해당 그림의 상황을 보고 각각 역할을 맡아 대화를 진행한다. 이때 맡은 역할에 따라 바른 어법을 사용해서 말하도록 한다. 학습자가 역할극을 연습하는 동안 교사는 학습자의 대화를 들으면서 학습자가 제대로 격식체를 활용하도록 형태와 어감을 교정해 준다. 활동이 끝나면 몇몇 사람이 말했던 대화를 발표하게 하고 피드백을 준다.

참고문헌 Bibliography

국립국어원. (1999). *표준국어대사전*. 서울: 두산동아.
국립국어원. (2005). *외국인을 위한 한국어문법2-용법편*. 서울: 커뮤니케이션북스.
김동욱. (2000). 한국어 추측표현의 의미차이에 관한 연구. 국어학. 35호. 국어학회. 171-197쪽.
남기심·고영근. (1995). *표준 국어문법론*. 서울: 탑출판사.
박재연. (2006). *한국어 양태 어미 연구*. 파주: 태학사.
서정목. (1994). *국어 통사 구조 연구*. 서울: 서강대학교출판부.
서정수. (1994). *국어 문법(개정증보판)*. 서울: 뿌리깊은나무.
서태룡. (1988). *국어활용어미의 형태와 의미*. 서울: 태학사.
이은경. (2000). *국어의 연결어미 연구*. 서울: 태학사.
이익섭. (2005). *한국어 문법*. 서울: 서울대학교 출판부.
이호영. (1996). *국어음성학*. 서울: 태학사.
이희자·이종희. (2001). *한국어 학습용 어미·조사 사전*. 서울: 한국문화사.
임호빈·홍경표·장숙인. (1997). *신개정 외국인을 위한 한국어 문법*. 서울: 연세대학교출판부.
임홍빈·안명철·장소원·이은경. (2001). *바른 국어생활과 문법*. 서울: 한국방송통신대학교출판부.
최재희. (1992). *국어의 접속문 구성 연구*. 서울: 탑출판사.
허웅. (2000). *20세기 우리말의 형태론*. 서울: 샘출판사.

Bailey, M. Kathleen. & Savage, Lance. (Eds.). (1994). *New ways in teaching speaking*. Alexandria, Va.: Teachers of English to Speakers of Other Languages.
Brown, H. Douglas. (1994). *Principles of Language Learning and Teaching*. (3rd Ed.) Englewood Cliffs, N.J.: Prentice Hall.
Bygate, Martin. (1987). *Speaking*. Oxford; New York: Oxford University Press.
Celce-Mercia, Marianne. (2001). *Teaching English as a Second or Foreign Language*. (3rd Ed.) Boston: Heinle&Heinle.
Harmer, Jeremy. (2007). *The Practice of English Language Teaching*. (4th Ed.) Halrow, Essex, England: Pearson Education Ltd.
Hedge, Tricia. (2000). *Teaching and Learning in the Language Classroom*. Oxford; New York: Oxford University Press.
Mitchell, Rosamond. & Myles, Florence. (2004). *Second language learning theories* (2nd ed.) London: Hodder Arnold.
Nolasco, Rob. & Arthur, Lois. (1987). *Conversatioin*. Oxford; New York: Oxford University Press.

河野俊之·小河原義朗.(1996). 日本語教師のための「授業力」を磨く30のテーマ.東京: アルク
寺田和子·三上京子·山形美保子·和栗雅子.(1998). 日本語の教え方ABC. 東京: アルク

한국어 쉽게 가르치기

초판 발행	2009년 10월 15일
초판 10쇄	2023년 9월 15일
저자	오승은
편집	권이준, 양승주, 김아영
펴낸이	엄태상
콘텐츠 제작	김선웅, 장형진, 조현준
마케팅본부	이승욱, 왕성석, 노원준, 조성민, 이선민
경영기획	조성근, 최성훈, 구희정, 김다미, 최수진, 오희연
물류	정종진, 윤덕현, 신승진, 구윤주
펴낸곳	한글파크
주소	서울시 종로구 자하문로 300 시사빌딩
주문 및 교재 문의	1588-1582
팩스	0502-989-9592
홈페이지	http://www.sisabooks.com
이메일	book_korean@sisadream.com
등록일자	2000년 8월 17일
등록번호	제300-2014-90호
ISBN	978-89-5518-861-5 13710

* 한글파크는 랭기지플러스의 임프린트사이며, 한국어 전문 서적 출판 브랜드입니다.
* 이 책의 내용을 사전 허가 없이 전재하거나 복제할 경우 법적인 제재를 받게 됨을 알려 드립니다.
* 잘못된 책은 구입하신 서점에서 교환해 드립니다.
* 정가는 표지에 표시되어 있습니다.

✅ 수업 전 단계

- **문형 정리** – 목표 문형을 대표적인 예문과 함께 정리
- **Tips** – 수업에서 목표 문형을 가르칠 때 교사가 알아두면 좋을 만한 실제적인 조언
- **학습자 오류** – 해당 문형을 학습할 때 학습자가 많이 범하는 오류를 총망라하여 제시 오류에 대한 설명과 오류 수정 방안에 대한 조언

✅ 수업 단계

- **수업 1 단계** – 목표 문형을 학습자에게 도입하는 단계
- **수업 2 단계** – 목표 문형을 제시하고 연습하는 단계
- **수업 3 단계** – 목표 문형을 활용하여 의미에 중점을 둔 의사소통을 위한 활동을 하는 단계

✅ 용어 정리

실제 언어 수업을 구성할 때 많이 논의되는 개념이나 용어, 또는 교사가 알고 있으면 도움이 될 만한 점을 정리

✅ 별책 부록

수업의 각 단계에서 활용 가능한 부록 수록

값 20,000원 (본책+별책 부록)

ISBN 978-89-5518-861-5

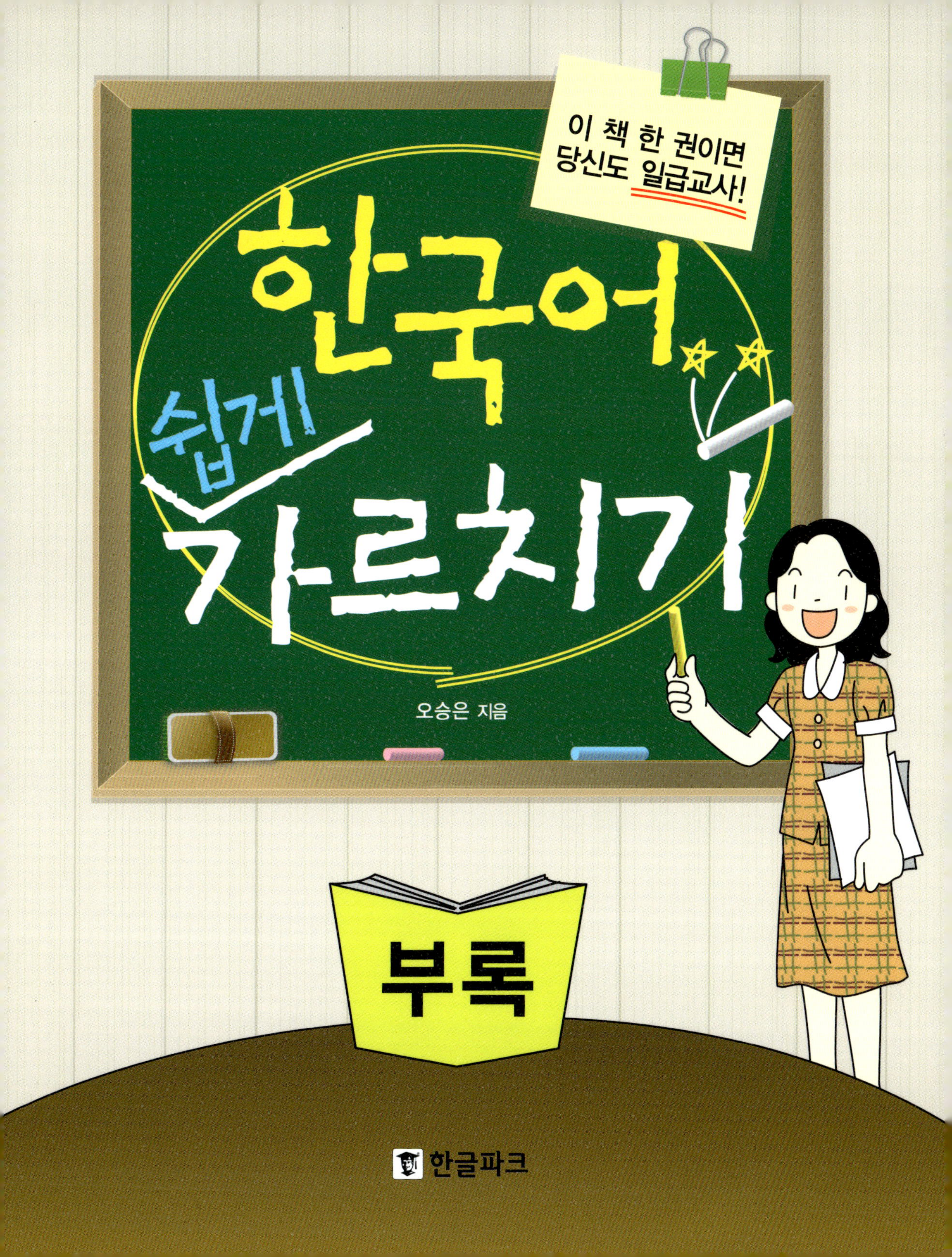

이 책 한 권이면
당신도 일급교사!

한국어 쉽게 가르치기

오승은 지음

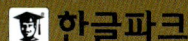

오승은 지음

차 례 Contents

한국어 쉽게 가르치기 • 부록

1과	– 예요/이에요 ('–이다'의 활용형)	_4
2과	소유문 '있어요' ('있다'의 활용형)	_6
3과	존재문 '있어요' ('있다'의 활용형)	_8
4과	동사의 현재 시제 활용형 '– 아/어요'	_10
5과	형용사의 현재 시제 활용형 '– 아/어요'	_12
6과	동사 · 형용사의 과거 시제 활용형 '– 았/었어요'	_14
7과	–(으)ㄹ 거예요	_16
8과	–(으)ㄹ 수 있다	_18
9과	– 고 싶다	_20
10과	–(으)ㄹ까요?	_22
11과	– 아/어 주세요	_24
12과	–(으)세요	_26
13과	– 고 있다 (진행 및 상태)	_28
14과	– 고	_30
15과	– 지만	_32
16과	– 아/어서, –(으)니까	_34
17과	– 기 전에, –(으)ㄴ 다음에/후에	_36
18과	–(으)ㄹ 때	_38
19과	–(으)면	_40
20과	–(으)러, –(으)려고	_42
21과	–(으)려고 하다	_44
22과	– 아/어도	_46
23과	– 아/어도 되다	_48
24과	– 아/어야 하다/되다	_50
25과	–(으)ㄴ 적이 있다, – 아/어 봤다	_52
26과	–(으)ㄴ/는데	_54
27과	관형절 –(으)ㄴ/는/(으)ㄹ	_56
28과	–(으)ㄴ/는 것 같다	_58
29과	높임법	_60
30과	격식체 –(스)ㅂ니다	_62

1과 제시 자료

독서

등산

요리

수영

컴퓨터 게임

여행

음악 감상

영화 감상

노래하기

이름	김진수
나라	한국
직업	학생
취미	등산
집	목동
연락처	010-3624-5032

A 이름이 뭐예요? B 김진수예요.
A 어느 나라 사람이에요? B 한국 사람이에요.
A 직업이 뭐예요? B 학생이에요.
A 취미가 뭐예요? B 등산이에요.
A 집이 어디예요? B 목동이에요.
A 전화번호가 몇 번이에요? B 010-3624-5032예요.

이름	마이클 뉴먼
나라	미국
직업	변호사
취미	테니스
집	강남
연락처	011-297-3328

이름	다나카 요코
나라	일본
직업	선생님
취미	요리
집	신촌
연락처	010-4167-8534

이름	장 피에르
나라	프랑스
직업	의사
취미	독서
집	인사동
연락처	02-723-8814

이름	장 메이
나라	중국
직업	배우
취미	음악 감상
집	명동
연락처	010-3922-5721

이름	빌 피트
나라	호주
직업	경찰
취미	여행
집	일산
연락처	031-905-2649

이름	엘렌 브라운
나라	캐나다
직업	회사원
취미	영화 감상
집	광화문
연락처	018-3616-2543

-예요/이에요

2과 제시 자료

지도
휴지
카메라

가 있어요.

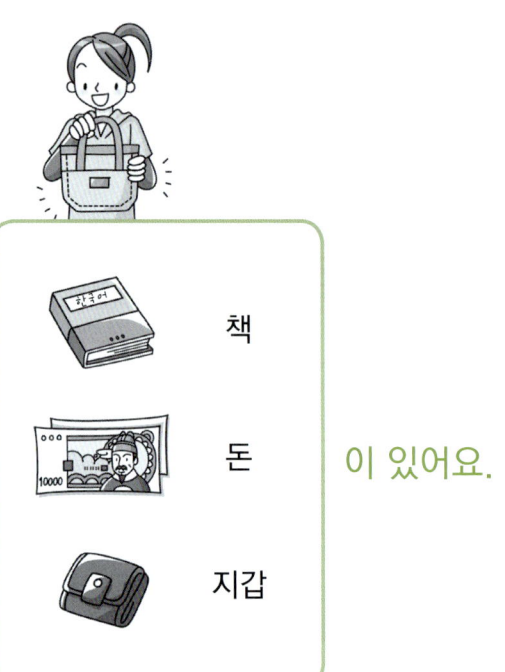

책
돈
지갑

이 있어요.

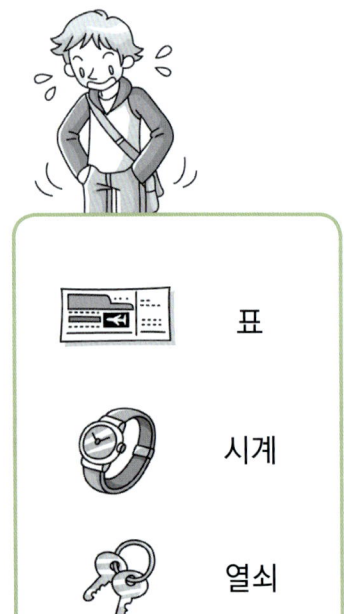

표
시계
열쇠

가 없어요.

여권
안경
노트북

이 없어요.

가
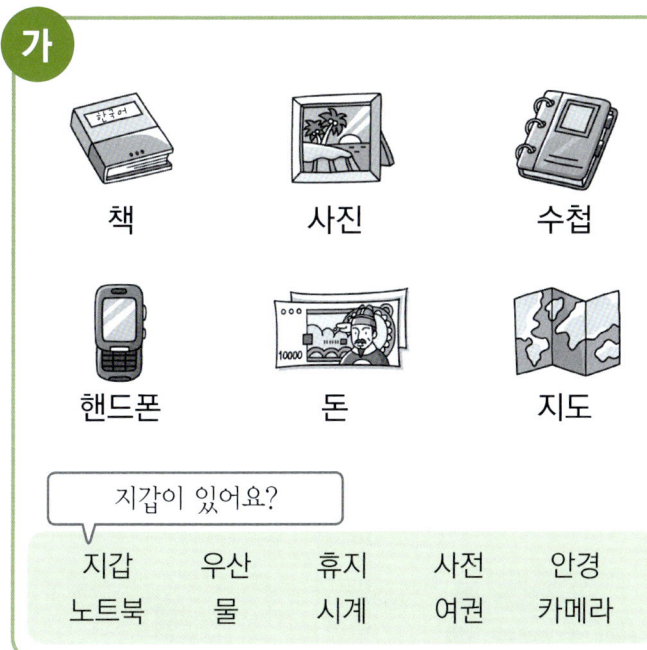 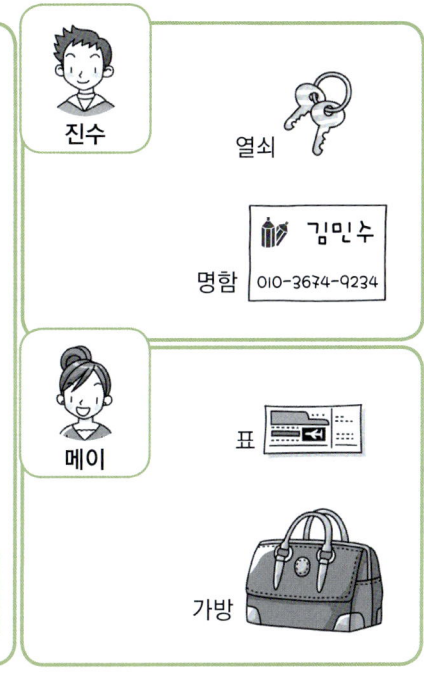

나
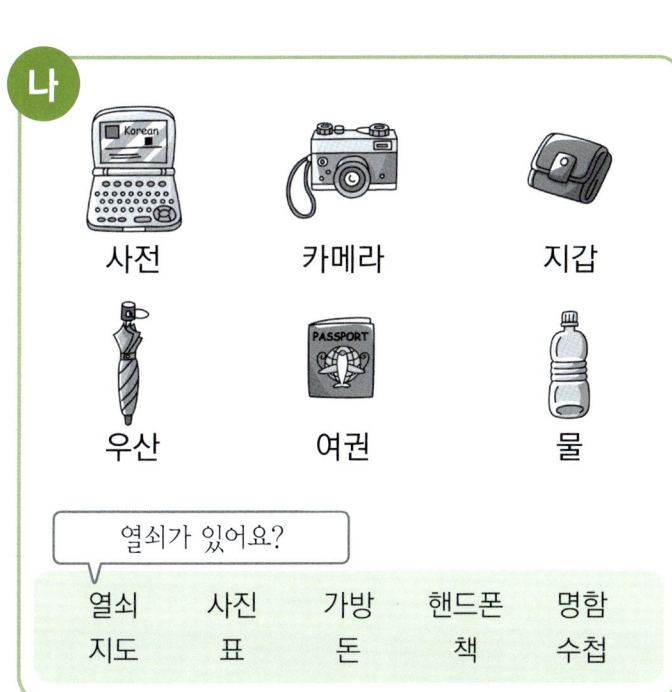 

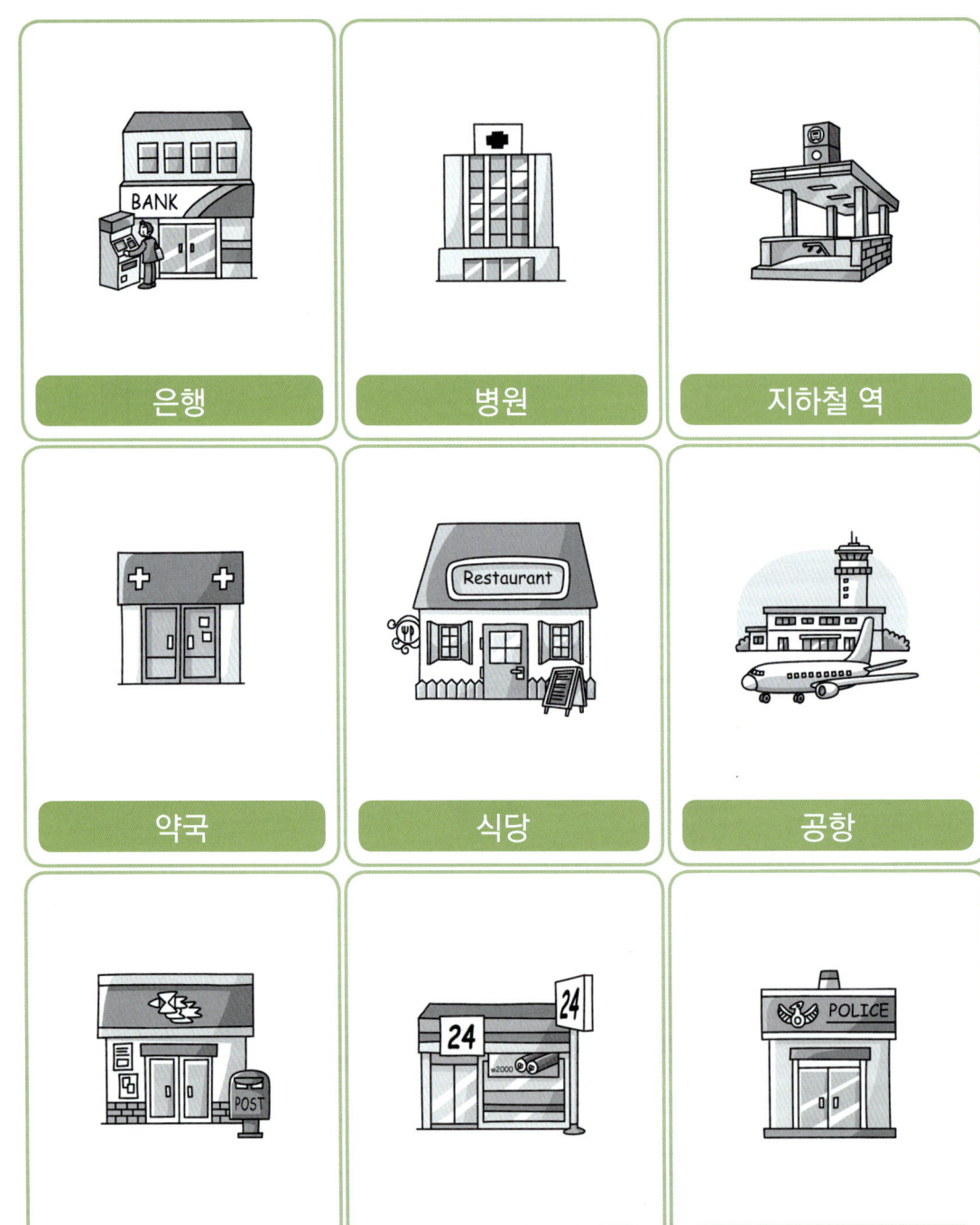

가

🕐 ➡ 64쪽

3과

활동지

펜 가방 옷
사진 열쇠 신문

존재문 '있어요'

 먹다	 마시다	 만나다
 운동하다	 영화를 보다	 전화하다
 읽다	 타다	 사다

일과표

4과
활동지

A 보통 몇 시에 일어나요?
B 아침 7시에 일어나요.
A 그럼, 몇 시에 자요?
B 밤 11시에 자요.

아침 6시
오후 1시
저녁 7시
밤 11시

7:00	:	:	:
일어나다	세수하다	밥을 먹다	전화하다
:	:	:	:
손을 씻다	회사에 가다	일하다	커피를 마시다
:	:	:	:
인터넷 하다	음악을 듣다	책을 읽다	음식을 만들다
:	:	:	:
텔레비전을 보다	운동하다	샤워하다	자다

동사의 현재 시제 활용형 '-아/어요'

5과 활동지

비싸요?	네	아니요
커피	☐	☐
택시비	☐	☐
음식	☐	☐
책	☐	☐
신발	☐	☐

재미있어요?	네	아니요
영화	☐	☐
한국어 공부	☐	☐
한국 생활	☐	☐
일	☐	☐
수업	☐	☐

맛있어요?	네	아니요
김치	☐	☐
불고기	☐	☐
떡	☐	☐
삼겹살	☐	☐
냉면	☐	☐

많아요?	네	아니요
일	☐	☐
숙제	☐	☐
친구	☐	☐
돈	☐	☐
옷	☐	☐

커요?	네	아니요
방	☐	☐
텔레비전	☐	☐
교실	☐	☐
학교	☐	☐
회사	☐	☐

좋아요?	네	아니요
날씨	☐	☐
기분	☐	☐
건강	☐	☐
서비스	☐	☐
품질	☐	☐

아파요?	네	아니요
머리	☐	☐
배	☐	☐
허리	☐	☐
다리	☐	☐
목	☐	☐

어려워요?	네	아니요
발음	☐	☐
문법	☐	☐
듣기	☐	☐
단어	☐	☐
읽기	☐	☐

불편해요?	네	아니요
화장실	☐	☐
지하철	☐	☐
버스	☐	☐
집	☐	☐
휴대폰	☐	☐

형용사의 현재 시제 활용형 '-아/어요'

6과 제시 자료

공부하다

일하다

쉬다

손을 씻다

음식을 만들다

음악을 듣다

편지를 쓰다

얘기하다

여행 가다

뭐 했어요?

지금 →

❶ ❷ ❸ ❹ ❺ ❻ ❼ ❽ ❾ ❿ ⓫ ⓬

6과 활동지

다음의 표현을 시간 순서대로 나열한 후 번호를 쓰세요.

☐ 3일 전에	☐ 지난주에	☐ 어제	☐ 6개월 전에
☐ 지난달에	☐ 작년에	☐ 2주일 전에	☐ 3년 전에
☐ 한 시간 전에	☐ 두 달 전에	☒ 10년 전에	☐ 2시간 전에

친구와 질문하고 대답하세요.

어제	텔레비전을 보다?	(몇 시에? / 누구하고?)
	한국에 오다?	(몇 월? / 무슨 비행기로?)
	영화를 보다?	(무슨 영화? / 누구하고?)
	집에서 일하다?	(어디에서? / 얼마 동안?)
	고등학교를 졸업하다?	(언제? / 어느 학교?)
	가족한테 전화하다?	(누구한테? / 얼마 동안?)
	여행을 가다?	(어디에? / 얼마 동안?)
	친구를 만나다?	(어디에서? / 뭐?)
	이메일을 보내다?	(누구한테? / 언제?)

동사·형용사의 과거 시제 활용형 '-았/었어요'

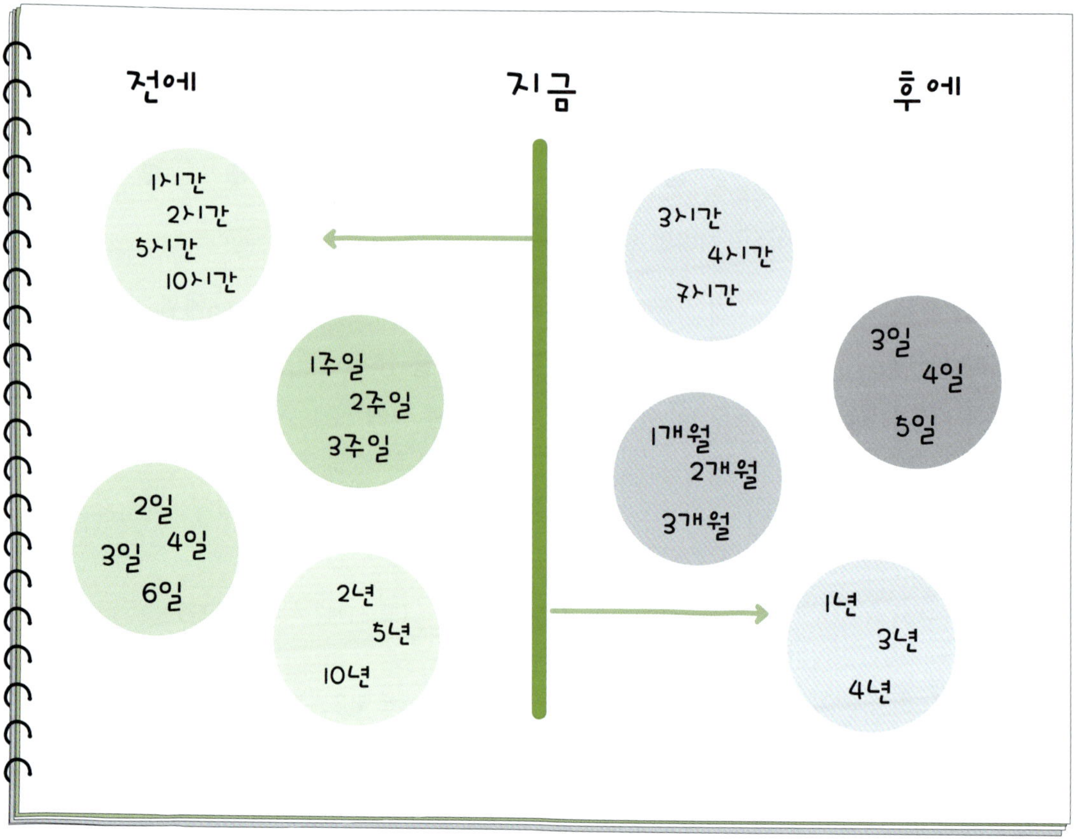

7과 제시 자료

전에 | **지금** | **후에**

- 1시간, 2시간, 5시간, 10시간
- 1주일, 2주일, 3주일
- 2일, 3일, 4일, 6일
- 2년, 5년, 10년

- 3시간, 4시간, 7시간
- 1개월, 2개월, 3개월
- 3일, 4일, 5일
- 1년, 3년, 4년

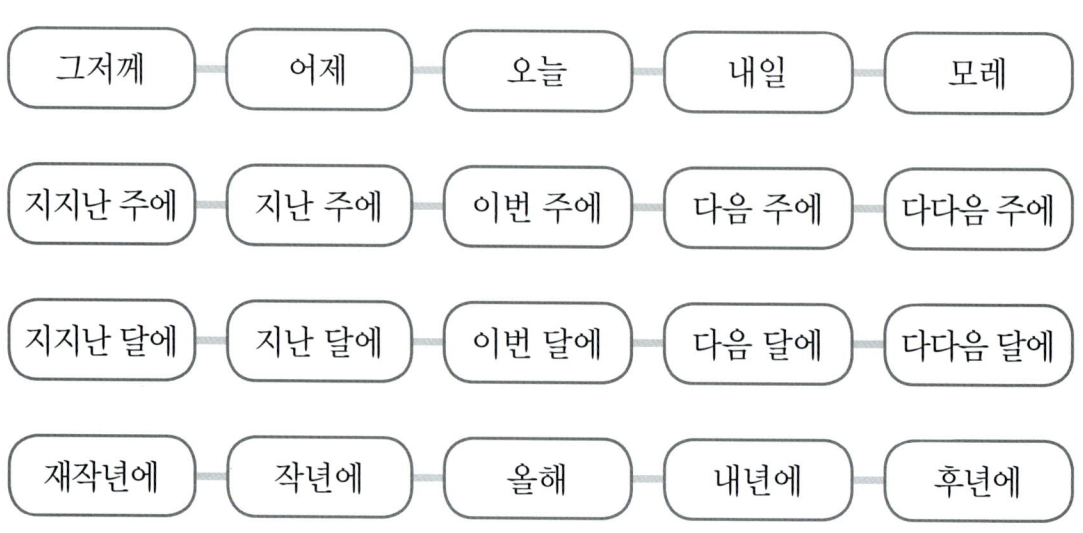

| 그저께 | 어제 | 오늘 | 내일 | 모레 |

| 지지난 주에 | 지난 주에 | 이번 주에 | 다음 주에 | 다다음 주에 |

| 지지난 달에 | 지난 달에 | 이번 달에 | 다음 달에 | 다다음 달에 |

| 재작년에 | 작년에 | 올해 | 내년에 | 후년에 |

저는…

7과 활동지

1시간 전에
A: 1시간 전에 뭐 했어요?
B: 밥을 먹었어요.
무슨 음식? 누구하고?

보통 주말에
A: 보통 주말에 뭐 해요?
B: 친구를 만나요.
누구를? 어디에서?

내년에
A: 내년에 뭐 할 거예요?
B: 고향에 돌아갈 거예요.
몇 월에? 어떻게?

3년 전에	지난주 금요일에	오늘 오후에	나중에
지금	내년에	이번 주 토요일에	2년 후에
가끔	아까	보통 주말에	1시간 전에
5일 전에	다음 주말에	6개월 전에	3달 전에
지난달에	어제	이따가	작년에
예전에	자주	내일	다음 달에

-(으)ㄹ 거예요 17

8과 제시 자료

피아노를 칠 수 있어요?

	나		친구	
	네	아니요	네	아니요
❶ 피아노를 치다	☐	☐	☐	☐
❷ 컴퓨터를 고치다	☐	☐	☐	☐
❸ 한국 사투리를 이해하다	☐	☐	☐	☐
❹ 한자를 읽다	☐	☐	☐	☐
❺ 한국 음식을 만들다	☐	☐	☐	☐
❻ 물건 값을 깎다	☐	☐	☐	☐
❼ 밤을 새우다	☐	☐	☐	☐
❽ 걸어서 집에 가다	☐	☐	☐	☐
❾ 친구한테 돈을 빌려 주다	☐	☐	☐	☐
❿ 한국 노래를 부르다	☐	☐	☐	☐
⓫ 한국에서 운전하다	☐	☐	☐	☐
⓬ 혼자 불고기 3인분을 먹다	☐	☐	☐	☐
⓭ 한국 식당에 전화로 예약하다	☐	☐	☐	☐
⓮ 한국어로 예약을 취소하다	☐	☐	☐	☐

8과 활동지

-(으)ㄹ 수 있다

9과 제시 자료

그림 ❶

그림 ❷

그림 ❸

그림 ❹

휴가 때	이번 주말에
어디?	뭐?

크리스마스 때	시간 있을 때
누구하고?	뭐?

생일 때	쉬는 시간에
무슨 선물?	뭐?

오늘 저녁에	지금
누구를?	뭐?

나중에	수업 후
뭐?	뭐?

-고 싶다 21

A 오늘 오후에 같이 식사할까요?
B 좋아요.

뭐 먹을까요?
어디에서 먹을까요?

식사하다

A 오늘 오후에 같이 식사할까요?
B 미안해요. 오늘 오후에 시간이 없어요.
A 그럼 다음에 식사해요.

10과 활동지

영화를 보다

커피를 마시다

여행 가다

사진을 찍다

피자를 먹다

음식을 만들다

태권도를 배우다

공부하다

산책하다

-(으)ㄹ까요

그림 ❶

그림 ❷

그림 ❸

그림 ❹

잘 못 들었어요.	다시 한번 **말하다**
회의가 곧 끝날 거예요.	잠깐만 **기다리다**
컴퓨터가 고장 났어요.	이것 좀 **고치다**
가게 전화번호를 몰라요.	전화번호를 **알리다**
지금 아기가 자요.	조용히 **하다**
잘 안 들려요.	크게 **말하다**
여기가 좀 더워요.	창문을 **열다**
바람이 많이 불어요.	창문을 **닫다**
저는 쓰기를 잘 못해요.	이름을 **쓰다**
제 이름이 너무 길어요.	'리사'라고 **부르다**
길을 잃어버렸어요.	길을 **가르치다**
한국 친구가 없어요.	한국 친구를 **소개하다**
이따가 할 얘기가 있어요.	오늘 저녁에 **전화하다**
다음 주에 이사 갈 거예요.	이사를 **돕다**

11과
활동지

12과 제시 자료

이름을 쓰다

칠판을 보다

30쪽을 펴다

책을 덮다

선생님을 따라 하다

친구하고 얘기하다

대화를 듣다

손을 들다

❶

운동	○
술	×
담배	×
채소	○
일찍 자다	○
⋮	

❷

지각	×
미리 준비	○
전화 많이	×
낮잠	×
열심히 일하다	○
⋮	

-(으)세요

①

모자	입다
양말	신다
시계	벗다
가방	쓰다
운동화	차다
청바지	메다

②

가방	신다
안경	하다
구두	들다
반지	입다
치마	쓰다
귀걸이	끼다

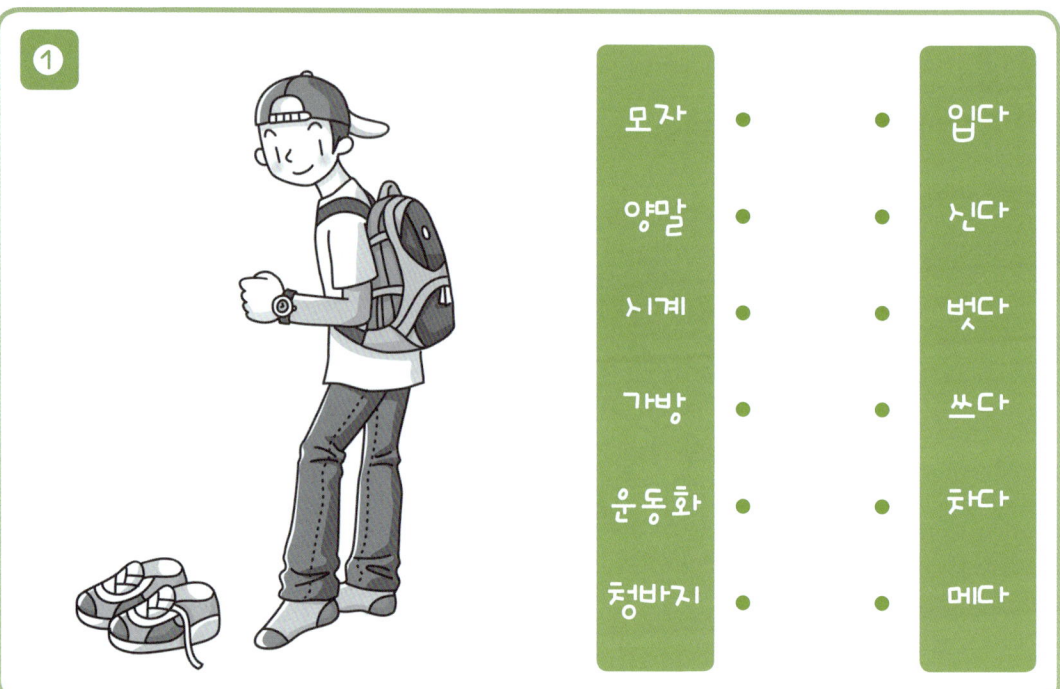

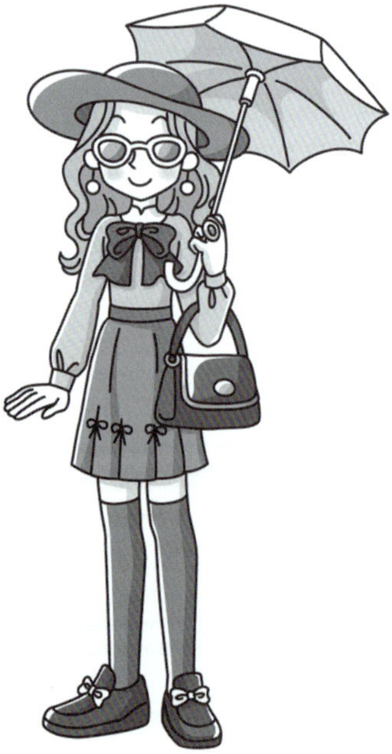

14과 제시 자료

머리가 아프다

열이 나다

기침이 나다

목이 아프다

싸고 맛있어요!	나	친구
❶ 한국 음식이 어때요?		
❷ 한국어 공부가 어때요?		
❸ 요즘 날씨가 어때요?		
❹ 한국 생활이 어때요?		
❺ 한국 사람들이 어때요?		
❻ 보통 수업 후에 뭐 해요?		
❼ 보통 주말에 뭐 해요?		
❽ 보통 설날에 뭐 해요?		
❾ 보통 휴일에 뭐 해요?		
❿ 어제 저녁에 뭐 했어요?		
⓫ 지난 방학에 뭐 했어요?		
⓬ 오늘 저녁에 뭐 할 거예요?		
⓭ 이번 주말에 뭐 할 거예요?		
⓮ 1년 후에 뭐 할 거예요?		

14과

활동지

15과 제시 자료

그림 ❶

그림 ❷

그림 ❸ 어제

그림 ❹ 오늘

15과

활동지

학교 수업 / 언어 교환
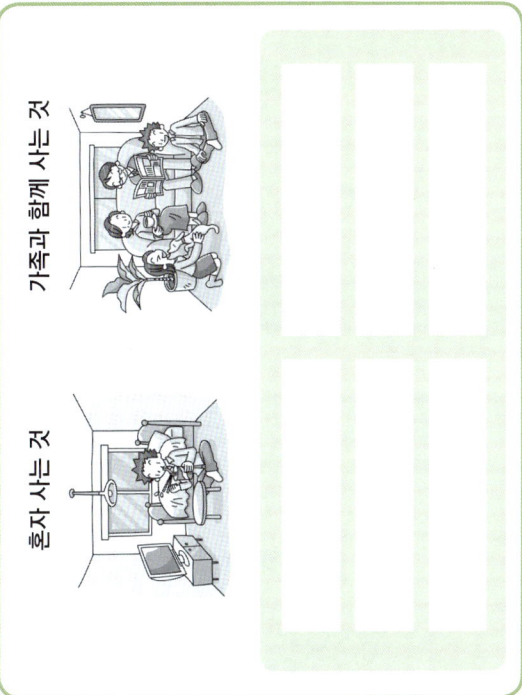
혼자 사는 것 / 가족과 함께 사는 것

시장 / 백화점

싸다 / 비싸다

백화점은 시장보다 안 싸요.

지하철 / 버스
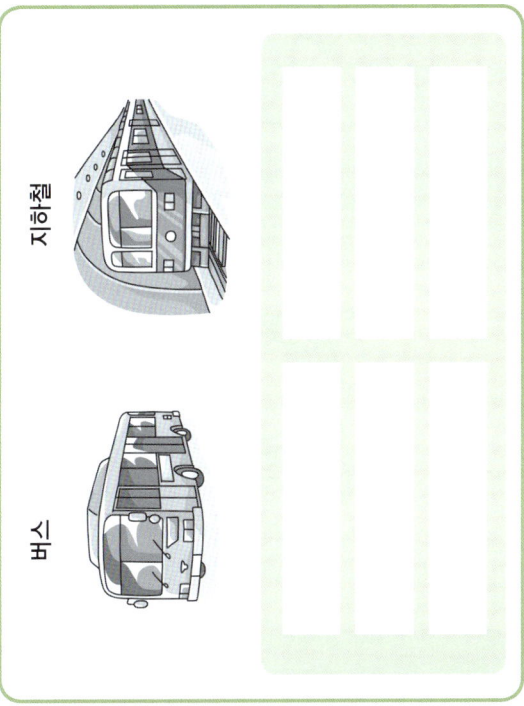

- 지만 33

16과 제시 자료

피곤해요.

화가 났어요.

깜짝 놀랐어요.

걱정돼요.

부끄러워요.

기분이 좋아요.

16과 활동지

A 왜 숙제를 못 했어요?
B _____서 못 했어요.
A _____니까 꼭 숙제하세요.
B 네, 그럴게요.

A 왜 식사를 못 했어요?
B _____서 못 했어요.
A _____니까 같이 식사합시다.
B 네, 그래요.

A 왜 전화를 안 했어요?
B _____서 안 했어요.
A _____니까 미리 전화해 주세요.
B 네, 알겠어요.

A 왜 힘이 없어요?
B _____서 힘이 없어요.
A _____니까 힘 내세요.
B 네, 그럴게요.

A 왜 잠을 못 자요?
B _____서 못 자요.
A _____니까 따뜻한 우유를 드세요.
B 네, 그럴게요.

A 왜 이사하고 싶어요?
B _____서 이사하고 싶어요.
A _____니까 도와 드릴게요.
B 네, 감사합니다.

A 왜 모임을 취소했어요?
B _____서 취소했어요.
A _____니까 다음에 같이 만나요.
B 네, 그래요.

A 왜 저한테 전화했어요?
B _____서 전화했어요.
A _____니까 이메일로 해 주세요.
B 네, 알겠어요.

-아/어서, -(으)니까 35

17과 제시 자료

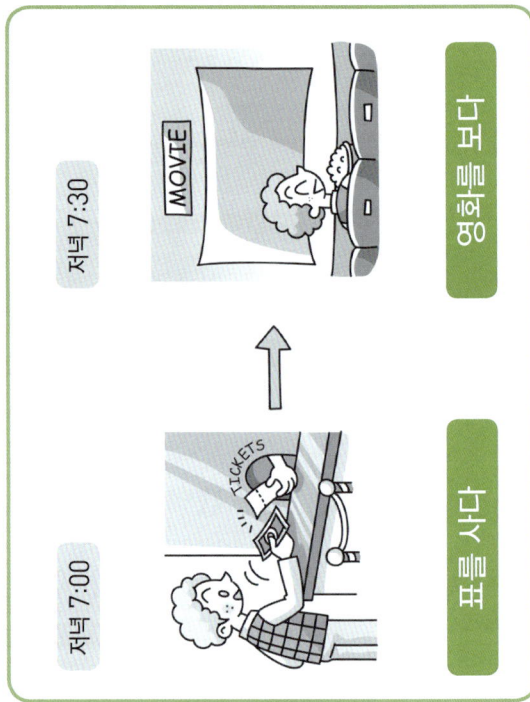

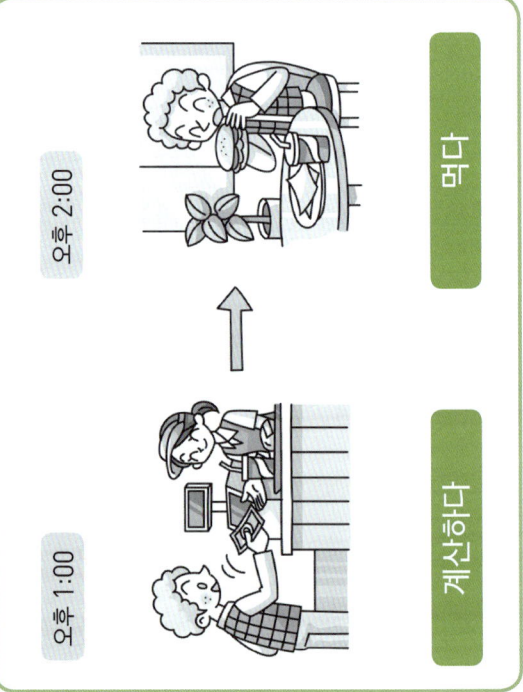

질문	나		친구	
	네	아니요	네	아니요
❶ 자기 전에 일기를 써요.	☐	☐	☐	☐
❷ 수업에 가기 전에 예습을 해요.	☐	☐	☐	☐
❸ 밥을 먹기 전에 꼭 손을 씻어요.	☐	☐	☐	☐
❹ 영화를 보기 전에 꼭 화장실에 가요.	☐	☐	☐	☐
❺ 여행을 가기 전에 꼭 예약을 해요.	☐	☐	☐	☐
❻ 약속 시간이 되기 전에 미리 도착해요.	☐	☐	☐	☐
❼ 한국에 오기 전에 일했어요.	☐	☐	☐	☐
❽ 한국을 떠나기 전에 한국을 여행할 거예요.	☐	☐	☐	☐
❾ 물을 마신 후에 식사를 시작해요.	☐	☐	☐	☐
❿ 밥을 먹은 후에 커피를 마셔요.	☐	☐	☐	☐
⓫ 이를 닦은 후에 세수를 해요.	☐	☐	☐	☐
⓬ 수업이 끝난 후에 꼭 복습을 해요.	☐	☐	☐	☐
⓭ 한국어를 배운 후에 한국에서 일할 거예요.	☐	☐	☐	☐
⓮ 친구하고 싸운 후에 먼저 사과해요.	☐	☐	☐	☐
⓯ 오래 생각한 후에 행동해요.	☐	☐	☐	☐
⓰ 한국에 온 후에 한국에 대한 생각이 바뀌었어요.	☐	☐	☐	☐

17과 활동지

-기 전에, -(으)ㄴ 다음에/후에

18과

제시 자료

그림 ❶

그림 ❷

그림 ❸

그림 ❹

18과 활동지

❶ _____ 때 뭐 해요?
(데이트하다)

❷ _____ 때 뭐 해요?
(혼자 있다)

❸ _____ 때 뭐 해요?
(기분이 나쁘다)

❹ _____ 때 뭐 해요?
(답답하다)

❺ _____ 때 뭐 해요?
(스트레스가 많다)

❻ _____ 때 뭐 해요?
(친구하고 놀다)

❼ _____ 때 어떻게 해요?
(피곤하다)

❽ _____ 때 어떻게 해요?
(돈이 없다)

❾ _____ 때 어떻게 해요?
(잠이 안 오다)

❿ _____ 때 어떻게 해요?
(집중 못 하다)

⓫ _____ 때 어떻게 해요?
(친구가 전화를 안 받다)

⓬ _____ 때 어떻게 해요?
(한국 사람 말을 못 알아듣다)

⓭ _____ 때 뭐 했어요?
(고향에 있었다)

⓮ _____ 때 뭐 했어요?
(처음에 한국에 왔다)

⓯ _____ 때 뭐 했어요?
(한국 친구와 처음 만났다)

⓰ _____ 때 뭐 했어요?
(한국 사람 집에 놀러 갔다)

⓱ _____ 때 뭐 했어요?
(처음 월급을 받았다)

⓲ _____ 때 뭐 했어요?
(고등학생이었다)

⓳ _____ 때 어떻게 했어요?
(컴퓨터가 고장 났다)

⓴ _____ 때 어떻게 했어요?
(길을 잃어버렸다)

㉑ _____ 때 어떻게 했어요?
(친구가 오해했다)

㉒ _____ 때 어떻게 했어요?
(친구가 약속에 늦었다)

㉓ _____ 때 어떻게 했어요?
(한국에서 문제가 생겼다)

㉔ _____ 때 어떻게 했어요?
(친구가 다쳤다)

19과

제시 자료

그림 ②

그림 ④

그림 ①

그림 ③

19과 활동지

재미없는 책을 **읽다**	자고 싶어요.
오른쪽으로 **가다**	은행이 나와요.
지하철을 **타다**	10시까지 도착할 수 있어요.
한국 친구를 **사귀다**	한국어를 잘할 수 있어요.
옷이 너무 **비싸다**	안 살 거예요.
열심히 **공부하다**	시험을 잘 볼 거예요.
길을 **잃어버리다**	사람들한테 물어보세요.
운동 안 **하다**	뚱뚱해질 거예요.
커피를 **마시다**	잘 수 없어요.
컴퓨터가 **없다**	불편할 거예요.
걸어서 **가다**	시간이 많이 걸릴 거예요.
길에서 돈을 **줍다**	경찰서에 신고할 거예요.
내일 약속에 올 수 **없다**	전화해 주세요.
봄이 **되다**	날씨가 따뜻해질 거예요.

-(으)면

20과 제시 자료

-(으)려고

부모님께 전화해요

-(으)려고

택시를 타요

-(으)려고

음식을 만들어요

-(으)려고

인터넷 해요

20과 활동지

	나	친구	친구
❶ 왜 한국에 왔어요?			
❷ 왜 한국어를 배워요?			
❸ 왜 돈을 모아요?			
❹ 왜 친구를 안 만나요?			
❺ 왜 버스를 타요?			
❻ 왜 명동에 가요?			
❼ 왜 노트북을 가져왔어요?			
❽ 왜 메모 안해요?			
❾ 왜 밤에 커피를 마셔요?			
❿ 왜 사진을 많이 찍어요?			
⓫ 왜 쓰레기를 안 버려요?			
⓬ 왜 빨리 뛰어가요?			
⓭ 왜 돈을 많이 가져왔어요?			

-(으)러, -(으)려고

21과 제시 자료

기차가 출발하다

떨어지다

햄버거를 먹다

냉장고 문을 열다

21과 활동지

운동을 시작하다

A 다음 주부터 운동을 시작하려고 해요.
B 무슨 운동을 하려고 해요?
A 아직 못 정했어요.
B 어떤 운동을 하고 싶어요?
A 태권도를 배우고 싶어요.
B 태권도를 배워 보세요. 재미있을 거예요.

한국어 공부를 그만두다

A 저는 작년에 한국어 공부를 그만두려고 했어요.
B 왜요?
A 너무 어려워서 그만두려고 했어요.
B 그런데 왜 그만두지 않았어요?
A 제 친구하고 약속해서 그만두지 않았어요.
B 그랬군요.

여행 가다	집에 있다	한국 대학교에서 공부하다	운동을 시작하다
한국에서 일하다	한국에서 노트북을 사다	다른 나라에 가서 외국어를 공부하다	쇼핑하다
친구에게 화를 내다	(남자/여자)친구와 헤어지다	음식을 많이 만들다	친구 집에 가다
한국어 공부를 그만두다	다른 집으로 이사하다	다이어트를 하다	한국 음식을 배우다
한국 이름을 만들다	고향에 돌아가다	집을 청소하다	친구를 만나다

-(으)려고 하다

22과

제시 자료

그림 ④

그림 ②

그림 ③

그림 ①

22과

활동지

 내일 놀러 갈 거예요
(비가 오다)

A 내일 놀러 갈 거예요.
B 내일 비가 올 거예요.
A 내일 비가 와도 놀러 갈 거예요.
B 왜요?
A 오랫동안 준비했으니까 내일 비가 와도 놀러 갈 거예요.

 이 옷을 살 거예요.
(비싸다)

 유럽에 여행 갈 거예요.
(돈이 많이 들다)

 한국어를 계속 공부할 거예요.
(한국어가 어렵다)

 친구한테 그 얘기를 말할 거예요.
(친구가 기분 나쁘다)

 이사하려고 해요.
(요즘 날씨가 안 좋다)

 이제 직장을 그만둘 거예요.
(돈이 필요하다)

 자동차를 사고 싶어요.
(운전을 못하다)

 혼자 식사 안 할 거예요.
(배가 고프다)

 더 이상 안 참을 거예요.
(큰 문제가 생기다)

 고향에 돌아갈 거예요.
(해야 할 일이 있다)

-아/어도 47

23과

제시 자료

그림 ❶

그림 ❷

그림 ❸

그림 ❹

돼요? 안 돼요?

23과 활동지

1. 고등학생이 운전하다

	○	×
한국	☐	☐
미국	☐	☐
일본	☐	☐
중국	☐	☐
	☐	☐

2. 어른 앞에서 담배를 피우다

	○	×
한국	☐	☐
미국	☐	☐
일본	☐	☐
중국	☐	☐
	☐	☐

3. 길에서 음식을 먹다

	○	×
한국	☐	☐
미국	☐	☐
일본	☐	☐
중국	☐	☐
	☐	☐

4. 지하철에서 전화하다

	○	×
한국	☐	☐
미국	☐	☐
일본	☐	☐
중국	☐	☐
	☐	☐

5. 남자들끼리 어깨동무하다

	○	×
한국	☐	☐
미국	☐	☐
일본	☐	☐
중국	☐	☐
	☐	☐

6. 모르는 사람에게 인사하다

	○	×
한국	☐	☐
미국	☐	☐
일본	☐	☐
중국	☐	☐
	☐	☐

7. 운전할 때 전화하다

	○	×
한국	☐	☐
미국	☐	☐
일본	☐	☐
중국	☐	☐
	☐	☐

8. 모르는 아이를 만지다

	○	×
한국	☐	☐
미국	☐	☐
일본	☐	☐
중국	☐	☐
	☐	☐

-아/어도 되다

24과 제시 자료

안전띠를 매다

신발을 신고 집에 들어가다

새치기를 하다

면접 때 다리를 꼬고 앉다

어떻게 해야 해요?

24과
활동지

한국어 발음을 잘하고 싶으면…
1
2
3
4
5

살을 빼고 싶으면…
1
2
3
4
5

한국어 듣기가 어려우면…
1
2
3
4
5

돈을 많이 벌고 싶으면…
1
2
3
4
5

문제가 생기면…
1
2
3
4
5

좋은 회사에 취직하고 싶으면…
1
2
3
4
5

일 때문에 스트레스를 많이 받으면…
1
2
3
4
5

지갑을 잃어버리면…
1
2
3
4
5

-아어야 하다/되다 51

25과 제시 자료

길에서 돈을 줍다

병원에 입원하다

한국 사람과 싸우다

물건 값을 깎다

이런 적이 있어요?

언제? 몇 번? 누구하고? 어땠어요?

25과 활동지

한국에서 실수한 적이 있어요?	나	친구	친구
❶ 한국에서 실수하다			
❷ 한국 사람 집에 초대 받다			
❸ 모르는 사람에게 말을 걸다			
❹ 혼자 여행 가다			
❺ 병원에 입원하다			
❻ 다른 외국어를 배우다			
❼ 한국 사람과 싸우다			
❽ 한국에서 물건 값을 깎다			
❾ 공항에서 짐을 잃어버리다			
❿ 한국 사람 말을 잘못 알아듣다			
⓫ 길에서 돈을 줍다			
⓬ 한국에서 다른 사람을 도와주다			

-(으)ㄴ 적이 있다, -아/어 봤다

같이 영화 볼까요?

이따가 전화해도 돼요?

다른 곳에 갈까요?

잠깐 기다려 주세요.

26과 활동지

하고 싶은 얘기가 **있다**	지금 얘기해도 돼요?
지금 식사하고 **있다**	30분 후에 제가 전화해도 돼요?
이제 **점심시간이다**	같이 식사할까요?
여기 사람이 **많다**	다른 곳에 가면 어때요?
지금 **회의중이다**	조금만 기다려 주세요.
갑자기 일이 **생겼다**	오늘 약속을 취소할 수 있어요?
질문이 **있다**	지금 물어봐도 돼요?
이번 주말에 시간이 **없다**	다음 주말에 시간 괜찮아요?
벌써 6시가 다 **됐다**	회의는 여기에서 끝냅시다.
이 식당이 지난주에 문을 **열었다**	한번 가서 먹어 볼까요?
휴대폰을 안 **가져오다**	전화 좀 빌릴 수 있어요?
길을 잘 **모르다**	지도 좀 보여 주세요.
저도 그 영화를 **봤다**	다른 영화 봅시다.
오늘 학교에서 모임을 **하다**	그 모임에 같이 갑시다.

-(으)ㄴ데 55

27과

제시 자료

56 한국어 쉽게 가르치기 · 부록

27과

활동지

어떤 선생님을 좋아해요?

- ☐ 학생을 잘 도와주다
- ☐ 잘 가르치다
- ☐ 누구에게나 친절하다
- ☐ 준비를 많이 하다
- ☐ 차별하지 않다
- ☐ 기타 _____

어떤 집에서 살고 싶어요?

- ☐ 경치가 좋다
- ☐ 교통이 편리하다
- ☐ 창문이 크다
- ☐ 집 값이 싸다
- ☐ 조용하다
- ☐ 기타 _____

어떤 음식을 좋아해요?

- ☐ 모양이 예쁘다
- ☐ 맵지 않다
- ☐ 맵다
- ☐ 빨리 만들다
- ☐ 국물이 있다
- ☐ 기타 _____

어떤 직장에 들어가고 싶어요?

- ☐ 월급을 많이 주다
- ☐ 분위기가 좋다
- ☐ 일찍 퇴근하다
- ☐ 휴가가 많다
- ☐ 하고 싶은 일을 할 수 있다
- ☐ 기타 _____

어떤 영화를 좋아해요?

- ☐ 무섭지 않다
- ☐ 가족과 함께 볼 수 있다
- ☐ 멋있는 배우가 나오다
- ☐ 좋은 음악이 나오다
- ☐ 자막이 있다
- ☐ 기타 _____

어떤 선물을 받고 싶어요?

- ☐ 나한테 필요하다
- ☐ 비싸지 않다
- ☐ 오래 기억할 수 있다
- ☐ 마음이 들어 있다
- ☐ 쉽게 살 수 없다
- ☐ 기타 _____

관형절 -(으)ㄴ/는/(으)ㄹ

28과

제시 자료

그림 ❶

그림 ❷

그림 ❸

그림 ❹

우리 반 사람 중에서 누가…?

28과 활동지

> 제일 늦게 자는 것 같아요?
> 왜 그렇게 생각해요?

	나	친구
❶ 제일 늦게 자요?		
❷ 한국 친구가 많아요?		
❸ 제일 먼저 한국에 왔어요?		
❹ 집이 여기서 제일 가까워요?		
❺ 요리를 잘할까요?		
❻ 공부를 제일 많이 해요?		
❼ 오늘 아침에 제일 일찍 일어났어요?		
❽ 요즘 제일 바빠요?		
❾ 한국어 책이 많이 있어요?		
❿ 한국에서 오래 살까요?		
⑪ 오늘 아침을 안 먹었어요?		
⑫ 텔레비전을 많이 봐요?		
⑬ 제일 오랫동안 자요?		
⑭ 어제 집에 있었어요?		

-(으)ㄴ/는 것 같다

29과

제시 자료

그림 ①

그림 ②

그림 ③

그림 ④

그림 ⑤

그림 ⑥

29과 활동지

	어렸을 때	요즘	앞으로
❶ 일찍 일어나다			
❷ 텔레비전을 자주 보다			
❸ 자주 청소하다			
❹ 열심히 공부하다			
❺ 운동하다			
❻ 음식을 자주 만들다			
❼ 밤을 새우다			
❽ 음악을 자주 듣다			
❾ 도시에 살다			
❿ 가족하고 싸우다			
⓫ 저녁 늦게 음식을 먹다			
⓬ 다이어트를 하다			
⓭ 여행을 많이 가다			
⓮ 주말마다 친구하고 놀다			

어렸을 때 일찍 일어나셨어요?

요즘 일찍 일어나세요?

앞으로 일찍 일어나실 거예요?

30과

제시 자료

- 아/어요

- (습)니다

- (으)세요

- (으)십니다

직원　안녕하십니까? 무엇을 도와 드릴까요?

손님　영화 표를 사려고 하는데요.

직원　몇 시 영화를 하시겠습니까?

손님　2시 영화 있어요?

직원　손님, 죄송합니다. 2시 영화는 매진입니다.

손님　그럼…

-(스)ㅂ니다

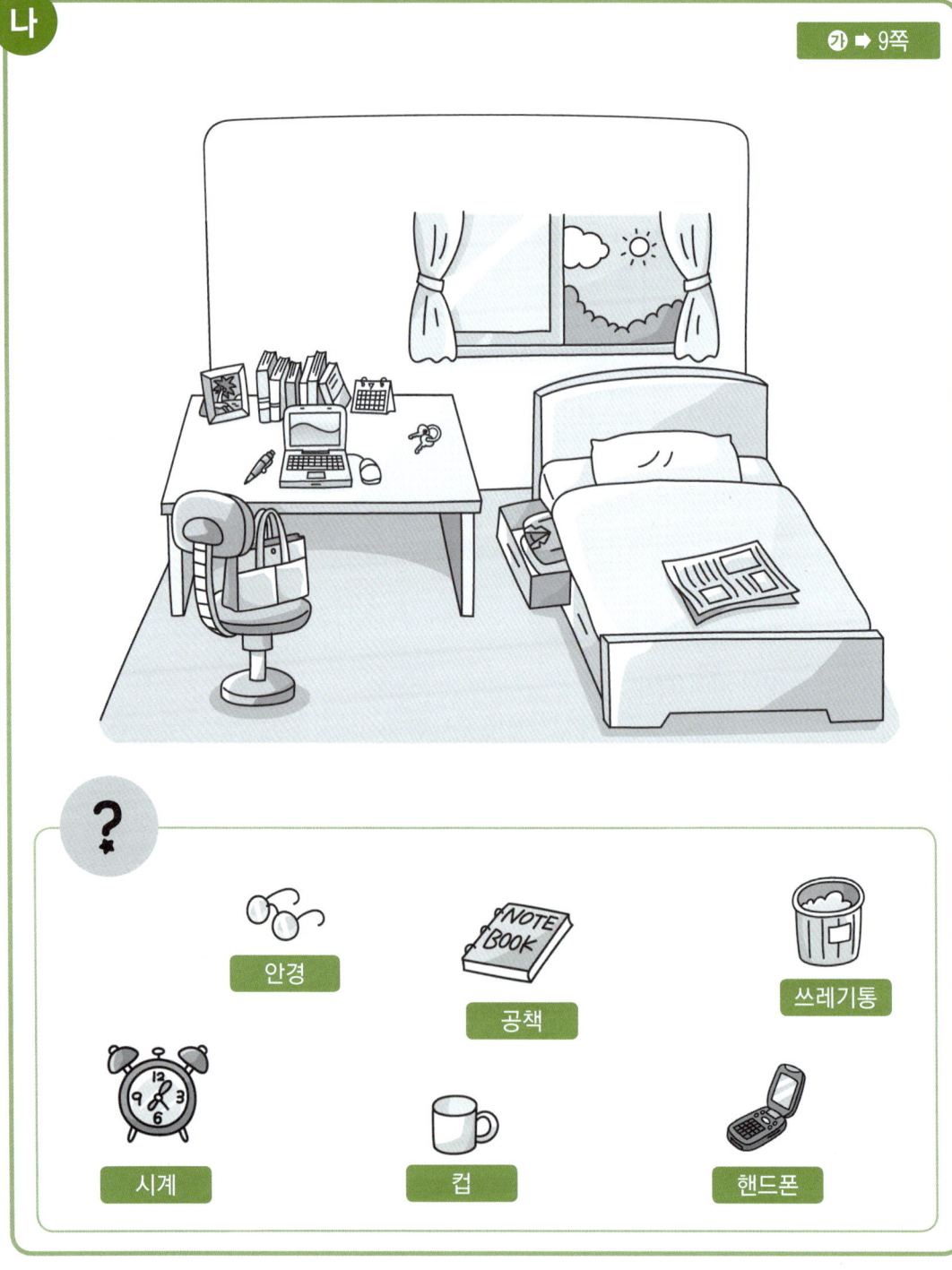

한국어 쉽게 가르치기

초판 발행	2009년 10월 15일
초판 10쇄	2023년 9월 15일
저자	오승은
편집	권이준, 양승주, 김아영
펴낸이	엄태상
콘텐츠 제작	김선웅, 장형진, 조현준
마케팅본부	이승욱, 왕성석, 노원준, 조성민, 이선민
경영기획	조성근, 최성훈, 구희정, 김다미, 최수진, 오희연
물류	정종진, 윤덕현, 신승진, 구윤주
펴낸곳	한글파크
주소	서울시 종로구 자하문로 300 시사빌딩
주문 및 교재 문의	1588-1582
팩스	0502-989-9592
홈페이지	http://www.sisabooks.com
이메일	book_korean@sisadream.com
등록일자	2000년 8월 17일
등록번호	제300-2014-90호
ISBN	978-89-5518-861-5 13710

* 한글파크는 랭기지플러스의 임프린트사이며, 한국어 전문 서적 출판 브랜드입니다.
* 이 책의 내용을 사전 허가 없이 전재하거나 복제할 경우 법적인 제재를 받게 됨을 알려 드립니다.
* 잘못된 책은 구입하신 서점에서 교환해 드립니다.
* 정가는 표지에 표시되어 있습니다.

이 책 한 권이면
당신도 일급교사!

값 20,000원 (본책+별책 부록)

ISBN 978-89-5518-861-5